本书为国家社会科学基金项目
"脱钩后行业协会商会与政府的合作共治研究"
(项目编号：20BZZ070) 的研究成果

行业协会商会与政府共治

配合、协作与合作

周俊 赵晓翠 著

北京大学出版社
PEKING UNIVERSITY PRESS

图书在版编目(CIP)数据

行业协会商会与政府共治：配合、协作与合作 / 周俊，赵晓翠著. -- 北京：北京大学出版社，2025.5.
ISBN 978-7-301-36055-2

Ⅰ．F279.21；F721

中国国家版本馆 CIP 数据核字第 2025YF1820 号

书　　　名	行业协会商会与政府共治：配合、协作与合作 HANGYE XIEHUI SHANGHUI YU ZHENGFU GONGZHI：PEIHE XIEZUO YU HEZUO
著作责任者	周　俊　赵晓翠　著
责任编辑	尹　璐
标准书号	ISBN 978-7-301-36055-2
出版发行	北京大学出版社
地　　　址	北京市海淀区成府路 205 号　100871
网　　　址	http://www.pup.cn　新浪微博：@北京大学出版社
电子邮箱	zpup@pup.cn
电　　　话	邮购部 010-62752015　发行部 010-62750672 编辑部 021-62071998
印　刷　者	河北滦县鑫华书刊印刷厂
经　销　者	新华书店
	965 毫米×1300 毫米　16 开本　17.25 印张　216 千字 2025 年 5 月第 1 版　2025 年 5 月第 1 次印刷
定　　　价	69.00 元

未经许可，不得以任何方式复制或抄袭本书之部分或全部内容。
版权所有，侵权必究
举报电话：010-62752024　电子邮箱：fd@pup.cn
图书如有印装质量问题，请与出版部联系，电话：010-62756370

序

  《行业协会商会与政府共治：配合、协作与合作》一书，是浙江工商大学英贤慈善学院周俊教授和上海开放大学公共管理学院赵晓翠博士合作完成的研究成果。周俊在就读硕士期间就开始关注国家与社会关系议题，就读博士期间主要从事国家与社会关系的理论研究，2007年博士毕业后加入我的社会组织研究团队，行业协会商会是她最为重要的实证研究对象。在十八年的研究中，周俊矢志不移，始终将行业协会商会研究作为她研究工作中的一个主要内容，并取得了丰硕的研究成果。她于2009年以行业协会商会为选题的项目获得国家自然科学基金立项，几乎每年都有行业协会商会论文发表，部分发表在《政治学研究》《中国行政管理》等重要学术期刊上。其间，周俊还作为主要作者参与撰写了《在参与中成长的中国公民社会：基于浙江温州商会的研究》（2008）、《全面深化改革时代的行业协会商会发展》（2014）等著作。本书是周俊研究行业协会商会的又一力作，也是她带领自己的团队完成的第一部行业协会商会专著。

  作为经济组织的再组织，行业协会商会既是市场经济体系的重要组成部分，也是社会治理必不可少的力量。我国行业协会商会复苏于改革开放初期，当时受生成路径与发展背景等因素影响，行业

行业协会商会与政府共治：配合、协作与合作

协会商会对政府具有较强依附性，难以正常发挥功能。为使行业协会商会回归其本质角色，自 20 世纪 90 年代起，国家层面开始以"去行政化"改革为抓手推进行业协会商会与政府关系的变革。2007 年，国务院办公厅发布《关于加快推进行业协会商会改革和发展的若干意见》，提出行业协会商会要从职能、机构、人员和财务等四方面与政府分开。党的十八大报告提出要"加快形成政社分开、权责明确、依法自治的现代社会组织体制"。为厘清行政机关和行业协会商会的职能边界，积极稳妥实现行业协会商会和行政机关的脱钩，2015 年 7 月 8 日，中共中央办公厅、国务院办公厅印发《行业协会商会与行政机关脱钩总体方案》，对行业协会商会与行政机关脱钩的总体任务、实施机制、改革内容和时间安排等进行了整体部署，要求行业协会商会与行政机关在机构、职能、资产财务、人员管理、党建外事等方面做到"五分离、五规范"。相比于前几轮改革，此次改革力度最大，覆盖面最广，效果最显著。经过国家和地方层面的分批试点与全面推开，目前政会脱钩改革任务已经顺利完成。脱钩改革后行业协会商会与政府的关系将走向何方？新时期的政会关系将呈现出怎样的特征？诸如此类的问题无疑是国家与社会关系发展中的关键问题，也是学术研究应关注的十分具有理论意义的问题。

在此背景下，本书以"脱钩后行业协会商会与政府的关系特征"为核心关注点，试图回答脱钩后行业协会商会是如何与政府共治的这一关键问题。本书首先回顾了当代我国行业协会商会与政府关系的实践发展与研究进展，在此基础上提出了"政会共治"这一新的研究议题；接着基于网络治理理论和跨部门合作理论，构建了政会共治的理论分析框架，明确了"共治式政会关系"的概念内涵，提出政会共治的三种具体模式，并且分析每种模式的具体特征和适用条件；然后，对三种政会共治模式进行实证分析。本书的核心观点可以概括为：脱钩改革为政会共治创造了新制度环境，日渐增多的政会共治可被看作脱钩后行业协会商会与政府关系的新特征；政会共治包括配合型共治、协作型共治、合作型共治三种模式，不同的共治模式体现了行业协会商会与政府在共治中不同程度的互动水平；政会共治在当前仍处于初步发展阶段，高质量的政会共治依系于政府和行业协会商会的共同努力。

本书将理论研究与实践经验相结合，从整体上展现了脱钩后行业协会商会与政府的互动关系。本书的主要特色体现在两方面：一是拓展了我们团队一直以来的政策视角的研究，尝试在治理视角下讨论行业协会商会与政府的关系，认为行业协会商会不仅通过对政府和公共政策施加影响来体现其政策意义，而且还凭借其专业优势，通过积极行动展现其治理意义，而后者对于建立积极的政会关系无疑具有十分重要的意义。在早期研究中，我和周俊曾提出"在参与中成长的社会组织"观点，认为行业协会商会能够通过参与公共事务治理而获得组织成长，并最终增强对政府和公共政策的影响。本书是对这一研究的深化和突破，对"参与"这一习以为常的概念进行学理思考，并提出和界定了"共治"概念，使感性认识中的"参与"蜕变为理性分析中的"共治"，让我们对政会关系中最为丰富和最为生动的互动有了更为清晰的理解。

二是突破了以往关于行业协会商会依附性的讨论，认为政会关系在脱钩改革后已经进入到"共治"这一新的发展时期，需对其进行重新审视。新一轮脱钩改革后，行业协会商会正不断改变依附于政府的局面，逐渐成长为能够在平等基础上与政府互动的主体，在实践中出现了丰富的政会互动案例。本书在此基础上提出"共治式政会关系"新观点，认为需要摆脱依附观点的束缚，突破既有研究的框架局限，在充分承认行业协会商会主体性的前提下重新理解政

行业协会商会与政府共治：配合、协作与合作

会关系。这无疑提出了行业协会商会研究中最为根本的问题，即我们应该如何随着时代的前进突破固有思维，对行业协会商会进行再认识和再评价，并且基于新的认识和评价形成新的研究视角和理论观点。在这方面，本书可称得上一个颇具示范性的案例。

当前，我国已进入在高质量发展中促进共同富裕的新时期，政府高度重视行业协会商会的作用，就行业协会商会在助力新质生产力发展、推动经济高质量发展、推进共同富裕等方面发挥作用出台了多项政策文件。行业协会商会的作用也得到进一步发挥，政会共治不仅在数量上有明显增长，在质量上也有显著提升，尤其是政会合作的制度化水平不断提升。与此同时，行业协会商会立法工作也被提上日程，民政部已经在全国开展立法调研。可以说，行业协会商会正面临前所未有的发展契机，有着广阔的发展空间。本书在此背景下出版，无论是对行业协会商会还是对政府相关部门来说，都是一件十分有意义的事情，因为它既为理解新时期的政会关系、政会共治提供了理论框架，也为进一步促进政会共治、高质量发展政会共治贡献了实践建议，可以成为相关组织和部门的重要借鉴。

我为周俊长期坚持行业协会商会的研究感到欣慰，为她的新作出版和学术成长感到高兴，期待她能够持续在行业协会商会领域耕耘，产出高质量的新成果。

郁建兴

教育部长江学者特聘教授

浙江工商大学党委书记

浙江大学社会治理研究院院长

2025 年 2 月 16 日于杭州

目 录
CONTENTS

第一章　绪　论 // 001
　　一、当代中国行业协会商会与政府关系的实践发展 // 005
　　二、当代中国行业协会商会与政府关系的研究进展 // 013
　　三、政会共治：一个新研究议题 // 026

第二章　基本概念与文献综述 // 037
　　一、基本概念 // 039
　　二、文献综述 // 045

第三章　理论基础与分析框架 // 067
　　一、理论基础 // 069
　　二、分析框架 // 091

第四章　政会脱钩改革历程与成效 // 109
　　一、政会脱钩改革的背景 // 112
　　二、政会脱钩改革的历程 // 114
　　三、政会脱钩改革的成效 // 125
　　四、脱钩改革对政会共治的影响 // 132

第五章 政会配合型共治：以行业协会商会参与危机治理为例 // 137
一、配合与政会配合型共治的界定 // 139
二、行业协会商会参与危机治理的政策前提 // 144
三、行业协会商会在危机治理中的政策配合性 // 157
四、研究结论与政策建议 // 165

第六章 政会协作型共治：以行业人才培养为例 // 169
一、协作与政会协作型共治的界定 // 171
二、行业协会商会在行业人才培养中的作用与协作概况 // 177
三、行业人才培养中政会协作共治的案例分析 // 183
四、推进协作型共治的路径 // 188

第七章 政会合作型共治：以行业风险监测工作为例 // 195
一、合作与政会合作型共治的界定 // 198
二、政会制度化合作的生成逻辑 // 206
三、行业协会商会与政府合作监测行业风险 // 210
四、结论与讨论 // 222

第八章 走向高质量政会共治 // 225
一、政会共治的多重意义 // 227
二、新形势下政会共治的政策机遇 // 231
三、走向高质量政会共治的路径 // 235
四、走向高质量政会共治的研究议程 // 241

参考文献 // 245
后　记 // 267

第一章

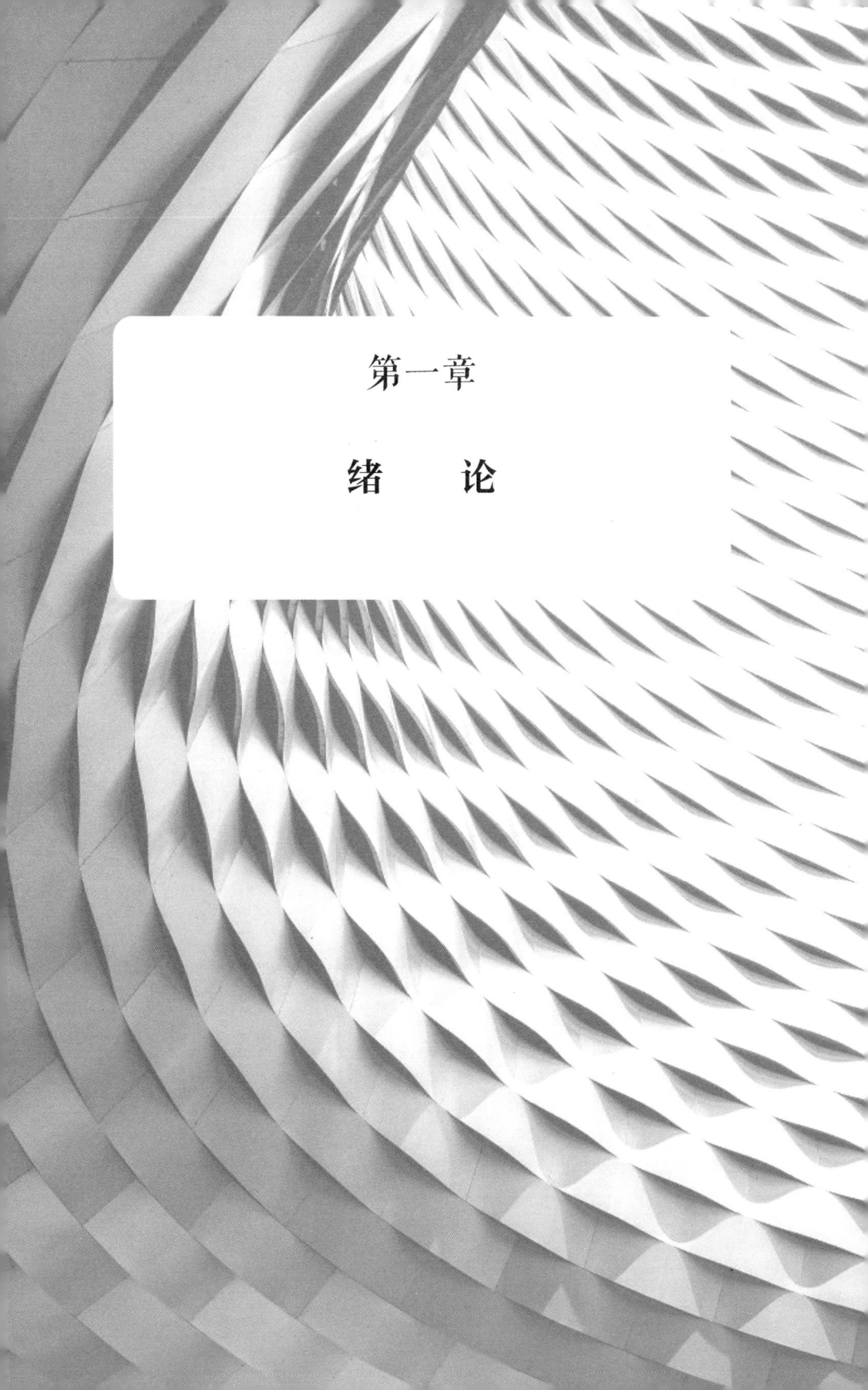

绪　论

我国当代行业协会商会诞生于计划经济向市场经济转轨的特殊时期，大多由政府自上而下组建或发起成立，在管理上实行由民政机关登记注册、由业务主管部门指导业务的双重管理体制。这导致行业协会商会对政府具有很强的依附性。虽然这种特殊的政会关系对于行业协会商会发挥作用有着积极作用，但从整体上看，行业协会商会因身份定位不明、缺乏市场竞争意识和能力等原因而未能充分发挥应有的作用，并且导致政府在行业治理中的角色长期受到质疑。为建立适应中国特色社会主义市场经济发展的政会关系，使行业协会商会回归其本质角色和功能，从20世纪90年代中后期开始，政会分离改革逐渐被提上政府日程。

2007年，国务院办公厅发布《关于加快推进行业协会商会改革和发展的若干意见》，提出行业协会商会要从职能、机构、人员和财务四个方面与政府及其职能部门彻底分开。这是政府首次通过专门文件提出政会"四脱钩"改革方案。但遗憾的是，这一轮改革仅有浙江省、广东省、上海市等少数地方取得了较好成效，全国大多数地方的脱钩改革进展缓慢，原有的政会关系格局基本没有发生变化。

2015年7月，中共中央办公厅、国务院办公厅印发《行业协会商会与行政机关脱钩总体方案》（以下简称《脱钩总体方案》），拉

行业协会商会与政府共治：配合、协作与合作

开新一轮脱钩改革的大幕。2019年上半年，经过三批试点，共有422家全国性协会和5318家省级协会实现了脱钩，均超过应脱钩协会总数的50%。① 在总结改革试点经验的基础上，国家发展改革委、民政部等十部门联合印发《关于全面推开行业协会商会与行政机关脱钩改革的实施意见》（以下简称《实施意见》），明确要求按照"应脱尽脱"原则全面推开脱钩改革，凡是符合条件并纳入改革范围的行业协会商会，都应于2020年年底前基本完成脱钩改革。据统计，到2020年年底共有728家全国性行业协会商会和67491家地方性行业协会商会基本完成脱钩，完成率分别为92%和96%。②

脱钩改革对政会关系带来了根本性的影响，脱钩后的行业协会商会不再依附于政府，而是要到社会和市场中去寻求生存，这既要求行业协会商会在新环境中对自身的组织治理进行调整和转型，也要求它们重新审视自身与政府的关系，尤其是与政府的互动关系；也使政府不再能够对脱钩后的行业协会商会直接施加行政影响，而是需要遵循市场规则和社会规律，重新建构管理和服务关系。在党和政府高度重视国家治理现代化、社会治理创新的当今时代，在政会关系重构之际，考察行业协会商会与政府共治，分析双方共治的前提、共治的模式和共治中面临的挑战，提出促进共治的建议，对于促进行业协会商会健康发展，从而推进政会关系变革，无疑具有重要意义。在绪论中，我们试图系统梳理政会共治的理论与现实背景，明确研究问题，厘定研究思路。

---

① 万周：《"脱钩改革"促行业协会回归角色本位》，https：//news.sina.com.cn/c/2019-06-20/doc-ihytcerk8040654.shtml，2023年12月20日访问。
② 《行业协会商会与行政机关脱钩改革工作基本完成》，https：//m.163.com/dy/article/G3HP9JD10514R9KD.html，2024年2月23日访问。

第一章 绪 论

一、当代中国行业协会商会与政府关系的实践发展

（一）改革开放前的政会关系

中国近代行业协会商会在与政府的复杂关系中发展，两者的互动是行业协会商会发挥作用的基点，与之相伴随的是两者的矛盾与冲突。有研究将近代政会关系概括为三方面内容：经济利益的合作与冲突、社会功能的互补与制衡、政治参与中的控制与反控制，并认为政会关系类似于"无线电电路中的推挽结构"，两个组织相互并行但位相相反，必须协调、匹配才能发挥放大电信号的作用。[1]

中华人民共和国成立前后，政府对代表资产阶级利益的行业协会商会进行社会主义改造。1948年，中共中央发布《关于组织工商业联合会的指示》，一些大中城市成立工商联地方组织，接收原有的商会，对其进行改造。到1956年年初，资本主义工商业社会主义改造基本完成[2]，在经济领域，国家建立了高度集权的计划经济体制；在社会领域，中国共产党"通过遍布整个社会的单位组织，对全社会以及每个人形成了全面的整合和控制"[3]，行业协会商会生存的经济和社会基础不复存在，陷入发展停滞状态，仅有工商联被保留，但被定位为统一战线组织，从事统一战线工作。

---

[1] 蒋伟新、汤可可：《推挽结构：近代地方商会与政府的关系——以无锡为例》，载《近代史学刊》2001年第1辑。
[2] 黄如桐：《资本主义工商业社会主义改造的历史回顾》，载《当代中国史研究》1994年第2期。
[3] 康晓光、卢宪英、韩恒：《改革时代的国家与社会关系——行政吸纳社会》，载王名主编：《中国民间组织30年：走向公民社会（1978—2008）》，社会科学文献出版社2008年版。

(二) 改革开放后的政会关系

1. 行业协会商会的组建途径与依附关系的形成

改革开放后，经济体制改革的大幕拉开，民营经济开始发展，以企业为直接管理对象、排斥市场机制作用的封闭低效的部门管理体制受到巨大挑战，对部门管理转向行业管理的呼声日益强烈。以建立行业管理为目标的改革在 20 世纪 80 年代初启动，成立行业协会、向行业协会转移部分职能是改革的重要内容。当时，由于政府缺乏管理社会团体的统一部门，成立社会团体相对容易。1980 年，国家经济贸易委员会开始进行行业协会试点工作，首先成立中国包装技术协会，后又相继成立中国食品工业协会、中国饲料工业协会等我国第一批行业协会。1984 年，国务院决定在机械工业部和电子工业部进行行业管理体制改革试点，成立了中国汽车工业协会等协会。1988 年，国务院机构改革以经济管理部门为重点对象，撤销了各部的产业司局，又产生了一批全国性行业协会。与此同时，地方政府也发起成立了大量行业协会商会。这些自上而下成立的行业协会都被赋予行政性职能，并由政府给编制、定职级、下拨经费，具有突出的官办色彩，因此又被称为"翻牌"行业协会、"体制内"或"行政性"行业协会。[①]

伴随着民营经济发展和行业管理体制改革，一些领域和行业出现了由民营企业家发起成立或在政府的倡导和支持下由民营企业家组织的体制外行业协会商会。1988 年 1 月，福州市民营企业家协会成立，这是我国成立的第一家商会性质的民间私营经济团体，同年 6

---

① 周俊、郁建兴：《行业管理体制的变革与出路》，载《思想战线》2012 年第 6 期。

月成立的温州市鹿城鞋业协会，也是早期民间行业协会商会的代表。21世纪初期，中国加入世界贸易组织。为应对世界金融危机，转变经济增长方式，在一系列促进市场经济发展的举措中，政府多次出台有关行业协会商会培育发展和规范管理的政策文件，以促进行业协会商会发展，使其适应经济发展和市场建设需要。

既有研究将改革开放后行业协会商会产生的路径概括为四种：一是体制内途径生成的行业协会商会。它们是政府转变职能，由政府行业主管部门组建的行业协会商会，在政府授权或委托下，承担部分行业管理职能。二是体制外途径生成的行业协会商会。它们是行业内企业自发自愿组建并根据《社会团体登记管理条例》取得社团法人资格的民办协会。三是体制内外结合的行业协会商会。此类行业协会商会由政府倡导成立或进行支持培育，由各类相关经济主体自愿加入。四是法律授权产生的行业协会商会。它们是通过立法生成或被事后确认的行业协会商会，比如注册会计师协会、律师协会、各类体育运动协会、中国证券业协会等。[①] 在后续研究中，学界多讨论前三种途径建立的行业协会商会，又以前两种为主。

行业协会商会的组建途径无疑会对行业协会商会与政府的关系产生基础性影响。一般而言，自上而下组建的体制内行业协会商会与政府关系密切，不仅在政府提供的场所中办公，而且享有一定的人员编制，接受政府的直接资助和工作委托，因此常被人诟病为"二政府"；自下而上组建的民间行业协会商会具有独立身份，拥有较大的组织自主权，但是受"双重管理"体制约束，同时接受登记管理机关和业务主管单位的指导和约束，组织自主权不完整；混合

---

① 余晖：《我国组建行业协会的四种主要模式》，载《上海改革》2001年第4期。

途径中产生的行业协会商会则同时具有两方面特征。

2. 三种依附关系：建制性依附、人身关系依附与资源依附

对政会关系的研究通常认为，无论是由何种途径组建的行业协会商会，也无论它们与政府的关系是远还是近，都对政府存在依附性，依附性是政会关系的底色。但是，在依附内容和形式上存在一定差异。有研究提出"建制性依附"和"人身关系依附"两个描述依附性的概念①，在此基础上，本研究增加"资源依附"概念，这样可以将行业协会商会对政府的依附分成三种类型。

（1）建制性依附是指基于行业协会商会身份而形成的依附关系，主要发生在自上而下成立的行业协会商会中，这些协会商会大多由原来的政府部门或行业性公司改制而来，与政府保持密切联系，在经费上享受政府补贴；在人事安排上没有自主性，要接纳安置政府部门的精简分流人员和退休人员；在组织关系和职能定位上不明晰，实际上是政府部门的附庸机构，履行部分行政职能。

（2）人身关系依附是指行业协会商会对政府人员的依附性，主要发生在民间行业协会商会中。这些协会商会为了获得政府在政策、资金等方面的支持，往往聘请相关部门的在职或离退休官员或其亲属担任会长、秘书长或荣誉顾问。

（3）资源依附是指行业协会商会对政府资源的依赖，这里的资源指资金、场地等物质资源。资源依附同时存在于体制内和民间行业协会商会中，前者大多除了会费和政府资源外没有其他获取资源的途径，后者虽然面向市场求生存，但是一些行业协会商会将获取政府委托事项和购买服务项目作为最重要的资源来源。这种依附性

---

① 郁建兴、周俊、张建民等：《全面深化改革时代的行业协会商会发展》，高等教育出版社 2014 年版。

的形成与行业协会商会管理体制密切相关。在这一时期，行业协会商会都有业务主管单位，业务主管单位负责对行业协会商会进行业务指导，具体包括支持和监督两方面内容，支持主要体现为资源支持。

3. 通过改革破除依附关系

行业协会商会对政府的依附普遍存在，极大影响了行业协会商会发展，也不利于推进政府职能转移和建立规范的市场经济秩序。为改变这种状态，政府实施了政会脱钩改革和行业协会商会管理体制改革。

（1）政会脱钩改革

对行业协会商会的去行政化改革早在20世纪90年代末行业协会商会结构体系基本形成之后便拉开序幕。1999年，国家经贸委印发《关于加快培育和发展工商领域协会的若干意见（试行）》，提出工商领域协会应"坚持不同所有制的企业事业单位自愿自主参加（法律另有规定的除外）的原则；坚持自立、自治、自养的原则"，并提出应结合地方机构改革，按照"政社分开"的原则，积极探索工商领域协会管理模式。21世纪，为切实破除行业协会商会对政府的依附，政府实施了两次脱钩改革，从脱钩内容上看，前一次为"四分离"，后一次为"五分离、五规范"。

其一，"四分离"改革。2005年，国家发展改革委等部门起草的《关于促进行业协会商会改革与发展的若干意见（征求意见稿）》提出，行业协会商会要严格依照法律法规和章程独立自主地开展活动，切实解决行政化倾向严重以及依赖政府等问题，要从职能、机构、工作人员、财务等方面与政府及其部门、企事业单位彻底分开。虽然只是征求意见稿，但政策释放了明确信号，许多地方开始按政策要求开展推进脱钩改革。2007年《国务院办公厅关于加快推进行业协会商会改革和发展的若干意见》正式发布，浙江、上海等地公开宣布完成了政会分开改革。但从全国范围看，此次脱钩改革并不全面和彻底，许多地方仍然存在大量"应脱未脱"现象。

其二，"五分离、五规范"改革。2015年启动的新一轮脱钩改革的内容是"五分离、五规范"，即机构分离，规范综合监管关系；职能分离，规范行政委托和职责分工关系；资产财务分离，规范财产关系；人员管理分离，规范用人关系；党建、外事等事项分离，规范管理关系。此轮改革分两个阶段进行，第一阶段从2015年6月到2019年6月，为脱钩改革的试点阶段，主要针对国家级和省级行业协会商会；第二阶段从2019年6月到2020年年底，为脱钩改革全面推开阶段，主要针对全国各层级行业协会商会。此次脱钩改革取得了全面胜利，当前国家级和省级行业协会商会基本上实现了与政府的分离，能够以独立法人的身份自主运作。

脱钩改革从形式上彻底切断了行业协会商会与政府不规范的联系，使建制性依附、人身关系依附不复存在，也部分解决了资源依附问题。脱钩改革后，只有那些将政府资源作为组织主要资源来源的行业协会商会仍然对政府资源有依赖，但这种情况不再普遍，并且行业协会商会必须经过规范程序获得行政资源，策略性的非正式因素可以发挥的空间日渐缩小。

（2）行业协会商会管理体制改革

管理体制改革虽不直接针对行业协会商会的政治依附性问题，但对其有直接影响。行业协会商会管理体制改革是社会组织管理体制改革的构成部分，与改变政会关系相关的改革主要包括实施"一业多会"制度和"直接登记"制度。

在 2013 年"一业多会"制度实施前,行业协会商会遵循"一业一地一会"制度,这一制度源于 1989 年通过的《社会团体登记管理条例》中关于"在同一行政区域内不得重复成立相同或者相似的社会团体"(简称"一地一会")的规定。因为行业协会商会的行业特性,故而在实践中又针对行业协会商会实施"一业"规定,即一个行业只能设立一家行业协会商会。"一业一地一会"是明显的限制竞争的制度安排,在这一制度的影响下形成了一个地方一个行业只有一家行业协会商会的格局,由此,作为"婆婆"的业务主管单位在特定行业就只有一个"儿子",相关行业治理的业务就只能交给这个"儿子"承担,这无疑是导致行业协会商会依附性的关键原因。

"一业多会"制度实施后,同一行政区域内一个行业可能同时存在不止一家行业协会商会。例如,深圳市规定同级行政区域内可设立少于三家行业协会[1];《广州市社会组织管理办法》规定,"同一行政区域内,可以成立两个以上业务范围相同或者相似的社会组织,但社会组织的名称及标识应当有明显区别";《山东省民政厅关于优化社会组织登记管理服务的十条意见》提出,"行业协会商会可以实行'一业多会'。发起人在本行业领域具有一定影响力和代表性、发起人和会员组成不重叠、不增加会员会费负担的前提下,可以成立 2—3 个业务领域相近的行业协会商会"。"一业多会"制度的实施改变了行业协会商会生态,使行业协会商会从垄断转向竞争,这一变化首先体现为业务主管单位委托职能时需要考虑行业协会商会的资格条件,这促使行业协会商会重新定位政府资源对于自身发展的意义,有的行业协会商会仍然将政府资源作为组织的主要资源来源,

---

[1] 如《深圳经济特区行业协会条例》第 11 条"设立行业协会应当符合下列条件"的第 7 款规定:"同级行政区域内已设立的相同行业协会少于三家。"

但更多的行业协会商会为避免"僧多粥少"问题转而开拓市场资源。

"直接登记"制度的实施是以"双重管理"为主导特征的社会组织登记管理制度的重大突破。2011年7月4日，民政工作年中分析会暨民政论坛上，民政部部长在报告中提出要"积极拓宽社会组织直接登记范围。民政部门对公益慈善、社会福利、社会服务等类社会组织可履行登记管理和业务主管一体化职能；对跨部门、跨行业的社会组织，与有关部门协商认可后，可履行登记管理和业务主管一体化职能"。① 直接登记制度提出后，广东省的政策贯彻力度比较大。在深圳，可直接登记的社会组织种类被扩大为八类。② 2013年3月10日，在十二届全国人大一次会议第三次全体会议上，国务委员兼国务院秘书长马凯向大会作了《关于国务院机构改革和职能转变方案的说明》，报告中正式确认了四类社会组织直接登记的政策："重点培育、优先发展行业协会商会类、科技类、公益慈善类、城乡社区服务类社会组织。成立这些社会组织，直接向民政部门依法申请登记，不再需要业务主管单位审查同意。民政部门要依法加强登记审查和监督管理，切实履行责任。考虑到政治法律类、宗教类等社会组织以及境外非政府组织在华代表机构的情况比较复杂，成立这些社会组织，在申请登记前，仍需要经业务主管单位审查同意。"直接登记制度经中央确认后，地方实践快速推进，部分地方拓

---

① 陆璇：《社会组织直接登记政策的前世今生：八年历史与政策日趋明朗》，https://m.thepaper.cn/newsdetail_forward_3168525，2025年3月5日访问。

② 《中共深圳市委、深圳市人民政府关于进一步推进社会组织改革发展的意见》第12条规定："扩大社会组织直接登记范围。全面清理社会组织登记前置审批程序，重点发展服务经济、服务民生的社会组织。简化登记手续，实行工商经济类、公益慈善类、社会福利类、社会服务类、文娱类、科技类、体育类和生态环境类等8类社会组织由民政部门直接登记，其他类型社会组织按相关规定审批登记，促进社会组织健康发展。"

宽了直接登记社会组织范围，如《广州市社会组织管理办法》第7条规定："民办非营利教育培训机构、民办非营利医疗机构、民办社会福利机构、民办博物馆等法律、行政法规规定需经前置审批的社会组织，应当先经业务主管单位同意，取得相应许可证书或者批复文件后向登记管理机关申请成立登记。前款规定之外的其他社会组织可以直接向登记管理机关申请成立登记。"

直接登记制度对行业协会商会发展产生了直接影响。该制度出台后，一方面，直接登记的行业协会商会数量增长较快；另一方面，业务主管部门转变为"业务指导单位"，对直接登记的行业协会商会只负有"指导"责任，这使两者之间不再存在直接的职能、财务等关系，行业协会商会对业务主管部门的依附性不复存在。可以说，直接登记制度的实施使行业协会商会的"去行政化"改革取得了突破性进展。

综上所述，在脱钩改革和管理体制改革的共同作用下，行业协会商会在获得独立身份和组织自主性上取得了重大突破，长期被诟病的依附性、"二政府"身份基本被破除。脱钩改革后行业协会商会面临新的发展契机，而这其中的一个重要内容是行业协会商会与政府的互动将步入新阶段。

二、当代中国行业协会商会与政府关系的研究进展

（一）理论纷争中的政会关系

国家与社会关系是行业协会商会研究的主要理论视角。国家与社会关系理论传统上存在国家主义和自由主义两大流派。国家主义

行业协会商会与政府共治：配合、协作与合作

始于黑格尔的国家观，是海外学者解读中国国家与社会关系的主导范式，认为国家掌握对社会的控制权，代表性观点有碎片化威权主义[1]、调适性威权主义[2]和咨询性列宁主义[3]。自由主义因遵循洛克的"社会外在于国家"观念，认为社会具有制衡和对抗国家的权利，在这一思路下的中国研究多讨论社会组织、公共舆论空间发展带来的社会变革及其对国家制度的影响[4]。国家主义与自由主义观点迥异，但在现实中又能找到各自的依凭，长期针锋相对。

作为对两者的调和，有研究者提出"国家在社会中"[5]"嵌入性自主"[6]"国家社会协同"[7]等概念，认为国家与社会不是绝对的二分关系，而是能够并且需要相互影响和形塑。比如嵌入性自主观点认为，官僚体制必须镶嵌于社会关系中，与社会相连接，唯有官僚自主性与社会镶嵌性相结合，国家才能获得发展。此类观点构成国家与社会关系研究的重要内容，但未能与国家主义和自由主义理论形成有力的对话，因为国家主义和自由主义并不否定国家与社会之间的有机联系，而是强调何者在权力结构中居主导性地位。

深受国家与社会关系理论影响，既有对行业协会商会的研究除

---

[1] Lieberthal, K. G., Lampton, D. M., *Bureaucracy, Politics, and Decision Making in Post-Mao China*, Berkeley: University of California Press, 1992.

[2] Nathan, A. J., China's Changing of the Guard: Authoritarian Resilience, *Journal of Democracy*, Vol. 14, No. 1, 2003, pp. 6-17.

[3] Tsang, S., Consultative Leninism, China's New Political Framework, *Journal of Contemporary China*, Vol. 18, No. 62, 2009, pp. 865-880.

[4] Parris, K., Local Initiative and National Reform: The Wenzhou Model of Development, *The China Quarterly*, Vol. 134, 1993, pp. 242-263.

[5] Migdal, J. S., *State in Society: Studying How State and Society Transform and Constitute One Another*, Cambridge: Cambridge University Press, 2001.

[6] Evans, P. B., *Embedded Autonomy: States and Industrial Transformation*, Princeton: Princeton University Press, 1995.

[7] Evans, P. B., *State-Society Synergy: Government and Social Capital in Development*, Berkeley: California University Press, 1997.

了讨论行业协会商会内部管理问题之外，多是以行业协会商会为案例对象解读中国改革开放以来的社会变革及其所表征的国家与社会关系特征。在这些研究中，学者主要援引的是国家与社会关系的次级理论——多元主义和法团主义。

（1）关于多元主义有多种阐释。约翰·凯克斯（John Kekes）认为多元主义由四个命题构成：① 实现美好生活所必需的价值具有不可通约性；② 这些价值是彼此冲突的，实现某些价值就会排斥其他价值；③ 价值冲突的解决缺乏权威性标准，标准是多元的；④ 价值冲突仍然存在合理的解决路径。[①] 一般来说，多元主义意味着存在多种合理的价值以及关于共同的善的合理观念。这些价值是无法比较的、不可通约的甚至是相互冲突的。"不同的生活方式崇尚不同的善和德性这一事实并非不完美的特征，而是人类可以以不同的生活方式很好地生活的标志。"[②] 从总体上来说，多元主义主张某一个价值永远具优先性的论点是不合理的，虽然人类的基本价值是普遍、恒久不变的，但是在如何享有这些基本价值的问题上则会因历史、文化和个人的不同而产生差异。

托克维尔较早描述了以社会团体的普遍存在为现象的美国多元主义现象，他在《论美国的民主》一书中写道："美国人也在他们的社团中建立统治组织，但是，如果我可以用和平一词的话，那都是和平的统治组织；在社团中，承认个人的独立，每个人就像在社会里一样，同时朝着一个目标前进，但并非都要循同一条路走不可。没有人放弃自己的意志和理性，但要用自己的意志和理性去成就共

[①] Kekes, J., Pluralism and the Value of Life, in Paul, E. F., et al., *Cultural Pluralism and Moral Knowledge*, Cambridge: Cambridge University Press, 1994.
[②] 〔英〕约翰·格雷：《自由主义的两张面孔》，顾爱彬、李瑞华译，江苏人民出版社2002年版。

行业协会商会与政府共治：配合、协作与合作

同的事业。"① 杜鲁门则刻画了各种利益集团在塑造美国多元主义民主中的作用，认为利益集团是美国民主过程中基本的和积极的成分，在任何复杂的社会中，个人较少直接受到社会整体的影响，而较多地不同程度地受到社会各个部分或集团的影响。杜鲁门将美国政治和政府描绘为不同利益集团相互作用和讨价还价的复杂的结合物，利益集团是各个层次政治过程的核心。②

受多元主义理论影响，部分对中国行业协会商会的研究认为，体制外行业协会商会的兴起与作用发挥，一定意义上体现了公民社会的初现，并且在政治上发挥了重要功能。比如，有研究提出，民营经济发展中兴起的由企业家建立的温州商会主要为企业利益服务，在沟通企业与政府关系上发挥重要作用，具有显著的政治功能。③ 类似的，另一项同样针对温州商会的研究认为，温州商会在兴起之初对政府仍然存在一定的依赖性，但随着温州商会在公共治理中发挥越来越重要的作用，它们与政府的关系也在发生转变，日益取得更大的平等权，对公共政策的影响也愈发有力。④ 但是，多元主义视角下的行业协会商会研究也受到诸多质疑，有研究认为多元主义以社会团体的独立自主为前提，而中国的行业协会商会普遍依附于政府，不具备与政府平等协商的基本条件，多元主义无从谈起。⑤

---

① 〔法〕托克维尔：《论美国的民主》，董果良译，商务印书馆2004年版。
② 〔美〕戴维·杜鲁门：《政治过程：政治利益与公共舆论》，陈尧译，天津人民出版社2005年版。
③ Zhang, J., Business Associations in China: Two Regional Experiences, *Journal of Contemporary Asia*, Vol. 37, No. 2, 2007, pp. 209-231.
④ Yu, J., Zhou, J., & Jiang, H., A Path for Chinese Civil Society: A Case Study on Industrial Associations in Wenzhou, China, New York: Lexington Books, 2012.
⑤ Foster, K., Embedded Within State Agencies: Business Association in Yantai, *The China Journal*, Vol. 47, 2002, pp. 41-65.

(2) 法团主义的提出者施密特 (P. C. Schmitter) 认为，法团主义是由数量有限、功能分化的利益集团构成的一种利益代表机制。①20世纪90年代，法团主义是学界分析中国国家与社会关系的主要理论工具，且主要以行业协会商会为研究对象。研究多认为，行业协会商会作为国家与社会之间的桥梁与纽带，是政府与社会之间的制度化联结②，国家虽然对行业协会商会拥有控制权，但行业协会商会也有表达自身诉求和影响政府的独立性③。更有学者提出中国政府与行业协会商会之间的关系具有明显的国家法团主义特征，认为"行业协会商会并不具有完整的自主性，而是常常地镶嵌在国家之中，国家可以操纵和控制行业协会商会的日常活动、人事和财务"④。

多元主义和法团主义都是西方舶来的概念，一些学者认为中国的国家与社会关系具有独特性，这两种理论都存在解释力不足问题。张静认为，由于权利的缺乏和制度性协商制度的缺乏，这些概念对中国的分析是不适用的。⑤ 安东尼·斯皮雷斯 (Anthony J. Spires) 也对用新托克维尔学派或国家法团主义建立分析框架的做法提出批评，认为此二者都不符合中国现状。⑥

---

① Schmitter, P. C., Still the Century of Corporatism? in Pike, F. B., Stritch, T. (eds.), *The New Corporatism: Social-Political Structures in the Iberian World*, South Bend: University of Notre Dame Press, 1974.
② Unger, J., Bridges: Private Business, the Chinese Government and the Rise of New Associations, *The China Quarterly*, Vol. 147, 1996, pp. 795-819.
③ Pearson, M. M., The Janus Face of Business Associations in China: Socialist Corporatism in Foreign Enterprises, *The Australian Journal of Chinese Affairs*, Vol. 31, 1994, pp. 25-46.
④ Dickson, B. J., Cooperation and Corporatism in China: The Logic of Party Adaptation, *Political Science Quarterly*, Vol. 115, No. 4, 2000, pp. 517-540.
⑤ 张静：《法团主义》，中国社会科学出版社2008年版。
⑥ Spires, A. J., Contingent Symbiosis and Civil Society in an Authoritarian State: Understanding the Survival of China's Grassroots NGOs, *American Journal of Sociology*, Vol. 117, No. 1, 2011, pp. 1-45.

有研究基于对行业协会商会的考察提出依附理论。相关研究都支持一种观点，即企业家与官僚的依附关系影响行业协会商会的运作。依附理论认为中国的国家与社会关系在改革开放后没有明显变化，经济精英与官员之间存在"共生的依附主义"（symbiotic clientelism）和"恩赐—依附"关系（patron-client relationship）。[1] 福斯特（K. Foster）对烟台的研究发现，几乎所有行业协会商会都是政府创设的，行业协会商会不是被政府"指派"或"捕获"，它们就是国家装置的部分，是嵌入到政府管理的结构和过程之中的，中国的企业在国家之外创设行业协会商会的想象是有误导性的，行业协会商会并没有代表成员利益，而是政府机构的助手，它们没有自治过，因而它们虽然在正式结构上是法团主义的，但其实际运行却与利益集体政治或中间协调这些法团主义的核心没有关系。[2] 另有研究认为，大部分商人认为行业协会商会虽然能代表他们的观点，但同时也代表政府的观点，并且在经济越繁荣的地方，行业协会商会表现出对政府越深的嵌入性，而不是自治性，这与西方公民社会的理论是不同的。[3] 依附理论对中国行业协会商会的研究为理解转型时期的政会关系做出了有建设性的贡献。

（二）理论共识中的政会关系

多元主义、法团主义和依附理论的论争主要发生在世纪之交这

---

[1] Wank, D., *Commodifying Communism: Business, Trust, and Politics in a Chinese City*, Cambridge: Cambridge University Press, 1999.
[2] Foster, K., Embedded Within State Agencies: Business Association in Yantai, *The China Journal*, Vol. 47, 2002, pp. 41-65.
[3] Dickson, B., *Red Capitalists in China: The Party, Private Entrepreneurs, and Prospects for Political Change*, Cambridge: Cambridge University Press, 2000.

一段特殊时期。从改革开放后到20世纪90年代初期，中国商品经济初步发展，"市场经济"概念被引入，政府这一时期还在为适应商品经济和市场经济发展而努力改革行业管理体制，在这一过程中产生的行业协会基本上都是由政府机构转制而来，行业商会则由具有统一战线性质的工商联（总商会）统一管理，同样处于转型发展过程之中。中国的民间商会最早于20世纪80年代末形成于民营经济率先兴起的浙江省温州市，其他地方则发展相对较晚。在整个90年代，民间商会都处于探索发展阶段，与政府的关系受到政商关系的极大影响，有时能够发挥积极作用，有时却并非如此。因此，基于这一时期实践发展的研究，在行业协会商会中既发现了多元主义的特征，又看到了法团主义的影子，同时又捕捉到行业协会商会依附于政府的事实，这些无疑是合理的，所反映的不过是这一时期尚未稳定和制度化的政会关系的多样性特征。

21世纪的头十年，学界对国家与社会关系的讨论已经逐渐摆脱了多元主义和法团主义的话语束缚，转而拥抱治理理论。到第二个十年，新公共治理理论、共同生产理论的影响日甚，对国家与社会关系的政治性思考日益让位于以治理为中心的讨论。治理理论主张"去中心化"，认为政府、市场和社会应该发挥各自优势、携手治理公共事务，政府只是众多平等治理主体中的"兄长"。[1] 新公共治理理论提出"服务导向"的公共治理观点，认为应该围绕服务生产进行多元主体的合作。[2] 共同生产理论提出，为提高政策执行效率与质

---

[1] 〔英〕鲍勃·杰索普、程浩：《治理与元治理：必要的反思性、必要的多样性和必要的反讽性》，载《国外理论动态》2014年第5期。
[2] 〔英〕Stephen P. Osborne 编著：《新公共治理？——公共治理理论和实践方面的新观点》，包国宪等译，科学出版社2016年版。

行业协会商会与政府共治：配合、协作与合作

量，公共服务的消费者应该参与服务设计、决策、生产和监督。[1] 显然易见，治理理论、新公共治理理论和共同生产理论关注的不再是政治意义上的国家与社会关系问题，而是治理（管理）意义上的政府与社会合作问题。这显然与20世纪初期西方主要国家社会问题日渐突出、公共服务需求快速增长、公众对参与式民主的要求高涨密切相关，政府需要借助市场和公民社会的力量共同维护社会秩序和供给公共服务。在这些理论的共同作用下，"参与式治理"逐渐成为公共治理领域中的关键词。

在理论转向的过程中，中国国家与社会关系研究逐渐从关注社会发展的政治意义转向关注政府与社会合作的具体过程与策略，越来越多的文献讨论政府与社会的微观互动机制及其对于实现公共目标、解决公共问题的意义。相应地，行动研究日渐取代关注国家与社会关系的静态结构论争，开始主导国家与社会关系的研究进程。[2] 从整体上看，21世纪初以来的研究，一方面，关注官僚体系的碎片化和竞争性特征，认为官僚部门会出于竞争考虑与社会力量结成同盟[3]，并因此出现建立在利益契合基础上的多样化政社合作[4]；另一方面，随着经济社会发展和公共服务需求的增长，对政府将值得信任的社会力量吸纳进公共服务供给体系[5]这一现象给予了充分关注。

---

[1] Brudney, J., Cheng, Y., & Meijs, L., Defining and Measuring Coproduction: Deriving Lessons from Practicing Local Government Managers, *Public Administration Review*, Vol. 82, No. 5, 2022, pp. 795-805.
[2] 张紧跟：《从结构论争到行动分析：海外中国 NGO 研究述评》，载《社会》2012 年第 3 期。
[3] 王信贤：《争辩中的中国社会组织研究："国家—社会"关系的视角》，韦伯文化国际出版有限公司 2006 年版。
[4] 江华、张建民、周莹：《利益契合：转型期中国国家与社会关系的一个分析框架——以行业组织政策参与为案例》，载《社会学研究》2011 年第 3 期。
[5] 康晓光等：《依附式发展的第三部门》，社会科学文献出版社 2011 年版。

相关研究又可以进一步划分为基于政府视角的研究和基于社会视角的研究。

(1) 基于政府视角的研究提出,政府会根据社会组织的服务能力和对政府的挑战性,对不同社会组织采取控制、吸纳、放任和禁止等不同管理策略。[1]一项基于上海的案例研究分析了党的十八大召开后政府对社会组织采取的"赋权与控制"策略,认为为适应新时期社会服务不断增长、群众需求异质性不断增强的需要,政府采取放松登记、培育发展等方式向社会组织赋权,但与此同时,政府并没有减少对社会组织的控制,仍然通过准入、党建等手段使社会组织处于可控范围之内。[2]同样基于上海的另一项研究认为,政府"条""块"和党群部门分别通过项目制、社会组织间竞赛、价值引领和组织监管对社会组织产生影响。[3]

(2) 基于社会视角的研究认为,草根社会组织通过非正式策略与政府进行互动,以获取合法性和影响制度环境。一项研究指出,稍有自主性的社会组织都会依据自身与政府和社会的关系,采取不同的行动策略,主要包括寻求和政府的纵向联系、为会员和社会提供服务,以及同时采取前两种策略。[4]有研究指出,在政府购买服务中,社会组织会根据各层级政府控制权要素的不同,采取不同策略嵌入不同层级的治理结构,比如通过调整组织的业务内容、活动或

---

[1] 康晓光、韩恒:《分类控制:当前中国大陆国家与社会关系研究》,载《社会学研究》2005年第6期。
[2] Jing, Y., Between Control and Empowerment: Governmental Strategies of Nonprofit Development in China, *Asian Studies Review*, Vol. 39, No. 4, 2015, pp. 589-608.
[3] 黄晓春、嵇欣:《非协同治理与策略性应对——社会组织自主性研究的一个理论框架》,载《社会学研究》2014年第6期。
[4] 汪锦军、张长东:《纵向横向网络中的社会组织与政府互动机制——基于行业协会行为策略的多案例比较研究》,载《公共行政评论》2014年第5期。

行业协会商会与政府共治：配合、协作与合作

注册新的组织来配合政府。[1] 社会组织主动向政府提供资源支持进而嵌入政府的现象也受到关注，有研究基于个案提出，具有突出自主意识和专业能力的社会组织会主动发现政府需求，设法抓住机会向政府提供资源支持以满足其需求，并在这一过程中通过联合行动、信息传递和信任生产三重机制对政府进行关系嵌入。该研究还提出，支持型嵌入体现了社会组织主体性的成长及其带来的政府与社会组织关系新变化，但也存在需要加以防范的风险。[2] 这方面的研究形成了社会组织反向"嵌入"政府的分析视角。

行动分析视角下同样存在对行业协会商会的研究。斯科特·肯尼迪（S. Kennedy）在对行业协会商会政策倡导的研究中指出，企业所在的行业特征、企业产权形式和规模等因素影响了政府与行业协会商会的关系[3]；在对行业协会商会参与组建市场经济的研究中指出，行业协会商会根据政府的不同职能来争取相应部门的支持[4]。郁建兴等学者基于对温州商会的研究指出，体制外行业协会商会并不执着于追求相对于政府的独立地位和自主性，而是通过积极参与公共治理与政府建立信任关系以获取合法性，进而影响政策，实现组织发展的目标。[5]

---

[1] 徐盈艳、黎熙元：《浮动控制与分层嵌入：服务外包下的政社关系调整机制分析》，载《社会学研究》2018年第2期。

[2] 徐久娟、周俊：《支持型嵌入的三重机制：社会组织如何通过资源支持嵌入政府》，载《宁夏社会科学》2023年第3期。

[3] Kennedy, S., *The Business of Lobbying in China*, Cambridge: Harvard University Press, 2005.

[4] Kennedy, S., The Price of Competition: The Failed Government Effort to Use Associations to Organize China's Market Economy, in Unger, J. (ed.), *Associations and the Chinese State: Contested Spaces*, Armonk-London: ME Sharpe, 2008.

[5] 郁建兴、江华、周俊：《在参与中成长的中国公民社会：基于温州商会的研究》，浙江大学出版社2008年版。

虽然行动主义研究试图突破国家与社会关系的理论束缚，将关注点转向社会组织行动，但是此类研究并没有突破早期多元主义、法团主义论争中对行业协会商会依附于政府的共识，无论是"在参与中成长"还是"策略性互动"，都承认行业协会商会对政府存在或强或弱的依附性。一项对1994—2015年中国政社关系的研究表明，这个阶段研究的首要特征是强调社会组织缺乏自主性[①]，这意味着行动主义研究仍脱离不了结构性研究的基础性影响。

(三) 脱钩改革后的政会关系研究

脱钩改革旨在使行业协会商会按照社会化、市场化原则自主发展。2015年开始的新一轮脱钩改革的力度之大，可谓前所未有，基本上厘清了政会关系。在这一改革的进程之中及之后，对行业协会商会的研究大多仍遵循原有研究思路，依然执着于对依附性及其影响的讨论；与此同时，部分研究关注到脱钩改革对行业协会商会的重大影响，开始探讨政会关系的新走向。此类研究主要基于脱钩改革后的行业协会商会获得了组织自主性这一客观事实，强调新时期行业协会商会与政府的"去依附"式合作特征。

1. 依附关系基础上的研究

"依附性"是既往研究中的核心概念，在国家与社会关系的研究中，判断政府与社会组织之间的关系是具有多元主义还是法团主义最根本的依据就是社会组织是否具有依附性，而尝试超越多元主义和法团主义理论的依附理论直接提出，行业协会商会等社会组织就

---

① Zhang, Z., Guo, C., Nonprofit-Government Relations in Authoritarian China: A Review and Synthesis of the Chinese Literature, *Administration & Society*, Vol. 53, No. 1, 2021, pp. 64-96.

行业协会商会与政府共治：配合、协作与合作

是依附于政府的。在治理理论、新公共治理理论等视角下的研究，虽然多采取行动主义研究取向，但仍然存在社会组织依附于政府这一预设，即使新研究也是如此。不过，新研究已经观察到社会组织依附性的一些积极变化，提出了依附式自主、依附式合作等概念。

"依附式自主"是这一时期讨论政会关系较常被引用的概念。研究者认为，行业协会商会等社会组织是具有法人身份的非营利组织，但要接受双重管理，这使它们既要保持组织独立性，又要服务党政机关领导，在行动上呈现依附式自主特征。[1] 有研究观察到虽然仍然存在依附关系，但是社会组织与政府的合作越来越常见，因而提出依附式合作概念，认为政府在向社会组织让渡制度空间、释放运作资源的同时，又以新的、更为精细化的方式回收控制权与再生产社会组织的依附性。在该研究所调查的案例中，所有的官办组织和88.9%的草根组织都被卷入以牺牲组织自主性为代价的"依附式合作"之中。[2] 进一步的研究提出，政府与社会组织的合作虽然是不对称的，但是存在"调适性合作"特征，即政府在面临治理能力不足时会主动调适自我角色，并在微观制度上作出安排，以确保能够与社会组织合作；社会组织则采取策略性行动，比如提升政府官员对社会组织的认知，倡导政社合作政策，并在执行过程中推动合作政策的有效执行。"调适性合作"既肯定政府的主导地位，也强调社会组织的积极建构作用，认为当前政府与社会组织的关系变革是二

---

[1] 王诗宗、宋程成：《独立抑或自主：中国社会组织特征问题重思》，载《中国社会科学》2013年第5期。

[2] 彭少峰：《依附式合作：政府与社会组织关系转型的新特征》，载《社会主义研究》2017年第5期。

者共同形塑的结果。① 另有研究提出"策略性合作"概念,认为政府与社会组织的合作虽然受到制度约束,但非正式关系对其产生更为重要的影响,其中之前的合作情况、对政府的依赖程度是社会组织能否获得招投标项目的必要条件。②

2. 超越依附关系的研究

部分研究洞察到脱钩改革对政会合作带来的新变化。有研究发现,行业协会商会在承接政府职能转移中存在"国家主导—社会支持""社会主导—国家支持""社会主导—国家引导"三种模式,合作不再只是由国家主导,政会关系呈现多样化特征。③ 一项对脱钩改革后行业协会商会社会关系网络转变的研究表明,行业协会商会与政府的关系已经由"强关系"变为"弱关系",不再是依附、隶属和行政命令关系,而是协调、引导、沟通、服务和协作关系。④ 另有研究将脱钩后的政会关系和政会互动概括为政治领导与合作共治并进⑤、政会共生⑥和多元合作⑦。

综上所述,既有行业协会商会研究主要在国家与社会关系视角下

---

① 郁建兴、沈永东:《调适性合作:十八大以来中国政府与社会组织关系的策略性变革》,载《政治学研究》2017年第3期。
② 程坤鹏、徐家良:《从行政吸纳到策略性合作:新时代政府与社会组织关系的互动逻辑》,载《治理研究》2018年第6期。
③ 徐家良、薛美琴:《行业协会商会承接政府职能转移特征分析》,载《上海师范大学学报(哲学社会科学版)》2015年第5期。
④ 李利利、刘庆顺:《脱钩后行业协会社会关系网络分析》,载《对外经贸》2017年第6期。
⑤ 马长俊:《解构与重构:行业协会商会脱钩改革的政会关系变迁研究》,载《行政管理改革》2020年第2期。
⑥ 罗文恩、王利君:《从内嵌到共生:后脱钩时代政府与行业协会关系新框架》,载《治理研究》2020年第1期。
⑦ 徐晞、吕晓琳、陆锦琳:《"后脱钩时代"政会关系重构——基于纺织业案例研究》,载《东南学术》2018年第4期。

进行的，所关注的是行业协会商会与政府的互动及其对国家与社会关系变革的影响。由于我国当代行业协会商会生成路径和发展途径的特殊性，行业协会商会自产生开始到新一轮脱钩改革结束之前，具有鲜明的政治依附性，这导致学界在对政会关系的讨论中大多从"依附性"概念出发，看到的是行业协会商会在政会关系中的被支配地位和策略性行动，这尤其体现在 20 世纪后期的研究中。脱钩改革开始后，行业协会商会的身份开始发生转变，研究者观察到行业协会商会在转型发展过程中与政府关系的变化，开始跳脱"依附性"概念，尝试用"去依附性"视角审视政会关系。但从总体上看，这一类研究无论是在数量上还是在深度上都比较欠缺。这也是本研究探讨脱钩改革后的政会共治理论和实践发展的重要原因。

在既有研究的基础上，本研究提出"政会共治"概念，以这一概念指称政府与行业协会商会的共同治理。政会共治是政会互动的具体形式，也是政会关系的重要面向，对这一问题的讨论仍然在国家与社会关系的理论视野中进行，所要回答的根本性问题仍然是"政会共治如何促进了政会关系变革"。同时，对政会共治的讨论也体现了治理、新公共治理、共同生产等理论所秉持的治理思维，直接要回答的问题是行业协会商会与政府是如何共治的，它们的共治是否有助于解决公共问题、提高治理效能。

三、政会共治：一个新研究议题

改革开放以来，行业协会商会一直处于动态发展之中。一方面，党和政府在行业协会商会形成和发展的不同阶段出台了多项政策，不断明确行业协会商会的身份定位、职能范围、治理模式、培育扶持和规范管理措施,逐步从创建行业协会商会、控制行业协会商会向引导行业协会商会转向;另一方面,行业协会商会抓住时代机遇,在业务职能、组织治理、政策参与、服务社会等多个方面不断进行自我革新,逐步从广受质疑的"二政府"成长为具有独立自主性的社会团体法人。

行业协会商会的动态发展是国家与社会关系变革的一个缩影。改革开放后,国家向社会放权,行业协会商会得以从行政体制中逐渐分离出来;世纪之交,为建设社会主义市场经济和适应世界贸易组织的规则,广州、温州等地被选为行业协会商会试点城市,行业协会商会获得了较快发展;党的十八大以来,行业协会商会管理体制改革成为国家治理体系和治理能力现代化的一个组成部分,是全面深化改革时代政府推进政府治理改革,彻底厘清政府与市场边界、政府与社会边界的重要成果之一。在开启全面建设社会主义现代化国家新征程、向第二个百年奋斗目标进军的新发展阶段,行业协会商会无疑拥有更为广阔的发展空间。

(一) 政会共治新机遇

2013年11月12日中国共产党十八届三中全会通过的《中共中央关于全面深化改革若干重大问题的决定》指出,经济体制改革是全面深化改革的重点,要求"紧紧围绕使市场在资源配置中起决定性作用深化经济体制改革"。该决定提出了"社会治理"概念,要求"创新社会治理体制",并从改进社会治理方式、激发社会组织活力、创新有效预防和化解社会矛盾体制、健全公共安全体系四个方面提出了原则性要求。党的十九大报告高度重视社会治理问题,从统筹推进"五位一体"总体布局和协调推进"四个全面"战略布局

行业协会商会与政府共治：配合、协作与合作

的高度，对社会治理问题进行了阐述，明确提出要打造共建共治共享的社会治理格局，为在新历史条件下加强和创新社会治理指明了方向。2020年10月召开的中国共产党十九届五中全会提出了"全面深化改革，构建高水平社会主义市场经济体制"，"社会治理特别是基层治理水平明显提高"，"完善共建共治共享的社会治理制度，扎实推动共同富裕，不断增强人民群众获得感、幸福感、安全感，促进人的全面发展和社会全面进步"。2022年10月，党的二十大报告提出，构建高水平社会主义市场经济体制和完善社会治理体系，要求充分发挥市场在资源配置中的决定性作用，更好发挥政府作用；健全共建共治共享的社会治理制度，提升社会治理效能，建设人人有责、人人尽责、人人享有的社会治理共同体。

在进入全面建设社会主义现代化国家、向第二个百年奋斗目标进军的新征程中，深化经济体制改革和创新社会治理，都需要充分发挥行业协会商会作用。深化经济体制改革，实现行业管理，需要发挥行业协会商会在产业创新、行业监管、对外经济发展等方面的作用；创新社会管理体制，需要发挥行业协会商会在环境治理、安全生产、公益慈善等方面的作用。可以说，相较于其他类型的社会组织，行业协会商会因为具有经济和社会两栖性，在经济和社会发展两个方面的作用都十分突出。

党和政府对促进行业协会商会发展和作用发挥给予了充分关注。党的十九届五中全会审议通过的《中共中央关于制定国民经济和社会发展第十四个五年规划和二〇三五年远景目标的建议》提出，发挥群团组织和社会组织在社会治理中的作用，畅通和规范市场主体、新社会阶层、社会工作者和志愿者等参与社会治理的途径；针对行业协会商会提出，要深化行业协会、商会和中介机构改革。民政部

发布的《"十四五"社会组织发展规划》针对行业协会商会提出，落实党中央、国务院关于行业协会商会改革重大决策部署，会同有关部门研究论证行业协会商会立法；持续深化行业协会商会改革，完善行业治理、行业自律、行业服务功能。2023 年，民政部办公厅印发《关于开展行业协会商会服务高质量发展专项行动的通知》，明确了推动行业协会商会高质量发展的 10 项任务，包括形成一批高质量的调研报告和政策建议、推动一批行业发展支持性政策落地见效、壮大一批行业发展必需的人才人力队伍、发布一批科学准确有效的经济发展指数，等等。

党的战略性部署、政府的高度重视，都为行业协会商会发展、政会共治提供了广阔的制度空间。近年来，行业协会商会在行业标准制度、行业人才培训、行业共性技术创新和推进区域性产业集群等方面非常活跃，其作用发挥远胜从前。

（二）政会共治新途径

行业协会商会与政府共同实施治理（共治）是行业协会商会在经济建设和社会治理中发挥作用的重要方式。政会共治自从行业协会商会产生就存在，政会双方在行业调查、行业统计、行业规划拟制等方面存在广泛共治。在政府购买服务实施之前，政会共治主要通过直接委托的方式进行，即政府部门将需要行业协会商会协助的事务直接交由其行使，由于能够获得此类委托任务的行业协会商会多为体制内的行业协会商会，因而这种共治多以依附关系为前提。

2013 年，国务院办公厅发布《国务院办公厅关于政府向社会力量购买服务的指导意见》（以下简称《购买服务指导意见》），提出政府应将自己职能范围内的技术性、专业性、事务性等职能通过购

行业协会商会与政府共治：配合、协作与合作

买服务的方式交给社会力量履行，并为此支付费用。"政府购买服务"是一个来自西方的概念，是为了实现"小政府、大社会"目标而进行的公共服务供给体制改革中的一项重要内容，所遵循的是市场交易原则，公平交易的前提是交易双方身份和地位平等。《购买服务指导意见》的颁布为政府转变职能履行方式和行业协会商会参与行业治理提供了制度空间，为政会共治打开了新通道。此后，各地政府购买服务实践快速发展。但是，由于当时新一轮的行业协会商会脱钩改革尚未开始，大多数行业协会商会仍然对政府存在建制性、人身关系和资源依附，政府购买行业协会商会服务中出现向"内部人"购买、购买程序不规范、购买内容随意、购买项目缺乏评估等多方面问题[①]，个别行业协会商会还借助政府购买服务项目乱收费和敛财，产生了不良社会影响。

脱钩改革必然推动政府购买服务成为政会共治的主要途径，对此，政府也及时作出政策规定。2015年9月，财政部发布《关于做好行业协会商会承接政府购买服务工作有关问题的通知（试行）》，提出为加快转变政府职能，实现行业协会商会与行政机关脱钩，促进行业协会商会健康稳定发展，应充分认识做好行业协会商会承接政府购买服务工作的重要性，对购买服务的具体工作提出了要求。2019年，国家发展改革委等部门发布的《关于全面推开行业协会商会与行政机关脱钩改革的实施意见》提出，厘清行政机关与行业协会商会的职能，剥离行业协会商会现有行政职能，行政机关不得将其法定职能转移或委托给行业协会商会行使，法律法规另有规定的除外。深化"放管服"改革，鼓励行政机关向符合条件的行业协会

---

① 周俊、沈永东：《政府购买行业协会服务中的非竞争性及其管理》，载《中国行政管理》2011年第12期。

商会和其他社会力量购买服务，鼓励和支持行业协会商会参与承接政府购买服务。财政部门要加强对政府向行业协会商会购买服务实施工作的指导，促进购买服务工作有效有序开展。

与此同时，政府购买服务制度日渐规范，为政会共治提供了良好的制度前提。在《政府购买服务管理办法（暂行）》实施近6年后，财政部于2020年3月颁布《政府购买服务管理办法》，明确规定了政府购买服务项目的承接主体和不得作为政府购买服务范围的六类事项等内容①，力图通过完善制度解决前期购买服务中出现的不规范问题。这一制度的出台既对新时期政府购买行业协会商会服务提出了新要求，也推动了购买行业协会商会服务的进一步发展。

(三) 推进政会共治研究

从实践发展看，我国行业协会商会在中华人民共和国成立后经历了发展停滞、依附式发展和独立发展三个不同阶段，当前正处于第三阶段的初期，政府和行业协会商会都在探索建立良性互动关系，尝试在多个领域推进政会共治。从理论研究看，国家与社会关系视角下的行业协会商会研究在早期执着于追问行业协会商会发展及其与政府的互动所具有的政治意义，在这一努力难以解释中国国家与社会关系多样性和动态性的情况下，同时受行政改革和公共服务体

---

① 政府购买服务的承接主体为：依法成立的企业、社会组织（不含由财政拨款保障的群团组织），公益二类和从事生产经营活动的事业单位，农村集体经济组织，基层群众性自治组织，以及具备条件的个人。不得作为政府购买服务范围的六类事项：一是不属于政府职责范围的服务事项；二是应当由政府直接履职的事项；三是政府采购法律、行政法规规定的货物和工程，以及将工程和服务打包的项目；四是融资行为；五是购买主体的人员招、聘用，以劳务派遣方式用工，以及设置公益性岗位等事项；六是法律、行政法规及国务院规定的其他不得作为政府购买服务内容的事项。以上第二至第六项中，属于政府职责范围的事项，应当通过符合国家法律法规规定的规范方式实施。

行业协会商会与政府共治：配合、协作与合作

制改革的影响，研究逐渐从结构研究转向行动研究，专注于讨论行业协会商会的治理意义和政会互动中的策略问题。从当前和未来实践发展看，脱钩改革后的行业协会商会在全面深化经济体制和社会管理体制改革中、在全面建设社会主义现代化国家和向第二个百年奋斗目标进军的新征程中、在推动共同富裕中，具有广阔的作用空间，并且政府购买服务制度不断完善，这为政会共治提供了稳定和可靠的制度化途径。

然而，从理论与实践的匹配性、理论对实践发展的预测性来看，既有研究存在明显不足，具体来说：首先，基于行业协会商会的依附性进行的研究一直处于主导地位，脱钩改革后仅有个别研究关注到行业协会商会与政府关系的根本性转变，认识到依附性不再是行业协会商会的根本特性，但是相关研究整体上还没有出现明显转向；其次，从宏观上讨论行业协会商会与政府关系的研究较多，但为此提供的实证基础相对较少，并且研究多为理论推演，对政会双方具体如何互动、如何合作等微观层面的内容缺乏足够关注；再次，既有研究在微观层面讨论政会关系时多使用"互动""合作"两个概念，偶有研究使用"共治""协作"概念，且对这些概念之间的关系缺乏界定；最后，研究中虽然存在"共治"概念，但对行业协会商会与政府共治是什么、如何实施等问题大多语焉不详，没有专门针对政会共治内容和过程的讨论，更不存在以政会共治为基点对政会关系、国家与社会关系进行延伸性分析的研究。

政会共治是政社关系的一个重要面向，也是当前和未来实践发展中政社关系最重要的内容，通过对政会共治的研究，可以刻画政会关系中观和微观变化，并据此观察政会关系的宏观走向。因此，本书以"政会共治"为关键词开展研究，试图从理论和实践两个方

面厘清政会共治的基本概念和主要途径,从而为理解新时期的政会关系提供理论资源。

本书尝试从两个方面超越既有研究:一是尝试将政治视角与治理视角相结合,认为行业协会商会一方面要获得对政府和公共政策的影响力,体现自身存在的政治意义,另一方面也要通过积极的功能发挥体现其在国家治理中的治理意义,而治理意义的提升无疑是行业协会商会获得政治身份和认同的最重要途径。在这种意义上,本书试图拓展早期与研究团队共同提出的"在参与中成长的中国社会组织"这一观点,通过新的和更加深入的考察,进一步验证行业协会商会可以通过与政府共治实现自身发展和影响政策的双重目标。

二是突破"依附性"概念以及建立在这一概念基础上的"依附式合作""策略性合作""调适性合作"等观点,认为脱钩改革的成功已经改变了行业协会商会的依附地位,旧有理论需要进行更新,要在认识行业协会商会已经获得与政府平等身份地位的基础上,重新审视政会关系以及它所表征的国家与社会关系特征。本书尝试提出"共治式政会关系"概念,用以解释脱钩改革后政会关系的总体性特征,并且在这一基础上提出配合、协作和合作三种政会共治模式。

在研究方法上,本书主要通过参与式观察、访谈和发放问卷的形式获取一手资料。2017—2018年,研究者访谈了10多家上海市被列入脱钩改革第一批试点单位的行业协会商会,并面向浦东新区行业协会商会发放了74份题为《脱钩改革后行业协会商会转型发展》的问卷,最终回收有效问卷55份。2020年,研究者访谈了9家全国性行业协会商会和与行业协会商会脱钩改革相关的3个国家部委(国家发展改革委、国资委、商务部)的相关工作人员。2021年上半年,研究者再次对上海市多家行业协会商会进行调查,并派研究

行业协会商会与政府共治：配合、协作与合作

人员赴上海 A 协会进行了为期一年的参与式观察。这些调查工作为本研究提供了丰富的一手资料，特别是参与式观察使研究者得以近距离了解行业协会商会与政府共治的具体情况，为理解不同模式的共治提供了充分的实证数据。在积极获取一手资料以外，本书也十分注重对文献资料进行全面而深入的研究，研究者广泛研读了行业协会商会、国家与社会关系等方面的文献，系统梳理了文献关系。书中第三章讨论脱钩改革对行业协会商会和政会共治的影响，主要使用的是 2017—2020 年获取的访谈、问卷和年度报告数据，第四、五、六章讨论政会共治的具体模式主要用的是上海市的案例数据。

本书通过八个章节来讨论政会共治的具体问题，基本思路为：先回顾和讨论政会共治在改革开放以来行业协会商会发展历程中的意义，然后基于既有文献建立政会共治的理论分析框架，再刻画脱钩改革对政会共治的影响，接下来基于案例分别对政会配合型共治、协作型共治和合作型共治进行描述和分析，最后是全书的结语。各章节的主要内容如下：

第一章"绪论"。本章通过对当代中国行业协会商会与政府关系的实践发展、理论论争中的行业协会商会研究的总结回顾，明确了"政会共治"是脱钩改革后政会关系中的核心内容，确立了本书的研究问题和研究对象。

第二章"基本概念与文献综述"。本章先界定行业协会商会及相关概念，然后基于对政会共治及相关研究的国内外文献回顾评析既有研究的不足，进一步明确研究问题。

第三章"理论基础与分析框架"。本章在网络治理和跨部门合作理论的基础上建立政会共治理论分析框架，明确政会共治的基本内涵，政会共治所包含的配合型共治、协作型共治和合作型共治三种具体模式，以及制度和行动对三种共治模式适用性和匹配性的影响。

第四章"政会脱钩改革历程与成效"。本章基于"人事分离改革""四脱钩""五脱钩"三个阶段全面介绍了政会脱钩改革的背景、进程和成效，重点讨论了"五脱钩"改革对政会共治目标、范围、模式和机制的影响。

第五章"政会配合型共治"。本章界定了配合型共治的基本内涵，讨论了在政府助推作用下行业协会商会配合政府参与公共危机治理的情况，揭示了配合型共治的普遍性，针对推进配合型共治提出了建议。

第六章"政会协作型共治"。本章界定了协作型共治的基本内涵，讨论了行业协会商会与政府协作开展行业人才培训的政策依据、实践过程和基本成效，揭示了协作型共治中政会双方的行动特征和行动逻辑，提出了促进政会开展协作型共治的建议。

第七章"政会合作型共治"。本章界定了合作型共治的基本内涵，讨论了行业协会商会与政府合作开展产品质量监测的过程，以及合作中政会双方的主要行动及其逻辑，揭示了合作型共治的基本特征以及制度化水平不断提高的现象，分析了合作型共治对政会关系的深刻影响，提出了促进政会合作的建议。

第八章"走向高质量政会共治"。本章基于前述实证研究进一步阐明了政会共治现实，分析了在高质量发展中促进共同富裕背景下政会共治的政策机遇，针对当前政会共治中存在的不足，从政府和行业协会商会两个方面提出了建议，从五个方面提出了进一步开展政会共治研究的可能方向。

第二章

基本概念与文献综述

改革开放后,行业协会商会的复苏和发展被认为是中国国家与社会关系变革的一个重要窗口,因此受到学界关注,并且取得了较为丰富的研究成果。相关研究主要在国家与社会关系、组织治理两大视角下进行,前者主要关注行业协会商会发展对社会形态和国家行为的影响,后者着重讨论行业协会商会内部治理的新进展。本书对政会共治的研究在前一理论视角下进行,所要讨论的核心问题是行业协会商会在脱钩改革后如何与政府开展共同治理。由于"政会共治"在既有研究中并不是一个经常被使用的概念,更多学者在讨论这一问题时常常不作区分地使用"互动""合作""协作""协同"等概念,存在较大的模糊性。因此,本章的首要任务是界定"共治"概念,其次是界定"行业协会商会"概念,然后对与共治、政会共治相关的研究进行综述和评析。

一、基本概念

"行业协会商会"是当前我国政策文件和学术研究中的通用概念,但这个概念是"行业协会"与"商会"或"行业商会"两个概念的复合,并且它的形成是比较晚近的事情。要理解这一概念,需

行业协会商会与政府共治：配合、协作与合作

要同时了解什么是行业协会，什么是商会或行业商会。

(一) 行业协会

"行业协会"对应的英文为"trade promotion association""industry association"或"business association"，"商会"的英文为"chamber of commerce"。美国在《经济学百科全书》中将行业协会界定为"一些为了达到共同目标而自愿组织起来的同行或者商人的团体"；英国关于行业协会较为普遍的定义是"由独立的经营单位组成，用以保护和促进全体成员既定利益的非营利组织"；日本经济界则认为行业协会是"以增进共同利益为目的而组织起来的事业者的联合体"。[①] 国外对行业商会的界定与行业协会基本相同。

我国较早界定行业协会的官方文件是国家经贸委于 1999 年发布的《关于加快培育和发展工商领域协会的若干意见（试行）》和 1999 年的《温州行业协会管理办法》。《关于加快培育和发展工商领域协会的若干意见（试行）》提出，工商领域协会是以有关企业事业单位和行业协会为主要会员，依照国家有关法律法规自愿组成的自律性、非营利性的经济类社会团体法人；是企业与政府之间的桥梁和纽带，通过协助政府实施行业管理和维护企业合法的权益，推动行业和企业的健康发展。《温州行业协会管理办法》将行业协会定义为"由同一行业的企业、个体商业者及相关的企事业单位自愿组织的民间性、自律性、非营利性社会团体法人"。2002 年《上海市行业协会暂行办法》规定，"本办法所称行业协会，是指由本市同业

[①] 彭云业、刘宝花：《论行业组织社会公权力及其事前规制》，载中国法学会行政法学研究会编：《行政管理体制改革的法律问题——中国法学会行政法学研究会 2006 年年会论文集》，中国政法大学出版社 2007 年版。

经济组织以及相关单位自愿组成的非营利性的以经济类为主的社团法人",强调了行业协会的经济属性。

从以上政策规定可以看到,行业协会有广义和狭义之分,广义的行业协会指所有会员制的经济类社会团体;狭义的行业协会仅指由同一行业内的企业或个体组成的会员制经济类社会团体。在当前的实务界和学术界,多采用的是行业协会的狭义理解。

(二)商会和行业商会

广义的商会是对所有商业社会团体的总称,狭义的商会是指根据一国的商会法建立的法人型商业社会团体,包括综合性商会、地域性商会、联合性商会、行业性商会等多种类型。一些国家有特定区域只能成立一家商会的规定,比如依据法国1898年制定的有关商会的法律法规,法国商会是一种公立公益组织,具有政府公共管理机构的性质,职员是公务员,由法律赋予其特许权力以完成所承担的任务。各商会所分管的地区由政府决定,一般来说,所有地区都要受商会的管辖。又如,成立于1912年的美国商会,是美国地方性的商会、同业公会和专业协会、商行、公司以及个人的联合组织。[1]

在我国,一般认为商会是"各地区的工商联合团体",而行业商会(包括行会、同业公会、行业协会等)是单个行业的联合。[2] 另有观点提出,区分商会与行会需要看其是否为官办,商会是官办或半官办的,而行会是民间的。[3] 这种观点的提出与我国行业协会商会的发展实践和结构布局有密切关系。

---

[1] 李恒光、崔丽:《国外商会类行业组织及其发展经验借鉴》,载《青岛科技大学学报(社会科学版)》2004年第3期。
[2] 虞和平:《商会与中国早期现代化》,上海人民出版社1993年版。
[3] 徐鼎新:《中国商会研究综述》,载《历史研究》1986年第6期。

行业协会商会与政府共治：配合、协作与合作

从实践看，改革开放以来，全国工商联是我国的总商会。1988年11月，全国工商联召开第六届会员代表大会，明确新时期工商联是统一战线组织和对内对外的民间商会，其主要特征是统战性、民间性和经济性的统一，其中民间性主要体现在工商联具有商会性质和职能。2010年发布的《中共中央、国务院关于加强和改进新形势下工商联工作的意见》指出，商会是市场经济体系的重要组成部分，充分发挥各类商会的重要作用是转变政府职能、完善社会主义市场经济体制的必然要求；要把工商联建设成为政治坚定、特色鲜明、机制健全、服务高效、作风优良的人民团体和商会组织。2018年6月25日，中共中央办公厅、国务院办公厅印发《关于促进工商联所属商会改革和发展的实施意见》，规定"工商联所属商会是以非公有制企业和非公有制经济人士为主体，由工商联作为业务主管单位，依照《社会团体登记管理条例》和《中国工商业联合会章程》制定章程并开展活动的社会组织"。从该实施意见中可以看到，包括全国工商联在内的工商联系统内的所有商会、行业商会、同业公会、行业协会都被统称为"工商联所属商会"，也简称"商会"。这在一定程度上印证了商会具有官办或半官办性质的观点。

从对商会和行业商会的界定来看，商会是一种综合性的经济性社会团体，在我国指的是具有区域性的商会组织，主要包括工商联所属商会和异地商会；行业商会之前多被用于指称具有民间属性的行业性经济性社会团体，但在政会脱钩改革不断推进的过程中和最终取得成功之后，原具有官办性的行业协会也转变为民间性的行业组织，故而，当前不再适宜用"行业商会"这一概念指代区别于行业协会的民间行业商会，但鉴于大多数行业商会隶属于工商联，因此行业商会仍然具有其特定内涵。

(三) 行业协会商会

2006年，中共广东省委、省人民政府联合出台《关于发挥行业协会商会作用的决定》，首次在政策中使用"行业协会商会"这一概念，将协会和商会同列为一类组织，明确"行业协会、行业商会是指从事相同性质经济活动的经济组织，为维护共同的合法经济利益而自愿组织的非营利性社会团体"。2007年，《国务院办公厅关于加快推进行业协会商会改革和发展的若干意见》使用了"行业协会商会"概念，此后，中央和地方政策文件大多使用"行业协会商会"概念，个别政策文件使用"行业协会"概念。自2014年《民政部、中央编办、国家发展和改革委员会等关于推进行业协会商会诚信自律建设工作的意见》发布以来，中央政策文件基本仅使用"行业协会商会"概念。此外，2015年发布的《行业协会商会与行政机关脱钩总体方案》在对应脱钩行业协会商会范围规定中明确了行业协会商会在属性和名称上的特征，具体为：会员主体为从事相同性质经济活动的单位、同业人员，或同地域的经济组织；名称以"行业协会""协会""商会""同业公会""联合会""促进会"等字样为后缀；在民政部门登记为社会团体法人。

在学术研究上，有的学者认为行业协会的外延和内涵更广，行业协会应当包含商会[1]，有学者则持相反观点，认为行业商会应当包含协会[2]。有学者认为二者之间没有实质性差别，只是名称和表现形

---

[1] 王名、贾西津：《中国NGO的发展分析》，载《管理世界》2002年第8期。
[2] 陆聂海：《多中心治理视阈下商会参与地方治理研究——以义乌异地商会为例》，载《浙江社会科学》2020年第3期。

行业协会商会与政府共治：配合、协作与合作

式不同而已。① 近年来，随着中央政策对"行业协会商会"概念的使用，学界也逐渐统一使用"行业协会商会"一词，不再对两者进行严格区分。实际上，虽然行业协会主要归属政府部门管理且主要由公有制企业构成，行业商会主要归属工商联管理且主要由非公企业构成，在管理主体和构成上有所差别，但两者都是服务于会员的经济性社会团体，在本质属性上是相同的，并且随着社会组织管理体制改革和脱钩改革的推进，温州、嘉兴等地的行业协会统一被划转到工商联管理，协会与商会之间的趋同性日益增强。

作为非营利组织的构成部分，行业协会商会具有非营利组织的共性特征，同时由于其所从事的活动领域、组织运行机制等特殊性，也具有一些个性特征。从总体上看，行业协会商会的主要特征包括：（1）正规性，指行业协会商会是正式组织，体现在行业协会商会具有法定的组织身份、正式章程、治理机构、职位设置和工作机制，并且有明确的组织目标和业务范围；（2）非营利性，指行业协会商会不以营利为目标，所获得的收入不得在组织内进行分配，当组织清算时，剩余财产应转移给相同或相似组织；（3）互益性，指行业协会商会主要服务于会员，会费是其主要收入来源，所从事的活动、提供的服务具有有限的排他性，不是纯粹公共产品，也不是私人产品，而是俱乐部产品；（4）行业性，指行业协会商会以市场经济中客观存在的业种、品种、工种等行业差异作为组织标识，形成不同层次、不同领域、不同范围的行业协会商会；（5）经济性，指行业协会商会分布的领域主要是商业经济领域，行业协会商会的成员基本上都是经济领域的企业或企业家，其所开展的活动主要是工商经

---

① 陈剩勇、马斌：《温州民间商会：自主治理的制度分析——温州服装商会的典型研究》，载《管理世界》2004年第12期。

济类的活动。①

综上所述，本书中的行业协会商会是指服务于会员的经济性社会团体，包括以各种名称和形式存在的行业协会、行业商会、同业公会、促进会和联合会等。从现实发展情况看，新一轮脱钩改革后，除部分工商联所属基层商会外②，绝大多数行业协会商会都为独立自主的非营利法人。

二、文献综述

围绕行业协会商会与政府合作③这一政会关系核心问题，国内外学界都开展了较为丰富的研究。由于英美等国的行业协会商会生存于比较成熟的制度环境之中，与政府关系具有较强的制度化特征，所以国外研究对政会合作的研究多在微观层面进行。存在显著差别的是，中国行业协会商会产生于改革开放后，与政府的关系复杂，故而国内研究仍然在关注一些基础性问题，研究主要集中在政会关系特征和政会合作中的依附性、策略性等问题上。下面分别对国内外相关研究进行综述。

---

① 景朝阳、李勇主编：《中国行业协会商会发展报告（2014）》，社会科学文献出版社2015年版。
② 2018年6月25日，中共中央办公厅、国务院办公厅印发《关于促进工商联所属商会改革和发展的实施意见》，提出"民政部门要依照相关登记管理法规，加强对商会的登记审查、监督管理和执法检查，支持符合条件的商会依法登记，积极支持在新兴产业、新兴业态领域依法组建商会"。此后多次推进工商联所属商会的登记注册工作，目前尚未登记注册的主要为部分基层商会。
③ 此节将互动、合作、协作等研究统称为合作研究。

(一) 国外研究综述

国外学界对政府与行业协会商会合作的研究较为成熟，相关研究有两方面特点：一是政府与社会、政府与非营利组织关系研究为政会合作研究提供了丰富的理论资源，许多政会合作研究直接援引政府与社会组织关系（以下简称"政社关系"）的观点；二是政会合作研究已经深入行业监管、环境治理等具体领域，提供了多元的合作视角。下面围绕政社关系模式、政会合作两个主题对国外文献进行简要综述。

1. 政社关系模式

对政社关系模式的多元主义、法团主义和混合模式的讨论主要是在宏观层面进行的，本书第一章中已进行介绍，此处不再赘述。中观和微观层面的研究主要存在于政府与社会组织的关系或互动研究之中，这些研究同样适用于理解政社关系。

本杰明·吉德龙（Benjamin Gidron）等学者依据服务供给中资金供给与内容供给两个维度，构建出政府与社会组织关系的"四模型理论"，认为两者在服务供给中存在政府主导模式、社会组织主导模式、双重模式和合作模式。其中，政府主导模式是指政府以财政税收形式筹募资金，用以供给公共服务，在此过程中，政府既提供公共服务的资金，又提供公共服务的内容。社会组织主导模式是指由独立于政府部门的社会组织同时完成资金与服务内容的提供。双重模式是指政府和社会组织各自独立完成职责领域内资金与服务内容的供给，二者互不干扰。合作模式是指由政府提供资金，社会组织提供公共服务内容，二者功能互补。①

珍妮弗·M.科斯顿（Jennifer M. Coston）根据政府是否接受制度多元主义、关系中相关权力的平衡、正式化的程度和与政府联结的水平，概括提出八种关系模式：压制（repression）、对抗（rivalry）、竞争（competition）、合约（contracting）、第三方治理（third-party governance）、配合（cooperation）、补足（complementarity）和合作（collaboration）。从权力关系看，前三种模式反对制度多元主义，政社之间权力不对称，后五种模式接受制度多元主义，是对称性的权力关系；从正式性来看，压制和对抗可以是正式的或非正式的，竞争、合约、第三方治理的正式性逐渐增强，配合、补足、合作的正式性也逐渐增强。科斯顿认为，没有一种关系类型是适用于所有环境的，虽然政府不可避免地会走向多元主义，但是诸如合约、第三方治理、配合、补足和合作等特定的配合型关系的选择仍然一方面取决于政府对非营利组织的影响、控制和自治的容忍程度，另一方面取决于非营利组织建立正式关系的意愿。这八种复杂、多变的关系类型在科斯顿的研究中又可以进一步归为矛盾、竞争和配合型关系三大类型。②

丹尼斯·R.扬（Dennis R. Yong）通过梳理美国福利国家时期的政社合作历史，总结出政社关系的SCA模型：补充模型（supplementary model）、补足模型（complementary model）和抗衡模型（adversarial model）。具体来说，补充模型指非营利组织在政府的职能领域之外提供服务，以满足公民的异质性偏好；补足模型指非营利组

---

① Gidron, B., Kramer, R. M., & Salomon, L. M., et al., *Government and the Third Sector: Emerging Relationships in Welfare States*, San Francisco: Jossey-Bass, 1992.
② Coston, J. M., A Model and Typology of Government-NGO Relationships, *Nonprofit and Voluntary Sector Quarterly*, Vol. 27, No. 3, 1998, pp. 358-382.

行业协会商会与政府共治：配合、协作与合作

织在政府的职能领域之内提供服务，以弥补政府服务的不足；抗衡模型指非营利组织与政府存在竞争关系，比如非营利组织会通过集体行动、政策倡导等方式影响公共政策。①

阿迪尔·纳贾姆（Adil Najam）认为，不同时期的政府与非政府组织的行动目标和互动策略存在差异，由此引发了不同的关系选择偏好，他总结出政社关系的4C模型，即配合型（cooperation）关系、冲突型（confrontation）关系、补足型（complementary）关系和吸纳型（co-optation）关系。② 具体来说，配合型关系是指在某一特定问题上，政府和非政府组织具有相同的目标和实现手段；冲突型关系是指政府和非营利组织认为对方的目的和手段与自己的追求完全不同；补足型关系是指政府和非政府组织有相似的目标，但倾向于采取不同的策略；吸纳型关系是指政府和非政府组织共享相似的战略，但偏好不同的目标。纳贾姆特别指出，在进行这四种模型划分时，并没有考虑政府与非政府组织的权力对称性，也没有区分合作与配合，而是在宽泛的意义上使用"配合"这一概念，讨论的实际上是普遍的政府与第三部门中的非政府组织之间的关系。

珍妮弗·布林克霍夫（Jennifer M. Brinkerhoff）依据相互依赖性（相互之间的依赖，以及每个行动者向其他行动者负有权利和义务）和组织身份（组织通常认为组织身份是有区分和持续性的，创造和维持组织身份是组织长期成功所必需的），将政府与非营利组织的伙伴关系界定为四种模式：伙伴（partnership）、合约（contracting）、扩展（extension）、吸纳和逐步吞并（co-optation and gradual absorp-

---

① Young, D. R., Alternative Models of Government-Nonprofit Sector Relations: Theoretical and International Perspectives, *Nonprofit Policy Forum*, Vol. 29, No. 1, 2000, pp. 149-172.
② Najam, A., The Four-C's of Third Sector—Government Relations, *Nonprofit Management & Leadership*, Vol. 10, No. 4, 2000, pp. 375-396.

tion)。在伙伴关系中，政府和社会组织都具有较高的独立性并且关系较为密切；合约关系是某一组织基于组织身份寻找另一具有特定特征和贡献的组织支持，以实现预定的目标和手段；扩展关系是指当一个组织占据主导地位，其他组织几乎没有独立的身份时，后者可以被视为更占主导地位的组织的延伸，遵循主导组织的领导；吸纳和逐步吞并是指当双方组织在目的和手段上达成一致，并且具有较低独立性的组织相信遵循主导组织的领导是符合自身利益时，自愿被其吸纳，然而这种关系可能会严重损害独立性较低组织的组织身份，成为为主导组织提供利益的工具，并在妥协和适应的过程中逐渐丧失组织身份。[1]

2. 政会合作

(1)"增长联盟"与"监管联盟"

学界对行业协会商会在经济治理中的作用有两种截然相反的观点：一是认为行业协会商会能够与政府合作促进经济增长[2]；二是认为行业协会商会在经济发展中的弊大于利，因为它们具有狭隘的"寻租"和影响民主化进程的负面含义[3]。两种观点都有为数众多的实证研究支撑，在积极作用方面，研究者关注到政会之间的"增长联盟"与"监管联盟"。

增长联盟是指政会结成联盟促进经济增长，包括体现最低程度

---

[1] Brinkerhoff, J. M., Government-Nonprofit Partnership: A Defining Framework, *Public Administration and Development*, Vol. 22, No. 1, 2002, pp. 19-30.

[2] Dalziel, M., The Impact of Industry Associations, *Innovation: Management, Policy & Practice*, Vol. 8, No. 3, 2006, pp. 296-306.

[3] Kimenyi, M. S., Interest Groups, Transfer Seeking and Democratization, *American Journal of Economics and Sociology*, Vol. 48, No. 3, 1989, pp. 339-349.

行业协会商会与政府共治：配合、协作与合作

的共同依赖的"弱增长联盟"① 和"朝着双方都期望促进投资和提高生产力的政策目标进行积极的合作"的"强增长联盟"②。在欧美等发达国家，在产业创新和经济增长方面，行业协会商会的安排与政府长期政策目标存在强关联。③ 发展中国家利用增长联盟实现经济发展的做法在文献中同样有所讨论。朴燮（Sub Park）对韩国的研究表明，政府为了促进棉花产业发展，充分发挥纺织业协会的资源优势，使其在政策实施和政策目标达成上发挥作用。④

监管联盟是指政会结成联盟开展行业监管。这一概念的提出者尼尔·克舍特里（Nir Kshetri）认为，发展中国家的政府在开发新的行业监管中，会借助行业协会商会来弥补自身在专业性、资源和合法性等方面的不足，与行业协会商会合作开发监管框架，形成联合监管。⑤ 从行业自律局限性的角度出发，有学者认为，行业协会商会实施自律存在"供给不足""搭便车"等问题⑥，行业自律有时会出现无效情况，在这一前提下，行业协会应该与政府监管形成合力，共同维护市场秩序。在行业自律与政府监管的合作机制上，有研究

---

① Moore, M., Schmitz, H., Idealism, Realism and the Investment Climate in Developing Countries, Working Paper No. 307, Brighton: IDS, 2008.
② Rakner, L., Brautigam, D., & Taylor, S., Business Associations and Growth Coalitions in Sub-Saharan Africa, *The Journal of Modern African Studies*, Vol. 40, No. 4, 2003, pp. 519-547.
③ Sen, K., The Political Dynamics of Economic Growth, *World Development*, Vol. 47, 2013, pp. 71-86.
④ Sub Park, Cooperation Between Business Associations and the Government in the Korean Cotton Industry, 1950-1970, *Business History*, Vol. 51, No. 6, 2009, pp. 835-853.
⑤ Kshetri, N., Dholakia, N., Professional and Trade Associations in a Nascent and Formative Sector of a Developing Economy: A Case Study of the NASSCOM Effect on the Indian Offshoring Industry, *Journal of International Management*, Vol. 15, No. 2, 2009, pp. 225-239.
⑥ Maitland, I., The Limits of Business Self-regulation, *California Management Review*, Vol. 27, No. 3, 1985, pp. 132-147.

提出，公共部门具有中心性，公共部门的监管在改革企业成本收益方面起关键作用，行业自律则更为灵活，在政府干预和纯粹市场之间形成了一个监管中间地带，是避免政府介入的先发制人的努力。[1]

（2）其他领域的政会合作

在环境治理领域，自愿性环境治理中存在三种项目：单边承诺（unilateral commitments）、商议协定（negotiated agreements）和公共自愿项目（public voluntary programs）[2]。其中，商议协定是由行业协会商会和政府相关部门共同作为项目主办方，两者的参与程度都很高，双方通过协商达成环境治理的目标和时间表、吸引企业参与的激励机制及确保企业履行义务的监管和实施机制。迄今为止，自愿性环境治理成为许多国家的一种有效的环境政策工具，众多自愿性环境治理项目取得了令人瞩目的成绩。例如，英国政府与行业协会商会及相关企业达成的"气候变化协议"通过行业及企业自愿履行与政府协商达成的减排目标，不仅使英国提前实现了《京都议定书》及欧盟责任分担下承诺的减排目标，而且改变了企业能源管理的态度；在执行协议的前四年，因降低能耗给企业带来的节约多达每年6.5亿英镑。[3]商议协定也成为荷兰政府实施"国家环境政策计划"的主要工具。国家环境政策计划对200多种有害物质设定严苛的定

---

[1] Newman, A. L., Bach, D., Self-Regulatory Trajectories in the Shadow of Public Power: Resolving Digital Dilemmas in Europe and the United States, *Governance: An International Journal of Policy, Administration, and Institutions*, Vol. 17, No. 3, 2004, pp. 387-413.

[2] Börkey, P., Lévêque, F., Voluntary Approaches for Environmental Protection in the European Union-a survey, *European Environment: The Journal of European Environmental Policy*, Vol. 10, No. 1, 2000, pp. 35-54.

[3] Morgenstern, R., Pizer, W., *Reality Check: The Nature and Performance of Voluntary Environmental Programs in the United States, Europe, and Japan*, New York: Routledge, 2010.

行业协会商会与政府共治：配合、协作与合作

量污染治理目标，其目的是促进荷兰经济的可持续发展。① 例如，荷兰政府部门与荷兰化工行业协会及 103 家企业签订了《化工行业实施环境政策协定》，旨在实现"国家环境政策计划"中与化工行业相关的 61 个定量减排目标。②

在职业教育中，法团主义国家的行业协会商会发挥着重要作用。比如，德国双元制职业教育取得的显著成绩，离不开行业协会商会积极参与职业教育治理。双元制职业教育的核心——企业内职业培训在培养优质技能人才方面扮演着重要角色。企业内职业培训框架由三个层级组成，即系统层、中介层和企业层。其中，系统层包括国家关于企业内职业培训的相关政策法规；商会居于中介层，主要根据国家分配的任务在职业培训的质量保障方面发挥作用，包括对企业和学员提供指导，监督职业教育和培训的实施以及组织考试。三个层次共同保障企业内职业培训的质量框架，构成了多主体协同参与的过程。③

在医疗保健、卫生服务等社会福利领域，桑娜·图尔纳斯（Sanna Tuurnas）的研究认为，行业协会在芬兰的医疗保健和社会福利体系中发挥着重要作用。在芬兰，行业协会一直被认为是地方政府在服务开发和组织方面的重要合作伙伴，体现为行业协会与地方政府之间的供应商—买方关系。目前，芬兰约 300 个城市的福利服

---

① OECD, *Voluntary Approaches for Environmental Policy: An Assessment*, https://www.oecd.org/en/publications/voluntary-approaches-for-environmental-policy_9789264180260-en.html.
② Delmas, M. A., Terlaak, A. K., A Framework for Analyzing Environmental Voluntary Agreements, *California Management Review*, Vol. 43, No. 3, 2001, pp. 44-64.
③ Guellali, C., Achenbach, M., & Biebeler, H., *Quality Assurance of Company-based Training in the Dual System in Germany: An Overview for Practitioners and VET Experts*, Federal Institute for Vocational Education and Training (BIBB), 2017.

务最初是由行业协会开发的。具体来说，行业协会提供支持、建议和信息，充当利益和压力团体，培训各自领域的专业人员并提供服务，同时这些作用也得到了政府部门的认可与支持。① 格雷厄姆·P. 马丁（Graham P. Martin）分析了行业协会在促进英国国家卫生服务（NHS）试点计划中的作用，认为行业协会与政府具有合作伙伴关系，具体来说，政府负责宏观政策的制定，并将公共服务的规划和供给交付给行业协会，二者达成了合作关系。②

在公共卫生事件中，张志斌等对行业协会商会与政府部门共同抗击新冠病毒感染疫情进行了研究，认为行业协会商会、政府和企业之间的频繁且有组织的互动促进了它们之间的相互信任和共同目标的建立，在突发性的公共卫生事件当中，现有的关系网络能够较为容易地转化为跨部门合作关系以应对共同的挑战。③ 贾斯敏·洛奇（Jasmin Lorch）对新冠病毒感染疫情暴发期间印度尼西亚、马来西亚、缅甸、泰国和菲律宾的行业协会商会进行了考察，发现在此特殊时期，尽管行业协会商会的权利空间受到限制，但其服务提供和政策倡导的功能在不断发展，并获得政府认可。④

---

① Tuurnas, S., Paananen, H., & Tynkkynen, L. K., Agile, Institutionalised, and Dependency-driven: Multifaceted Forms of the Collaboration Agency of Third-sector Organisations, *VOLUNTAS: International Journal of Voluntary and Nonprofit Organizations*, Vol. 34, No. 3, 2023, pp. 573-584.

② Martin, G. P., The Third Sector, User Involvement Public Service Reform: A Case Study in the Co-Governance of Health Service Provision, *Public Administration*, Vol. 89, No. 3, 2011, pp. 909-932.

③ Zhang, Z., Shen, Y., & Yu, J., Combating COVID-19 Together: China's Collaborative Response and the Role of Business Associations, *Nonprofit and Voluntary Sector Quarterly*, Vol. 49, No. 6, 2020, pp. 1161-1172.

④ Lorch, J., Sombatpoonsiri, J., COVID-19 and Civil Society in Southeast Asia: Beyond Shrinking Civic Space, *VOLUNTAS: International Journal of Voluntary and Nonprofit Organizations*, Vol. 34, No. 3, 2023, pp. 613-625.

(二) 国内研究综述

政社合作是政府和社会组织基于实现共同认可的公共目标而建立和维护的相互依赖的关系。① 从整体上来看，国内对政会合作的研究可以划分为两大视角：依附关系视角和权力对称视角。依附关系视角下的行业协会商会被视为政府职能部门的附庸，呈现出主动或被动嵌入政府的行动特征，政会合作也呈现依附性、策略性特征。权力对称视角下的行业协会商会具有组织自主性，政会合作呈现出半嵌入、契约、信任等特征。下面对两种视角下的政会合作研究进行综述。

1. 依附关系视角下的政会合作

对行业协会商会依附性的讨论源于中国国家与社会关系研究的早期观点。在20世纪90年代末对中国公民社会的研究中，便有学者提出"先独立后参与"观点，认为社会组织应先寻求独立地位，再对政策施加影响。② 其后，"分类控制"和"行政吸纳社会"概念被提出，这两个概念对中国政府与社会组织关系的特征进行了较为到位的提炼③，其背后都是承认政府对社会组织的整体性控制和社会组织对政府的整体性依附。后续对社会组织的研究深受这一时期所确立的依附性观点影响，绝大多数研究都预设社会组织不自主、依附于政府，并在这一基础上发展出"行政吸纳服务""策略性合作"

---

① 敬乂嘉：《从购买服务到合作治理——政社合作的形态与发展》，载《中国行政管理》2014年第7期。
② 邓正来：《市民社会与国家知识治理制度的重构——民间传播机制的生长与作用》，载《开放时代》2000年第3期。
③ 邓正来：《"生存性智慧模式"——对中国市民社会研究既有理论模式的检视》，载《吉林大学社会科学学报》2011年第2期。

"调适性合作""政府主导的合作"等概念。

(1) 行政吸纳服务。"行政吸纳服务"是继行政吸纳社会后提出的较具影响力的概念。这一概念的提出者认为,政府与社会组织合作中有两个核心互动机制:支持和配合。前者指政府培育和促进社会组织发展,为其提供发展所需的场地、资金、信息、技术等各方面的资源;后者指作为支持的交换,社会组织需要配合政府的工作,响应政府的组织、号召和政策执行。在此关系中,受资源掌握程度以及能力差异影响,双方关系呈现出一种权力上的不对称性,表现为社会组织向政府寻求生存和发展的空间,具有较为明显的行政依附色彩。[1]

(2) 策略性合作。新时代政府积极扶持社会组织,分享社会治理权力,并赋予其制度资源,强化了社会组织的服务功能,在这一过程中,社会组织采用多种策略以获得与政府合作的机会,政社关系逐渐由行政吸纳演化为策略性合作关系。[2] 行动策略视角为理解政府与社会组织之间的微观互动提供了分析路径。在国家占主导地位的社会中,社会组织通过利用关系、人情等非制度性因素来改变与政府的关系,使之朝着有利于自身的方向变化,进而有效地实现组织目标和影响政府。[3] 当面对工作开展的困境时,社会组织利用较为"原始"的方式接近政府部门,如经常去相关政府部门拜访,主动配合工作,向政府官员询问是否需要帮忙,在多次接触后,政府部门

---

[1] 唐文玉:《行政吸纳服务——中国大陆国家与社会关系的一种新诠释》,载《公共管理学报》2010年第1期。
[2] 程坤鹏、徐家良:《从行政吸纳到策略性合作:新时代政府与社会组织关系的互动逻辑》,载《治理研究》2018年第6期。
[3] 赵秀梅:《中国NGO对政府的策略:一个初步考察》,载《开放时代》2004年第6期。

行业协会商会与政府共治：配合、协作与合作

也会常常利用社会组织去做相关工作，这种初级的合作对于改善组织处境有明显作用。① 但是，这种非正式互动往往受领导者个人能力、社会背景和社会组织自身的社会网络等因素影响，因此不是一种稳定的、可预测的政社互动方式。有研究将"策略性合作"概念应用于对政府与行业协会商会关系的研究，提出了"变动外部环境中行业协会商会与政府策略性互动"的观点，认为政会互动具有策略性特征，并且外部环境与策略性互动之间相互规约与形塑。②

（3）调适性合作。有研究者认为，当前我国政府与社会组织的合作关系是两者相互调适的结果。一方面，当政府遭遇治理挑战时，需主动调整自我角色，通过制度设计与建构，与社会组织开展合作；另一方面，社会组织采取策略性行动来影响政府的合作意愿和行动，同时借助政府资源实现自我发展。③ 调适性合作展现了政社关系变动的阶段性特征，呈现出政社双方能动交织的互动状态，在这一状态下，社会组织逐渐呈现出专业化的发展取向。④

（4）政府主导的合作。国家创制的社会空间成为政社互动的重要舞台。⑤ 国家治理的模式正在从政府掌控向政府主导下的多方合作变化。⑥ 在政府主导的合作当中，政府会对选择对象进行一定的甄

---

① 和经纬、黄培茹、黄慧：《在资源与制度之间：农民工草根 NGO 的生存策略——以珠三角农民工维权 NGO 为例》，载《社会》2009 年第 6 期。
② 沈永东：《中国行业协会商会政策参与：国家与社会关系视角的考察》，浙江大学出版社 2019 年版。
③ 郁建兴、沈永东：《调适性合作：十八大以来中国政府与社会组织关系的策略性变革》，载《政治学研究》2017 年第 3 期。
④ 吴克昌、车德昌：《调适性合作与组织专业化演进——十八大以来广州市社会工作组织发展研究》，载《华南师范大学学报（社会科学版）》2017 年第 6 期。
⑤ 黄晓春、周黎安：《政府治理机制转型与社会组织发展》，载《中国社会科学》2017 年第 11 期。
⑥ 竺乾威：《政府主导下的多方合作：集中体制下的治理创新》，载《中国行政管理》2022 年第 1 期。

别，合作博弈的过程本质上还是以呼应政府部门偏好为核心特征。[1]政府会根据自己的偏好（合法性偏好、功能偏好、能力偏好等），筛选出一些社会组织进入合作筐，对它们进行赋权增能，支持它们的发展，选择性合作和全面监管的双重逻辑、偏好甄别和监管性合作构成其核心机制。[2]政府主导合作的机制包括宣传动员、道德约束、物质激励、行政推进和契约合作，同时强调多种合作机制的组合运用。[3]

2. 权力对称视角下的政会合作

在新时代共建共治共享的社会治理格局下，我国政府与社会组织的关系结构逐渐由传统的政府对社会组织的单向控制与吸附向二者的互动与合作转型。[4]合作视角下的政会关系承认社会组织自主性的增长[5]，认为"合作"已经替代"控制""功能替代"等，成为当前政社关系的主导模式。大部分学者认为，政府和社会关系的理想形态，是形成一种合作治理的格局[6]，合作对于政会双方发展均具有推动作用。[7]围绕政会合作过程、内容和形式等，学界提出了"半

---

[1] 方劲：《合作博弈：乡村贫困治理中政府与社会组织的互动关系——基于社会互构论的阐释》，载《华中农业大学学报（社会科学版）》2018年第3期。
[2] 陈天祥、应优优：《甄别性吸纳：中国国家与社会关系的新常态》，载《中山大学学报（社会科学版）》2018年第2期。
[3] 湛礼珠、罗万纯：《"政—社"以何合作？——一个农村环境整治的案例分析》，载《求实》2021年第4期。
[4] 杨宝：《政社合作与国家能力建设——基层社会管理创新的实践考察》，载《公共管理学报》2014年第2期。
[5] 田凯：《发展与控制之间：中国政府部门管理社会组织的策略变革》，载《河北学刊》2016年第2期。
[6] 汪锦军：《合作治理的构建：政府与社会良性互动的生成机制》，载《政治学研究》2015年第4期。
[7] 张文礼：《合作共强：公共服务领域政府与社会组织关系的中国经验》，载《中国行政管理》2013年第6期。

嵌入型合作""信任型合作""契约式合作""共治型合作"等概念。

（1）半嵌入型合作。半嵌入型合作是指在资源分散与功能差异的条件下，社会组织既不是完全"嵌入"政府，又不是完全"脱嵌"，与政府的关系是一种以双方结构性非对称相互依赖、权力关系相对平衡为特点的非依附合作。资源分散为社会组织聚合资源开拓了新渠道，社会组织不再完全依赖政府资源而生存，但公共服务市场发育不完全、社会组织业务性质又必然需要部分嵌入政府，呈现出一种非完全性的"半嵌入"；由于政府与社会组织相互弥补"政府失灵"与"志愿失灵"的需要，以及在公共服务中注意力分配差异，因而需要将各自部分目标嵌入到对方的运作中实现合作，最终形成半嵌入型合作关系。半嵌入型合作以社会组织为分析中心，力图反映社会组织制度环境和自身能力的变化发展对政府与社会组织关系的形塑。[1]

（2）信任型合作。信任型合作强调构建政府与社会组织的互信[2]，将信任作为合作的基础，同时强调内在价值的引导作用和双方资源优势的互补性。[3] 信任型合作具有以下几方面特征：一是合作的平等性。有研究指出，社会组织与政府平等合作的格局正逐步显现。政府与社会组织之间应是平等互惠的，不存在依附、控制关系，平等的政会互动状态将有利于信息及时交流共享。二是合作的主动性。政府和社会组织的合作应基于合作共识，政会合作的前提在于形成

---

[1] 冷向明、张津：《半嵌入性合作：社会组织发展策略的一种新诠释——以W市C社会组织为例》，载《华中师范大学学报（人文社会科学版）》2019年第3期。
[2] 双艳珍：《推动政府与社会组织形成合作养老服务合力——基于构建政府与社会组织互信关系的视角》，载《新视野》2021年第6期。
[3] 倪永贵：《社会治理创新中的政府与社会组织合作路径探析——以温州市为例》，载《北京交通大学学报（社会科学版）》2016年第4期。

"共识性认知",即多元主体根据组织间有关合作议题的认知结果、自觉实现组织间规范结构和行为结构的彼此嵌合、相互支撑。[1] 而开展合作治理行动,并非制度的强迫,虽然也注重制度的规约作用,但是并没有僵化地循规蹈矩,而是坚持问题导向原则。三是合作的价值性。通过凸显价值引导作用,注重彼此信任,强调道德在合作中的调节作用。信任型合作强调的信任是价值型信任,是基于理性基础之上的默契。四是合作的灵活性,合作治理的本质在于政府和社会组织能够平等地共享自由裁量权,基于信任基础之上的合作不仅没有权力强迫,也没有繁文缛节的束缚,能够根据实时情况采取有效措施,积极开展合作行动,其本质意蕴与合作治理的内在精神相一致。[2]

(3)契约式合作。契约式合作强调契约精神是新型政社关系中的理念内核,蕴含着合作参与、民主行政、公平效率等价值内涵,强调政社关系建构中的合法性和法治性要求,表现为合同约束的内在约束力和法律强制的外在约束力。[3] 具体来说,契约合作机制是指以合同为载体,通过订立合同的方式实现行动目标的一致。[4] 政社契约式合作的主要方式包括公开招标、竞争性谈判和单一来源采购等。[5] 对于行业协会商会而言,政会合作的契约化的主要形式包括政

---

[1] 张舜禹、郁建兴、朱心怡:《政府与社会组织合作治理的形成机制——一个组织间构建共识性认知的分析框架》,载《浙江大学学报(人文社会科学版)》2022年第1期。
[2] 方国平:《新型政社关系的重构——上海市的探索与实践》,载《中国行政管理》2010年第4期。
[3] 高丽、赵环:《契约精神与友善制度:善治视角下新型政社关系的构建》,载《浙江工商大学学报》2016年第4期。
[4] 彭少峰、张昱:《迈向"契约化"的政社合作——中国政府向社会力量购买服务之研究》,载《内蒙古社会科学(汉文版)》2014年第1期。
[5] 湛礼珠、罗万纯:《"政—社"以何合作?——一个农村环境整治的案例分析》,载《求实》2021年第4期。

行业协会商会与政府共治：配合、协作与合作

府赋权、转变职能和购买行业协会服务，即在厘清各自边界的基础上，根据国务院行政审批改革的精神，行业规约制定、行业内企业资质认定及等级评定、行业内专业技术职称和执业资格评定，以及行业自律与监督、行业调查与统计、行业培训与咨询等职能将由政府通过赋权和转变职能等形式将部分职能转移给行业协会，或者通过政府购买服务建立两者之间的合作关系。[1]

（4）共治型合作。共治型合作认为社会组织因具有区别于政府和市场的社会性、民间性等特殊属性，已经成为解决"政府失灵"的一种有效制度因素，在多元治理主体中居于重要地位。[2] 政社共治的内涵强调的是多元化的社会主体发挥各自长处，在一定的法治框架和系统中通过对话、竞争、妥协、合作等互动机制来解决公共问题或提供公共服务，以实现共同治理公共事务，获得共同利益。[3] 政社共治的动力基础包括利益相关者的权利、公益或利他的责任，功能上的资源整合或专业性、信任、契约等。[4] 有研究指出，脱钩改革后政会关系呈现政治领导与合作共治并进的特征。[5] 政治领导即党对行业协会商会政治方向的把握与各方的协调，合作共治即行政机关与行业协会商会对行业市场进行合作共治。对于不同层级和生成路径的行业协会商会，脱钩改革后的转型路径和与政府之间的合作关

---

[1] 徐家良、郝斌：《直接登记下行业协会与政府关系发展新趋势》，载《教学与研究》2015 年第 9 期。
[2] 王名、蔡志鸿、王春婷：《社会共治：多元主体共同治理的实践探索与制度创新》，载《中国行政管理》2014 年第 12 期。
[3] 沈永东、毕荟蓉：《数字治理平台提升政社共治有效性的多元机制：以"社会治理云"与"微嘉园"为研究对象》，载《经济社会体制比较》2021 年第 6 期。
[4] 王春婷、蓝煜昕：《社会共治的要素、类型与层次》，载《中国非营利评论》2015 年第 1 期。
[5] 马长俊：《解构与重构：行业协会商会脱钩改革的政会关系变迁研究》，载《行政管理改革》2020 年第 2 期。

系可能呈现出不同的特征，前者如合作型行业协会商会更多采取推动购买服务的合作发展模式，主导型行业协会商会采取同时关注政策变化和市场需求的混合模式，服务型行业协会商会重点满足会员需求。[1]

3. 具体领域的政会合作

在产业发展中，行业协会商会能够弥补政府部门介入微观企业的劣势和市场主体创新能力的不足，在与政府的合作中推进产业转型升级。[2] 行业协会商会还能够在产业共性技术供给中发挥优势，在政府放权与支持和行业协会商会自身治理能力提高的前提下，可以达到较为平衡的合作关系。[3] 此外，行业协会商会能够充分激发企业、高等院校、科研机构等创新主体的积极性，促进创新主体之间的协调与联合，从而推动产业集群的发展。[4]

在行业监管中，虽然政府部门在其中仍然占据主导地位，但是越来越强调行业协会商会作为社会主体的参与作用。有研究认为，在监管前一阶段，政府与行业协会商会或者第三方监测服务机构能够进行信息共享，消除信息壁垒；在监管后一阶段，政府部门、行业协会商会能够依据监管结果共同对市场主体进行联合奖惩。[5]

在科技创新中，行业协会商会在科技扩散、科技成果转化、科

---

[1] 周俊、赵晓翠：《脱钩改革后行业协会商会的转型发展：模式与挑战——基于S市A区的实证分析》，载《治理研究》2018年第4期。
[2] 郁建兴、沈永东、吴逊：《行业协会促进产业升级的作用类型及其实现机制——一项多案例的研究》，载《浙江大学学报（人文社会科学版）》2011年第6期。
[3] 夏禹浆：《利益契合、资源汲取能力和产业共性技术供给——基于WZ行业协会的多案例研究》，载《浙江社会科学》2019年第8期。
[4] 阳毅、游达明：《产业集群创新中行业协会的构成体系与运行机制》，载《经济地理》2012年第5期。
[5] 张毅、王宇华、王启飞：《"互联网+"环境下的智慧监管模式》，载《上海行政学院学报》2020年第2期。

行业协会商会与政府共治：配合、协作与合作

技评估等方面发挥着重要作用。① 有研究指出，在政府转移职能和建立健全第三方评估机制的背景下，科学共同体由于自身独特的优势和独立的社会地位，在承接科技宏观管理尤其是科技评估的职能上应得到更加广泛的关注。其中，社会科学共同体指独立于政府的组织或非组织中的科学共同体，其构成主要包括科技企业、评估机构等企业，以及学会、协会等科技社团、科研机构。②

在职业教育领域，行业协会作为管理指导力量参与职业教育是职业教育基本规律的要求。③ 有学者构建出了政府与行业协会合作参与职业教育的运行模式，认为职业教育的法律法规和制度等宏观层面的工作应由政府主导；具体的职业教育工作应由行业协会和职业学校在职教管理委员会的监督和指导下实施。④

在环境治理领域，行业协会在收集行业污染信息、创新治理工艺、污染规模化处理和制定行业环保标准等方面比政府及个体企业更有优势，治理效果更好。⑤ 张建民、何宾以协会与企业及与政府的互动合作为焦点，基于对现有文献和国际相关案例的综合分析推衍出行业协会提升自愿性环境治理绩效的理论框架，认为行业协会应与政府部门和第三方组织合作，为自愿性环境治理项目设置合理有效的监督与实施机制，从而激发行业内企业团结合作，共同努力实

---

① 科技部政策法规与体制改革司：《我国科技中介机构基本状况和总体发展思路》，载《中国科技产业》2003 年第 9 期。
② 李子彪、张静、李林琼：《科学共同体的演化与发展——面向"矩阵式"科技评估体系的分析》，载《科研管理》2016 年第 S1 期。
③ 程贵妲、韩国明：《行业协会参与职业教育的角色分析》，载《教育与职业》2008 年第 6 期。
④ 韩国明、程贵妲：《行业协会参与下的职业教育运行机制分析》，载《教育科学》2007 年第 6 期。
⑤ 周莹、江华、张建民：《行业协会实施自愿性环境治理：温州案例研究》，载《中国行政管理》2015 年第 3 期。

现污染治理目标。[1]

在食品安全治理中，食品行业协会作为食品从业者结社形成的社会组织，是行业自律的重要主体[2]，同时也成为食品安全共治的重要主体。在食品安全共治中，政府负责监管和引导，由行业协会承担食品生产、餐饮行政许可的咨询与指导、食品生产经营企业的诚信等级动态评定初审、从业人员培训、企业标准实施情况监督检查、地理标志产品申报、行业统计调查和培育企业品牌等具体职责。[3]

在互联网治理中，互联网行业协会发挥着中坚作用。有研究指出，目前互联网行业协会主要通过推进行业自律、开展企业信用评价等方式参与网络治理，面临着角色冲突、自律机制不健全等内生障碍和参与空间有限、制度供给不足等外部制约，处于网络治理体系的边缘位置。为此，应当进一步规范政府与互联网行业协会的合作关系，使政府在与协会保持适度距离的基础上，又对后者给予必要的支持与监督，从而实现互联网行业协会与政府的有效互动协作。[4]

此外，其他领域也存在着不同程度的政会合作。比如，在区域经济一体化中，行业协会商会已经成为重要推动力量，能够发挥行业服务、代表、协调和自律功能，如协助政府开展行业监管。[5] 又

---

[1] 张建民、何宾：《行业协会提升自愿性环境治理绩效的理论框架与国际实践》，载《治理研究》2021年第1期。
[2] 李季刚：《论我国食品安全治理中行业协会自律机制的优化》，载《北京交通大学学报（社会科学版）》2020年第1期。
[3] 刘根华、郑文钟、李铭熙：《行业协会参与食品安全"共治"困境及对策研究——以浙江省金华市为例》，载《浙江师范大学学报（社会科学版）》2017年第6期。
[4] 王湘军、刘莉：《从边缘走向中坚：互联网行业协会参与网络治理论析》，载《北京行政学院学报》2019年第1期。
[5] 周俊、赵晓翠：《行业协会商会如何推动区域经济一体化——基于长三角的案例分析》，载《治理研究》2019年第5期。

如，在劳动纠纷治理领域，有研究以温岭行业工资集体协商为案例，对政府、工会组织尤其是行业协会、工会等多主体在其中的互动进行了分析，发现多主体在其中密切配合，相互协调，既有合作又存在竞争，共同为行业工资集体协商的有效开展发挥着重要的作用。[①]

(三) 既有文献评析

国内外学界对于政社关系模式、政会合作进行了丰富的讨论，揭示了政社关系的多元性、政会合作的必要性和现实性，描述和分析了政会合作在具体领域中的情况，这些研究为本书写作提供了重要的理论借鉴，但是，已有研究仍然存在三方面不足：

其一，国外研究侧重于讨论宏观的政府与社会、政府与第三部门、政府与非营利组织或非政府组织的关系，十分关注多元化关系模式的特征，对行业协会商会与政府关系的关注虽然存在，但主要局限于经济发展、行业监管等少数领域，更多研究是在对外贸易、环境治理等具体领域中讨论行业协会商会的具体功能，对政会互动的详细讨论较少。从总体上看，国外对政社关系模式的丰富研究对于理解政会关系、政会互动具有重要意义，但针对后者的具体研究不足，难以为理解中国的政会关系、政会共治提供直接的理论支撑。

其二，国内研究主要基于中国政会关系实践发展，或者在多元主义、法团主义和混合主义的理论视角下讨论政会关系的特征和走向，或者尝试建构本土性概念，在依附关系视角和权力对称视角下提出了"策略性合作""调试性合作""半嵌入型合作""契约式合作"等多个概念。前一类研究是用西方理论解释中国现实，存在适

---

① 李力东、钟冬生：《多中心治理视角下和谐劳动关系的构建——以浙江温岭行业工资集体协商为例》，载《晋阳学刊》2014 年第 5 期。

用性不足进而引发众多理论争论的问题，时至今日，在何种西方理论可以概括中国政社关系这一问题上仍然未形成共识，并且这一类研究的热度在近十几年中已经逐渐消退。后一类研究更多关注政会关系中的策略应用，对"合作"这一重要概念缺乏讨论，几乎将所有与政府的联合计划或联合行动都置于"合作"概念之下，实际上脱离了这一概念的本义。这也导致不同研究基于具体情境提出了多个概念，出现理论的碎片化现象，无力对现实中的政会关系进行具有一定普遍性的解释。

其三，既有研究绝大多数是在行业协会商会依附于政府的情况下进行的，因而主要秉持的是依附关系理论视角，即使有少数研究关注到权力对称关系中的政会合作，也多是将其作为政会合作的一种类型加以讨论。近年来，有个别文献关注到脱钩改革对政会关系的现实影响，并尝试基于发展中的现实进行理论建构，但这些研究或者是对脱钩改革后政会关系的规范性思考，或者缺乏对"合作""合作共治""协同共治"等基本概念的讨论，因而基于这些概念所提出的观点存在极大的模糊性，难以发挥理论指导作用。

综上所述，当前十分有必要在借鉴和反思国内外既有研究的基础上，从已经发生根本性变革的政会关系现实出发，对"政会共治"展开研究，以廓清围绕在这一概念上的理论迷雾。具体来说，本书接下来的章节将回答以下三方面问题：（1）什么是政会共治？它与政会互动、政会合作是什么关系？（2）政会共治体现为几种具体模式？各模式的基本特征是什么？政会共治模式与政社关系模式之间有什么关系？（3）不同的政会共治模式适用于什么情境？哪些因素影响行业协会商会对共治模式的选择？

第三章

理论基础与分析框架

政会共治已经成为中国国家与社会关系中的重要现象。对政会共治进行理论解读，对于深入理解国家与社会关系新特征具有重要意义。然而，既有研究对政会共治的关注较少，更多的是讨论政会关系模式特征和政会合作问题，无法对现实中存在的多种形态的政会共治作出有力解释。因此，需要引入新的理论视角，建构新的理论分析框架。我们认为，理解政会共治需要以对中国国家与社会关系总体性特征的把握为前提，在此基础上再深入共治的中观和微观层面，解读其特征和机制。

本章先介绍与政会共治密切相关的网络治理理论和跨部门合作理论，再基于理论中的重要相关观点建构一个理解政会共治宏观制度背景及政会共治概念、模式和模式适用性的理论分析框架。

一、理论基础

(一) 网络治理理论

"网络治理"有两个对应的英文词汇，一是"network governance"，指三个及以上的具有自主性的组织为了实现自身的和共同的

行业协会商会与政府共治：配合、协作与合作

目标而一起工作。[1] 如曼努埃尔·费舍尔（Manuel Fischer）等认为"网络治理"概念"描述了参与政策问题治理的不同类型的行为者之间的复杂关系"[2]。二是"governance of network"，指的是对网络本身的治理。这两个英文词组翻译成中文时，通常都译为"网络治理"，因而需要加以区分。中文研究中的网络治理更多指的是以网络的形式进行治理（governing by network），比如政府与非营利组织结成关系网络，被认为是最为常见的网络治理。相比较而言，对如何管理和治理网络的研究在中文领域中相对较少。下面先介绍公共管理中的网络研究和组织网络的基本模式，再介绍与本研究相关的对网络本身的治理研究。

1. 公共管理中的网络研究

劳伦斯·J. 奥图尔（Laurence J. O'Toole）于1997年发表的文章《认真对待网络：公共行政中基于实用和研究的议程》概述了网络对公共行政领域的重要性，并提出了一系列应追求的研究议程。他认为，公共行政中的许多问题不能完全被分割成小块交给不同的部门去处理，而是必须涉及跨机构之间的协作；处理复杂事务的政策可能需要网络化的结构才能执行；政治性压力使网络成为实现政策目标所必需的工具；必须努力使各种联系制度化。[3] 此后，网络治

---

[1] Provan, K. G., Kenis, P., Modes of Network Governance: Structure, Management, and Effectiveness, *Journal of Public Administration Research and Theory*, Vol. 18, No. 2, 2008, pp. 229-252.

[2] Fischer, M., Nguyen, M., & Strande, L., Context Matters: Horizontal and Hierarchical Network Governance Structures in Vietnam's Sanitation Sector, *Ecology and Society*, Vol. 24, No. 3, 2019, p. 17.

[3] O'Toole, L. J., Treating Networks Seriously: Practical and Research-Based Agendas in Public Administration, *Public Administration Review*, Vol. 57, No. 1, 1997, pp. 45-52.

理受到广泛关注，关于网络和网络治理的研究取得了实质性进展。[1]

公共管理研究对网络的关注主要源于对等级或官僚权威的失望，希望有一种复杂的治理安排能够将多元的公共和私人部门包含进去，同时受社会网络分析方法发展的影响。研究者多认为，公共部门和私人部门中的网络协同具有明显优势，包括提高学习能力，对资源进行更有效的利用，增长计划和解决复杂问题的能力，有更强的竞争力，以及为客户和消费者提供更好的服务。[2] 网络分析在公共管理中主要有两种路径：一是以马克·格兰诺维特（Mark Granovetter）为代表的组织研究；二是关注政策制定和治理网络及其影响的政治科学研究。

有研究考察公共管理领域中的网络研究，试图梳理出具有一致性的研究视角。金伯利·伊塞特（Kimberley R. Isett）等区分了三种公共管理网络研究流派：政策网络（policy networks）、合作网络（collaborative networks）和治理网络（governance networks）。政策网络寻求影响政策制定过程，合作网络是在服务递送中共同工作，治理网络是政策制定和服务递送的结合。[3]

2014年，杰西·莱西（Jesse D. Lecy）等在一篇综述性文章中将公共管理中的网络研究划分为三种类型：政策形成网络（policy formation networks）、政策治理网络（policy governance networks）和

---

[1] O'Toole, L. J., Networks and Networking: The Public Administrative Agendas, *Public Administration Review*, Vol. 75, No. 3, 2015, pp. 361-371.

[2] Brass, D. J., Galaskiewicz, J., Greve, H. R., & Tsai, W., Taking Stock of Networks and Organizations: A Multilevel Perspective, *Academy of Management Journal*, Vol. 47, No. 6, 2004, pp. 795-817.

[3] Isett, K. R., Provan, K. G., The Evolution of Dyadic Interorganizational Relationships in a Network of Publicly Funded Nonprofit Agencies, *Journal of Public Administration Research and Theory*, Vol. 15, No. 1, 2005, pp. 149-165.

政策执行网络（policy implementation networks）。[1] 具体来说，政策形成网络研究关注多元的行动者联合或利益集团以及他们的集体行动如何塑造政策过程；政策治理网络研究关注结构化政治产出的权利、规则、偏好和资源的形塑过程，以及探讨网络化治理创造与更加传统的统治相比较而言新的或不同的挑战的方式；政策执行网络是一种与等级制组织比如单一政策机构或市场组织相区分的公共服务递送的协商机制，相关研究主要关注通过网络执行政策的效率和效益，以及网络通过什么方式影响产出。[2]

从以上研究可以看到，网络在公共事务治理中存在多种形态，但无论是从公共政策过程的角度，还是从政策与服务递送相结合的角度对其进行界定，对网络内涵的基本理解仍然是相同的，即都承认网络就是多个主体在共同行动中所结成的关系。

2. 组织间网络模式

公共管理中的网络指的是组织在专业环境中发生的联系，而不是与个人相关的网络。对网络模式的讨论是网络治理理论的重要内容，有的研究也称之为网络模式、组织间关系模式。上述对公共管理领域网络研究的介绍中已经涉及对网络的分类，但主要是基于研究视角的划分，下面进一步介绍对网络治理本身的类型或模式划分。

不同学者使用不同的术语或类别来表示组织间关系的可能类型。有研究提出5个类别或层次的组织间关系——非正式的（informal）、

---

[1] Brown, K., Keast, R., Citizen-Government Engagement: Community Connection Through Networked Arrangements, *Asian Journal of Public Administration*, Vol. 25, No. 1, 2003, pp. 107-131.

[2] Lecy, D. L., Mergel, I., & Schmitz, H. P., Networks in Public Administration: Current Scholarship in Review, *Public Management Review*, Vol. 16, No. 5, 2014, pp. 643-665.

配合的（cooperative）、协作的（coordinative）、合作的（collaborative）和整合的（integrative）[1]。劳森（H. Lawson）提出了5个"C"的关系类型——协同定位（co-location）、沟通（communication）、协作（coordination）、合作（collaboration）和融合（convergence）[2]。

克里·布朗（Kerry Brown）等关于政府与社区的网络治理模式的"3Cs"观点被广为引用。他们在研究社区和公众与政府的接触中提出，网络治理的安排提供了多种选择、结构和潜在的产出，因此需要探索和分析如何定制政府与社区之间的联结，以使其满足内在效益最大化需求。他们在文章中提出了三种平等的网络模式：配合型网络（cooperation networks）、协作型网络（coordination networks）和合作型网络（collaboration networks）。具体而言，配合概念的关键要素是组织实体间建立的短期的、通常是非正式的、很大程度上是志愿性的关系。在配合型关系中，参与者同意分享信息、空间或举荐，但是不存在建立共同目标的努力，每个机构仍然是独立的，保持它们的自治和资源。"协作"一词意味着使用更紧密和更正式地将系统的不同组成部分联系在一起的机制，与要求组织信息共享和联合规划、决策和行动的战略相关。合作通常是最稳定和最长期的整合安排类型，它需要成员之间最强的联系和最紧密的关系，这种关

---

[1] Hogue, T., *Community Based Collaboration: Community Wellness Multiplied*, Oregon State University: Centre for Community Leadership, 1994.
[2] Brown, K., Keast, R., Citizen-Government Engagement: Community Connection Through Networked Arrangements, *Asian Journal of Public Administration*, Vol. 25, No. 1, 2003, pp. 107-132.

系需要全面的规划和明确的沟通渠道。①

玛娜·曼德尔（Myrna Mandell）等同样认为将网络界定为政策或治理都过于宽泛，他们通过横向整合水平来定义网络，提出配合型网络、协作型网络和合作型网络等三种网络模式。他们认为，配合型网络是最低水平的整合，仅仅关注组织间的信息交换；在协作型网络中，协作者投入更多的资源去达成产出，这些产出在没有与其他协作者共同工作的情况下无法实现；合作型网络代表了最高程度的整合，组织间存在真正的相互依赖，要求发展一定水平的信任，以有效解决任何一方都无力解决的新的或特定的复杂问题。②

3. 对网络的治理

对网络的治理（也称网络治理）区别于组织治理，后者在企业和非营利组织者中以理事会或董事会为核心，对公共部门来说主要是对非政府力量的资助与监管。对网络的治理虽然不是一种法律安排，但对于网络绩效至关重要。尽管所有的网络包含参与者间的一系列互动，但是对治理的关注主要是权威的制度、结构的运用和配置资源的合作，以及协调和控制作为整体的网络中的联合行动。这些互动区别于操作性联结，操作性联结常常是基于二元关系的，包

---

① Brown, K., Keast, R., Citizen-Government Engagement: Community Connection Through Networked Arrangements, *Asian Journal of Public Administration*, Vol. 25, No. 1, 2003, pp. 107-131.
② Mandell, M., Keast, R. L., A New Look at Leadership in Collaborative Networks: Process Catalysts, in Raffel, J., Leisink, P., & Middlebrooks, A. (eds.), *Public Sector Leadership: International Challenges and Perspectives*, Cheltenham: Edward Elgar, 2009.

括推介（referrals）、分享信任和联合项目。[1]

基思·普罗文（Keith G. Provan）和帕特里克·凯尼斯（Patrick Kenis）根据网络是被谁支配和如何支配两个维度，对网络的治理模式划分为三种类型：参与者治理的网络（participant-governed networks）、领袖组织治理的网络（lead organization-governed networks）、网络行政组织（network administrative organization，NAO）。参与者治理的网络也称共享网络，由网络成员管理，没有独立和独特的治理实体。这种模式的治理可以正式的形式完成，如通过指定的组织代表召开的定期会议，或者以非正式的形式进行，如通过那些参与网络的人的持续但通常是非正式的协调进行。领袖组织治理的网络是指，一个组织有足够的资源和合法性扮演领导者角色。这种模式经常发生在健康和人类服务中，可能存在一个核心的供应商，由于它在客户和资源中处于中心地位，因而被赋予网络领导者的角色。网络行政组织的基本思想是，专门建立一个单独的管理实体来管理网络及其活动。尽管网络成员仍然像领袖组织治理模式一样互动，并且是中心化的，网络经纪人在协调和维持网络中发挥关键作用，但与领袖组织治理模式不同，在网络行政组织中，不是一个成员组织自己提供服务，相反，网络是通过授权或由成员自己建立网络行政组织，是为实现网络治理的目标而被外部管理。[2]

环境对网络治理的研究受到研究者的关注。曼努埃尔·费舍尔等提出，不同的制度和社会经济环境条件影响网络结构，并导致更

---

[1] Provan, K. G., Kenis, P., Modes of Network Governance: Structure, Management, and Effectiveness, *Journal of Public Administration Research and Theory*, Vol. 18, No. 2, 2008, pp. 229-252.

[2] Ibid.

具水平性或垂直性的网络类型。他们对越南两个省的卫生部门的研究发现，在作为国家创新的领导者、高度城市化的首都河内，国家和国际行动者都是在场的，地方行动者有很高的能力，信息交换倾向于遵循水平的网络结构；而在更具农村地区特征的本特雷省，等级结构占主导地位。[1]

玛娜·曼德尔和罗宾·基斯特（Robyn L. Keast）提出，领导力对合作网络具有关键性影响。合作网络创造了一个新的整体，参与者不仅改变了他们对彼此的看法，而且改变了他们的工作方式。这导致需要创新性的解决方案，以应对他们正在处理的与其所处系统的变化相关的复杂问题。因此，重点是长期的利益，而不仅仅是完成短期任务，以及建立可用于解决未来的问题以及处理当前问题的新关系。这意味着，所有部门，尤其是公共部门的人，需要调整他们对合作网络中领导者的期望。他们认为，合作网络中的领导者指的是那些能够关注建立新的关系、学习新的行为、语言和范式并能够达成共识的过程的重要参与者。基于此，他们提出了一种新的领导力概念——"过程催化剂"，认为领导的作用在于强调过程，而不仅仅是完成任务，以及强调系统变革的必要性。[2]

布洛姆-汉森（J. Blom-Hansen）在对政策网络的研究中提出，对网络治理取向的解释需要将结构性因素与行动性因素结合起来。[3]

---

[1] Fischer, M., Nguyen, M., & Strande, L., Context Matters: Horizontal and Hierarchical Network Governance Structures in Vietnam's Sanitation Sector, *Ecology and Society*, Vol. 24, No. 3, 2019, p. 17.

[2] Mandell, M., Keast, R. L., A New Look at Leadership in Collaborative Networks: Process Catalysts, in Raffel, J., Leisink, P., & Middlebrooks, A. (eds.), *Public Sector Leadership: International Challenges and Perspectives*, Cheltenham: Edward Elgar, 2009.

[3] Blom-Hansen, J., A New Institutional Perspective on Policy Networks, *Public Administration*, Vol. 75, No. 4, 1997, pp. 669-693.

具体来说，网络中互动过程的发展主要取决于制度特征和互动情景特征，前者指资源和规则，后者包括行动者以及他们的利益和策略。[①] 这一研究提出了影响网络治理的更为广泛的因素。

综上所述，关于网络的研究已经取得了实质性进展，研究者主要关注公共管理领域中的网络形态、组织间网络模式以及对网络的治理，这为本书讨论政会共治的模式及其影响因素提供了思路。同时要看到的是，到目前为止还没有关于网络治理的全面的理论，甚至没有一致性的定义，对组织间互动、网络关系的研究也并不都在网络治理的名义下进行，比如政会关系研究、跨部门合作研究中的许多内容就与网络治理有紧密关联。

(二) 跨部门合作理论

跨部门合作理论为理解组织间关系提供了重要视角。如果说国家与社会关系理论主要是在宏观层面讨论部门间互动问题，网络治理理论主要是在中观层面讨论组织或部门间关系，那么，跨部门合作理论则侧重于在微观层面讨论组织间互动及互动的具体模式、机制和影响因素等问题。跨部门合作理论对于深入理解政会共治具有重要启示意义，下文对该理论中与政会共治相关的内容进行介绍。

1. 跨部门合作的界定

跨部门合作 (cross sector collaboration) 也称跨部门协同、跨部门协作、跨部门联盟或伙伴关系。对跨部门合作的讨论众多。在对这一概念的界定上，有研究认为，跨部门合作可以被理解为内生的

[①] Klijn, E. H., Koppenjan, J., Public Management and Policy Networks: Foundations of a Network Approach to Governance, *Public Management: An International Journal of Research and Theory*, Vol. 2, No. 2, 2000, pp. 135-158.

行业协会商会与政府共治:配合、协作与合作

"多元整合期待",使得单一组织可以通过构建与其他组织的资源交换网络而实现彼此的组织角色与功能扩张,最终达到增能的理想状态。① 约翰·布赖森(John Bryson)等对跨部门合作的经典界定为:两个或更多的部门为达到单个部门的组织无法独立获取的联合性的产出而进行的信息、资源、行动和能力的联结或分享。② 在这种意义上,包含三个或三个以上主体的网络治理(network governance)也可归属于跨部门合作。因此,可以将跨部门合作理解为不同组织或部门为了实现特定目标而进行的联合性行动。从合作的组织身份和类型来看,跨部门合作主要包括政府与企业的合作、政府与非营利组织的合作、非营利组织与企业的合作,以及政府、市场与非营利组织的合作。

2. 跨部门合作的形成与意义

对跨部门合作何以形成的解释存在多种理论视角:一是资源依赖理论视角。资源分配是组织行为和设计的首要决定因素③,合作因而成为一种为了实现组织目标和满足利益相关者需求的关键策略。④ 另外,有些组织严重依赖于其他组织的资源,无力独立生存。研究

---

① Brinkerhoff, J. M., Government-Nonprofit Partnership: A Defining Framework, *Public Administration and Development*, Vol. 22, No. 1, 2002, pp. 19-30.
② Bryson, J. M., Crosby, B. C., & Stone, M. M., Designing and Implementing Cross-Sector Collaborations: Needed and Challenging, *Public Administration Review*, Vol. 75, No. 5, 2015, pp. 647-663.
③ Reed, M., Organizational Theorizing: A Historically Contested Terrain, in Clegg, S., Hardy, C. (eds.), *Studying Organizations: Theory and Method*, London: Sage, 1996.
④ Fleishman, R., To Participate or Not to Participate? Incentive and Obstacles to Collaboration, in Bingham, L., O'Leary, R. (eds.), *The Collaborative Public Manager: New Ideas for the Twenty-first Century*, Washington, DC: Georgetown University Press, 2009.

发现，当非营利组织资源丰富时，它们很少进行合作①，但当它们存在资源匮乏问题时，合作就容易发生②。政府同样面临资源缺乏问题，也会将对外部资源的利用作为实现目标的手段。③

二是中间人理论视角。在多方参与的合作关系中，"关系经理"的存在对合作的形成与持续发挥着至关重要的作用。具有良好的沟通技巧与人脉资源的联络人能够在跨组织的合作中扮演"协调者"角色，能够处理好合作者之间的相互依存关系。④但同时，学者亦进一步提出，以领导力作为协作的中心要素、以"软性的指导原则"代替命令与控制是未来政府作为中间人平衡社会力量与利益的改革方向。⑤

三是共同目标理论视角。该视角的研究认为对共同目标的追求是促进各方合作的关键要素⑥，合作过程中参与者关于全局的战略性计划是发展整体性目标并且统筹合作各方努力的关键要素，通过最初的规划和设计，合作者们能够形成关于领导和行政职位的共识，从而建立一个网络所需要的实体和文化，发展一个网络所需要的工作架构。

---

① AbouAssi, K., Makhlouf, N., & Tran, L., Association Between Organizational Capacity and Scope Among Lebanese Nonprofits, *Public Performance and Management Review*, Vol. 42, No. 2, 2019, pp. 461-482.
② Sowa, J. E., The Collaboration Decision in Nonprofit Organizations: Views from the Front Line, *Nonprofit and Voluntary Sector Quarterly*, Vol. 38, No. 6, 2009, pp. 1003-1025.
③ O'Leary, R., Gerard, C., Collaborative Governance and Leadership: A 2012 Survey of Local Government Collaboration, in *The Municipal Yearbook*, Washington, DC: ICMA, 2013.
④ Thomson, A. M., Perry, J., Collaboration Process: Inside The Black Box, *Public Administration Review*, Vol. 66, No. S1, 2006, pp. 20-32.
⑤ Bardach, E., Policy Analysis and Public Participation, *Journal of Policy Analysis and Management*, Vol. 22, No. 1, 2003, pp. 115-117.
⑥ McGuire, M., Managing Networks: Propositions on What Managers Do and Why They Do It, *Public Administration Review*, Vol. 62, No. 5, 2002, pp. 599-609.

行业协会商会与政府共治：配合、协作与合作

四是价值创造视角。有学者指出，企业与非营利组织合作能够实现四种价值：联合价值（合作自身带来的价值）、转移的资源价值（从其他伙伴那里转移的资源所产生的价值）、互动价值（互动过程中形成的价值，比如名誉、信任、关系资本、学习、知识、联合解决问题、交流、协作、透明、责任和冲突解决）和协同价值（通过合作实现单方行动无法达成的目标），这些价值的实现又受资源互补性、资源属性、资源指向性与利用性、关联利益等四类价值资源的影响。[1]

具体到政府与非营利组织合作的兴起，研究者特别关注政府面临的治理危机这一关键原因。[2] 20世纪80年代初开始，西方国家政府认识到单凭自身力量无法应对社会挑战，社会问题过于复杂，而政府的控制力太弱。传统的认为政府是一种能够赋权社会的控制者和规制者角色的观点似乎不再适用。[3] 新公共管理随之成为行政行为的主流理论，这意味着社会福利体制逐渐释放了它们在政策领域中等级性的角色，为更多市场导向的政府让路，这从大量国家企业的私有化中可以看到，包括政策制定和执行过程中，社会组织不断地被卷入。后来，网络路径成为主导范式，其中，公共和私人部门合作应对社会挑战。[4] 这些变化导致政府与公民社会组织合作关系的增

---

[1] Austin, J. E., Seitanidi, M. M., Collaborative Value Creation: A Review of Partnering Between Nonprofits and Business: Part I. Value Creation Spectrum and Collaboration Stages, *Nonprofit and Voluntary Sector Quarterly*, Vol. 41, No. 5, 2012, pp. 726-758.

[2] 孙涛：《社会治理体制创新中的跨部门合作机制研究》，载《云南民族大学学报（哲学社会科学版）》2016年第2期。

[3] Peters, B. G., Pierre, J., Governance Without Government? Rethinking Public Administration, *Journal of Public Administration Research and Theory*, Vol. 8, No. 2, 1998, pp. 223-243.

[4] Osborne, S. P., *The New Public Governance? Emerging Perspectives on the Theory and Practice of Public Governance*, London: Routledge, 2010.

加,这种关系被称为外包、服务提供和共同生产。[1] 可以说,自20世纪80年代以来,以跨部门合作为主的互动共赢模式是西方国家整体政府改革的核心特征之一。[2]

跨部门合作对于治理具有重大意义。首先,跨部门合作的形式能够打破单个组织的资源桎梏并使资源的效能最大化,有利于实现组织目标和解决复杂问题。这得益于跨部门合作对治理主体多元化的倡导与实践,政府、企业以及社会力量的参与提升了对社会问题与社会需求把握的精准度与敏感度,并且通过利用组织间的资源异质性来实现资源的有效分配。其次,多方的参与也预示着政府运作与治理的"黑匣子"逐渐暴露在公众面前,透明的运作与多方的参与提升了决策的公信力。再次,跨部门合作亦成为政府向社会开放学习的渠道,通过多方合作互通有无,各个参与合作治理的组织都能在能力上得到显著提升。[3] 最后,跨部门社会伙伴关系研究曾在很长时间中认为非营利组织可以通过跨部门伙伴关系提高组织能力。但一项对452个非营利组织的调查中得出的分层多元回归分析表明,跨部门协作与能力增加没有系统性的关系,这一研究结果表明,那些更具持久性的超越了资助者—接受者关系的政府与非营利组织关系与更强的战略规划能力有关。[4]

---

[1] Osborne, S. P., Radnor, Z., & Strokosch, K., Co-Production and the Co-Creation of Value in Public Services: A Suitable Case for Treatment? *Public Management Review*, Vol. 18, No. 5, 2016, pp. 639-653.
[2] 孙迎春:《国外政府跨部门合作机制的探索与研究》,载《中国行政管理》2010年第7期。
[3] 田培杰:《协同治理:理论研究框架与分析模型》,上海交通大学2013年博士学位论文。
[4] Shumate, M., Fu, J. S., & Cooper, K. R., Does Cross-Sector Collaboration Lead to Higher Nonprofit? *Journal of Business Ethics*, Vol. 150, No. 2, 2018, pp. 385-399.

行业协会商会与政府共治：配合、协作与合作

同时要看到的是，跨部门合作也可能带来问题。对政府与非营利组织合作的研究指出，与政府合作提供公共服务导致许多非营利组织丧失了与其传统成员的联系，并因此丧失了合法性。非营利组织通常通过自下的和内部的方式向其组织成员获取合法性，但是作为公共责任的执行者，组织可能要自上的和从组织外部获得合法性。[1] 这种结果也存在差异性。有研究发现，在患者组织中，与政府的紧密联系改革了组织结构和行为。[2] 也有研究发现，与政府有紧密联结的非营利组织倾向于提供同质性服务，因而减少了居民的选择。[3] 另有研究揭示，与政府在财务上有密切联系的非营利组织存在目标漂移和新客户涌入现象。[4] 这些影响表明，非营利组织与政府的合作在新公共管理的管理主义导向下容易使非营利组织陷入商业化或专业主义陷阱。

3. 跨部门合作机制

跨部门合作机制是指为实现合作目标而作出的一系列安排，可以澄清目标和期望、加深相互理解和信息、赋能和维护关系、克服挑战、调解矛盾和确保绩效[5]，包括正式机制和非正式机制。正式机制包括书面的同意、标准化的操作流程或契约；非正式机制包括便

---

[1] Brandsen, T., Trommel, W. A., & Verschuere, B., *Manufactured Civil Society: Practices, Principles and Effects*, Basingstoke: Palgrave Macmillan, 2014.
[2] Van de Bovenkamp, H. M., Trappenburg, M. J., Government Influence on Patient Organizations, *Health Care Analysis*, Vol. 19, No. 4, 2011, pp. 329-351.
[3] Smith, S. R., Lipsky, M., *Nonprofits for Hire: The Welfare State in the Age of Contracting*, Cambridge: Harvard University Press, 2009.
[4] Froelich, K. A., Diversification of Revenue Strategies: Evolving Resource Dependence in Nonprofit Organizations, *Nonprofit and Voluntary Sector Quarterly*, Vol. 28, No. 3, 1999, pp. 246-268.
[5] Bauer, Z., AbouAssi, K., & Johnston, J., Cross-Sector Collaboration Formality: The Effects of Institutions and Organizational Leaders, *Public Management Review*, Vol. 24, No. 2, 2022, pp. 159-181.

利性行为和信息共享等内容。[1] 正式机制和非正式机制在跨部门合作中都是重要的。正式机制可能对于基于目标的努力或者复杂问题的解决更具意义，因为它依赖于具有约束力的协定，这些协定要求行动者的持续参与。[2] 因此，正式的合作更加具有结构性、稳定性，有合法的约束，能够降低不确定性和减少风险。维持稳定的最显而易见的机制是正式的等级制的形成。[3]

研究者认为，正式合作机制受组织的、环境的和制度的因素影响。[4] 进一步的研究提出，资源、同形压力、领导人特征和组织能力都是影响正式合作的重要影响。从资源因素看，正式合作是一种稳定和长期性的关系，能够帮助组织应对不确定性和不充分的资源。资源极度匮乏的小型组织更可能通过合作创造正式关系，这些组织寻求合作不仅仅是为了获得财务资源，它们也希望通过正式的合作安排来获取人力资源和基础设施资源。[5] 因此，一个组织的资源不充分性对跨部门合作正式机制的形成有积极影响。

---

[1] Geddes, L., In Search of Collaborative Public Management: The Prolific and Other Priority Offender Programme, *Public Management Review*, Vol. 14, No. 7, 2012, pp. 947-966; Mu, R., Jong, M., & Koppenjan, J., Assessing and Explaining Interagency Collaboration Performance: A Comparative Case Study of Local Governments in China, *Public Management Review*, Vol. 21, No. 4, 2019, pp. 581-605.

[2] Jang, H. S., Feiock, R. C., & Saitgalina, M., Institutional Collective Action Issues in Nonprofit Self-Organized Collaboration, *Administration & Society*, Vol. 48, No. 2, 2016, pp. 163-189.

[3] Terman, J., Feiock, R., & Youm, J., When Collaboration Is Risky Business: The Influence of Collaboration Risks on Formal and Informal Collaboration, *The American Review of Public Administration*, Vol. 50, No. 1, 2020, pp. 33-44.

[4] Gazley, B., Beyond the Contract: The Scope and Nature of Informal Government-Nonprofit Partnerships, *Public Administration Review*, Vol. 68, No. 1, 2008, pp. 141-154.

[5] Chao, G., Acar, M., Understanding Collaboration Among Nonprofit Organizations: Combining Resource Dependency, Institutional, and Network Perspectives, *Nonprofit and Voluntary Sector Quarterly*, Vol. 34, No. 3, 2005, pp. 340-361.

行业协会商会与政府共治：配合、协作与合作

　　同形压力也会对组织合作的正式性产生影响。组织总是处于一定的制度和社会环境之中，因此需要满足环境提出的合法性要求。①合作是建立合法性的手段之一。组织开展合作可能是因为相似的组织为遵从制度规范和期望的压力而开展了合作，它们常常为了复制从成功的组织中观察到的收益或更好的实践而合作。

　　领导个人特征对正式化合作同样产生影响。人际关系是合作安排的基础，体现为信任、共享规范和便利性行为。组织领域在形成、塑造和指导合作中扮演关键角色。因此，领导者的个人特征可能与合作的正式性相关。领导者的专业经验、先前的经历、性别都会影响合作的正式性。一般认为女性领导更喜欢合作。扎卡里·鲍尔（Zachary Bauer）等用黎巴嫩地方政府与 NPO 的数据检验了上述假设。②还有研究从微观层面对领导者的合作态度进行分类，提出狂热、厌恶、忧虑和冷漠等四种类型，认为合作态度可能会影响合作的类型或流程，比如当领导者对合作持有一种忧虑态度时，在合作中更有可能与合作对象制定一份具有保障举措的正式合同。③

　　组织能力对正式合作也会产生影响。合作需要延伸的协作和交流，需要有处理这类事务的优秀员工，组织也需要投入时间、财务资源和其他资源。相比较非正式合作而言，这些方面对员工的能力要求更高。因此，有更多员工的组织可能更依赖于正式合作，因为

---

① DiMaggio, P., Powell, W., The Iron Cage Revisited: Collective Rationality and Institutional Isomorphism in Organizational Fields, *American Sociological Review*, Vol. 48, No. 2, 1983, pp. 147-160.
② Bauer, Z., AbouAssi, K., & Johnston, J., Cross-Sector Collaboration Formality: The Effects of Institutions and Organizational Leaders, *Public Management Review*, Vol. 24, No. 2, 2022, pp. 159-181.
③ Tran, L., Avid, Averse, Apprehensive, or Apathetic? A Typology of Collaboration Attitudes, *Nonprofit Management and Leadership*, Vol. 34, No. 1, 2023, pp. 131-153.

它们有必需的员工能力。为取得绩效，需要关注合作的过程和结构。合作不是自我生产的，而是需要进行积极的管理。[1] 罗德（M. L. Rhodes）和默里（J. Murray）提出，合作首先是一个过程导向的系统，它依赖于过程特征，比如"面对面的对话、信任建构，以及承诺和理解的发展"，以及去创造能够加深信任、承诺和共享式理解的"小胜利"（small wins）。[2]

非正式合作可以采取支持、协作、信息交换、共享工作场所或设备、客户推荐、联合倡导等形式。这些机制的作用发挥必须以没有正式承诺和没有向另一个组织放弃决策权为前提。此外，领导者和员工的频繁且具有持续性的社会互动，创造了使协作者更加负责任的合作动力。[3] 林（P. S. Ring）等的研究表明，为了使合作进化，在个体关系、社会接触和非正式理解与沟通中体现出的集成性因素（integrative elements）需要成为聚合性因素（aggregative elements）的补充，后者主要体现为在正式组织角色和合法契约之中找到整合和扩张之间的适当平衡，而不是依赖于诸如同意的备忘录和标准化的操作流程等正式制度结构，可能是维持长期合作的关键。[4]

4. 跨部门合作过程模型

对跨部门合作中伙伴关系的关注主要包括有意识的合作策略计

---

[1] O'Leary, R., Gerard, C., & Bingham, L., Introduction to the Symposium on Collaborative Public Management, *Public Administration Review*, Vol. 66, No. S1, 2006, pp. 6-9.

[2] Rhodes, M. L., Murray, J., Collaborative Decision Making in Urban Regeneration: A Complex Adaptive Systems Perspective, *International Public Management Journal*, Vol. 10, No. 1, 2007, pp. 79-101.

[3] Gazley, B., Linking Collaborative Capacity to Performance Measurement in Government-Nonprofit Partnerships, *Nonprofit and Voluntary Sector Quarterly*, Vol. 39, No. 4, 2010, pp. 653-673.

[4] Ring, P. S., Van de Ven, A. H., Developmental Processes of Cooperative Interorganizational Relationships, *Academy of Management Review*, Vol. 19, No. 1, 1994, pp. 90-118.

划的形成和执行①,因而合作过程是研究者关注的一大重要问题。最常被引用的是对合作过程模式的三个阶段划分——问题设定（problem-setting）、方向设定（direction-setting）和结构化（structuring）。问题设定是指利益相关者的宣称被合法化以及与潜在的合作伙伴开始交谈。方向设定是这样一个阶段：利益相关者发现了共同的目标，包括表达共同价值和目标，这些将为达成一致共同目标的未来行为提供指导。结构化包括创造支撑和维系集体偏好与持续行为的结构。②桑德拉·沃多克（Sandra A. Waddock）在这一模式的基础上对跨部门社会合作伙伴关系（cross-sector social partnerships, CSSP）进行概念化，认为形成社会伙伴关系有四个阶段：（1）存在一种产生需要/使用伙伴关系认识的环境力量；（2）伙伴关系的启动，包括问题形成、联盟的建立和目的的制定；（3）建立；（4）成熟。这些进程是重复和周期性的，成功的伙伴关系的目标往往会随着时间的推移而扩大。③

史蒂夫·瓦德尔（Steve Waddell）和 L. 戴维·布朗（L. David Brown）提出了合作过程的五阶段模型：确定伙伴关系的先决条件；召集伙伴和确定问题；确定共同的方向；实施行动战略；制度化或扩大成功的部门间合作。④ 该模型为确定先决条件提供了一个独特的

---

① Huxham, C., Macdonald, D., Introducing Collaborative Advantage: Achieving Inter-Organizational Effectiveness Through Meta-Strategy, *Management Decision*, Vol. 30, No. 3, 1992, pp. 50-56.
② McCann, J. E., Design Guidelines for Social Problem-Solving Interventions, *Journal of Applied Behavioral Science*, Vol. 19, No. 2, 1983, pp. 177-189.
③ Waddock, S., Understanding Social Partnerships: An Evolutionary Model of Partnership Organizations, *Administration & Society*, Vol. 21, No. 1, 1989, pp. 78-100.
④ Waddell, S., Brown, L. D., Fostering Intersectoral Partnering: *A Guide to Promoting Cooperation Among Government, Business, and Civil Society Actors*, IDR Reports (Institute for Development Research, Boston, MA), 1997.

阶段，为实施行动战略提供了另一个阶段，使合作过程更加独特和更全面。

玛丽亚·梅·塞塔尼迪（Maria May Seitanidi）和安德鲁·克兰（Andrew Crane）在分析企业与非营利组织伙伴关系中建立了一个由经验延伸而来的三阶段模型：伙伴关系选择、伙伴关系设计和伙伴关系制度化，每个阶段又包括次级阶段，比如评估组织内部危机的影响是伙伴关系制度化阶段的一个子过程。[1]

阿梅莉亚·克拉克（Amelia Clarke）和马克·富勒（Mark Fuller）提出了跨部门治理合作策略管理的过程模型，并用两个案例加以验证。他们认为，该模型从两个方面对早期的合作模式提出了挑战：一是突出在合作和组织两个层面的执行；二是考虑不同类型的产出和反馈循环。在这一过程模型中，第一阶段是评估环境和伙伴关系的形成；第二阶段是合作策略计划的形成；第三和第四阶段是合作策略管理过程，包括通过审慎的和突发的方式执行合作策略计划。后两个阶段同时发生，执行的某些方面由伙伴关系共同制定，某些方面由伙伴在自己的组织中单独执行。[2]

5. 对跨部门合作的治理

治理结构是合作的催化剂。不同的治理安排与合作的产出效果相关。研究认为，治理安排与支撑高合作绩效的环境性因素相关，

---

[1] Seitanidi, M. M., Crane, A., Implementing CSR Through Partnerships: Understanding the Selection, Design and Institutionalisation of Nonprofit-Business Partnerships, *Journal of Business Ethics*, Vol. 85, 2008, pp. 413-429.

[2] Clarke, A., Fuller M., Collaborative Strategic Management: Strategy Formulation and Implementation by Multi-Organizational Cross-Sector Social Partnerships, *Journal of Business Ethics*, Vol. 94, 2010, pp. 85-101.

行业协会商会与政府共治：配合、协作与合作

包括结构性和环境性特征。① 比如，丹妮拉·克里斯托芙丽（Daniela Cristofoli）等认为，在合作的早期阶段，管理者应致力于提高行动者的连接（connectivity）和信任的特定行为。② 迈克尔·麦奎尔（Michael McGuire）强调目标共识、资源分配、伙伴关系、政策和策略性定位对确定治理安排的影响。③卡尔顿·阿布阿西（Khaldoun Abouassi）等发现，受社会传统和制度约束的驱动，性别对跨部门合作的治理结构产生影响。④

在合作中，组织都会进行组织内部管理和利用治理策略，希望能够在组织追求目标的过程中应对不确定性和复杂性。扎卡里·鲍尔等讨论了治理安排对跨部门（地方政府与 NPO）合作的影响，认为治理安排的形成虽然先于合作的正式谈判或是在谈判和执行阶段形成，但它可能有持续性影响。他们提出了合作的治理安排的四方面内容：发起（initiation）、资助（funding）、决策制定（decision-making）和协作（coordination）。前两者代表治理早期的决策，操作性的决策制定和协调者嵌入执行阶段。研究表明，治理安排与领导者觉察的合作绩效之间存在一定的联系。当一个组织直接致力于协调合作者的工作、行为、资源和伙伴关系时，觉察绩效会增长；相反，当一个组织负责决策制定时，觉察绩效会降低。此外，研究还发现，

---

① McGuire, M., Managing Networks: Propositions on What Managers Do and Why They Do It, *Public Administration Review*, Vol. 62, No. 5, 2002, pp. 599-609.
② Cristofoli, D., Trivellato, B., & Verzillo, S., Network Management as a Contingent Activity: A Configurational Analysis of Managerial Behaviors in Different Network Settings, *Public Management Review*, Vol. 21, No. 12, 2019, pp. 1775-1800.
③ McGuire, M., Managing Networks: Propositions on What Managers Do and Why They Do It, *Public Administration Review*, Vol. 62, No. 5, 2002, pp. 599-609.
④ AbouAssi, K., Bauer, Z., & Johnston, J., Collaboration, Venus, and Mars: The Gender Factor in Intersectoral Relations, *Journal of Public Administration Research and Theory*, Vol. 29, No. 1, 2019, pp. 18-31.

觉察绩效受到信任、关系绩效、服务类别和组织部门的影响。[1]

安·玛丽·汤姆森（Ann Marie Thomson）和詹姆斯·佩里（James L. Perry）试图打开合作过程的"黑箱"。他们发现在合作过程中存在五个不同维度的复杂结构：治理（governance）、管理（administrating）、组织自治（organizational autonomy）、互惠（mutuality）和规范（norms）。[2] 其中，治理和管理属于结构性维度，互惠和规范属于社会资本维度，组织自治属于机构维度。治理是合作的核心，包括谈判和承诺两个过程。管理是将治理转化为行动，是合作的关键维度，主要包括明确的角色和责任、设定边界的能力、具体可实现的目标和良好的沟通。组织自治关注的是合作中组织自我利益与合作的共同利益之间的张力。互惠根植于相互依赖关系，为从差异性中凝练出共性观点提供基础。互惠和规范可以从交互性和信任两方面来理解。交互性是成功的集体行动的关键要素，重复性的互动会带来更多的集体行动。信任是群体中的一种普遍信仰，认为其他群体将真诚地努力履行所有明确和暗示的承诺，将在任何谈判中做到诚实，并且不会从他人那里获取过多的好处，即使有机会这样做。

柯克·爱默生（Kirk Emerson）于2012年建构了一个合作治理集成框架。该框架由代表合作治理一般系统环境的三个嵌套维度构成：合作治理体制（collaborative governance regime，CGR）、合作的驱动力（collaboration dynamics）和行动。在一般系统环境外部是系统环境，或者说是影响CGR和受CGR影响的政治、法律、社会经

---

[1] Bauer, Z., AbouAssi, K., & Johnston, J. M., Governance Arrangements of Cross-Sector Collaboration and Its Effectiveness, *Nonprofit and Voluntary Sector Quarterly*, Vol. 52, No. 2, 2022, pp. 346-369.

[2] Thomson, A. M., et al., Collaboration Processes: Inside the Black Box, *Public Administration Review*, Vol. 66, No. Sl, 2006, pp. 20-32.

济、生态环境和其他的影响因素。系统环境产生机会以及从一开始和在一段时间内限制和影响合作的动态。从系统环境中产生驱动因素,包括领导力、结果激励、相互依赖和不确定性,这些因素有助于为 CGR 启动和设定方向。CGR 是该框架的核心,包括合作驱动力和行动,合作驱动力又包括原则性的参与(principled engagement)、共同的动机(shared motivation)和共同行动的能力(capacity for joint action)。[1]

约翰·布赖森(John M. Bryson)等分别在 2006 年[2]与 2015 年[3]对跨部门合作相关命题和理论框架进行了梳理和整合。在 2015 年的研究中,布赖森、芭芭拉·C. 克罗斯比(Barbara C. Crosby)和梅莉萨·米德尔顿·斯通(Melissa Middleton Stone)在综合既有研究的基础上建立了一个跨部门合作的整体性分析框架。该框架包括六大要素:一般先决条件(general antecedent conditions)、初始条件、驱动力和联结机制(initial conditions, driver, and linking mechanisms)、合作过程(collaborative processes)、合作结构(collaboration structures)、特定的冲突和张力(endemic conflicts and tensions)、责任和产出(accountabilities and outcomes)。他们还认为在合作情境中,过程和结构很难分离,它们共享三个要素:领导(leadership)、

---

[1] Emerson, K., Nabatchi, T., & Balogh S., An Integrative Framework for Collaborative Governance, *Journal of Public Administration Research and Theory*, Vol. 22, No. 1, 2012, pp. 1-29.

[2] Bryson, J. M., Crosby, B. C., & Stone, M. M., The Design and Implementation of Cross-Sector Collaborations: Propositions from the Literature, *Public Administration Review*, Vol. 66, No. S1, 2006, pp. 44-55.

[3] Bryson, J. M., Crosby, B. C., & Stone, M. M., Designing and Implementing Cross-Sector Collaborations: Needed and Challenging, *Public Administration Review*, Vol. 75, No. 5, 2015, pp. 647-663.

治理（governance）、能力和资质（capacity and competences）。[①] 在对合作过程和结构的治理中，布赖森等援引既有研究的观点认为，与组织治理的许多方面被视为"给予"不同，协作的治理通常通过频繁的、结构化的交流显现，这些交流发展了网络层面的价值观、规范和信任，使社会机制能够协调和监控行为。重要的合作治理主要包括外部的政府政策、强制性和成员中先前存在的关系，内部的网络规模、合作任务和成员间的信任水平，以及对诸如控制与信任、包容性与效率等张力的管理。

综上所述，跨部门合作理论包含丰富内容，其中跨部门合作的概念、成因和意义研究提供了理解跨部门合作的基础知识；跨部门合作机制、过程模型、跨部门合作治理等研究从微观层面揭示了跨部门合作的过程和原理，这些研究都与政会共治直接相关，为理解政会共治提供了多维度理论支撑。需要指出的是，跨部门合作研究均以"合作"为主题，而合作仅是跨部门互动关系中的一种类型，对合作以外的互动和讨论主要存在网络治理研究之中。

二、分析框架

本书旨在回答政会共治何以形成、政会共治具有哪些模式这两个核心问题，因而在理论分析框架的建构中，先讨论政会共治形成的宏观制度环境，在这一讨论中提出"共治式政社关系"这一新概念；接着界定"政会共治"的概念内涵，明确它与"政会伙伴关系""政会互动"等相关概念之间的联系与区别；再讨论政会共治的三种

[①] 能力主要指跨边界工作、分析和让利益相关者参与、从事策略性计划和参与团队工作的能力；资质主要指技术资格或能力和专业性能力。

行业协会商会与政府共治：配合、协作与合作

模式——配合型共治、协作型共治与合作型共治的边界；最后分析影响政府和行业协会商会在不同共治模式中作出选择的主要因素。

（一）共治式政会关系概念的提出

既有对中国国家与社会关系的研究是理解政会共治的重要前提，而政会共治实践也为理解国家与社会关系的新变化提供了实践基础。具体来说，改革开放后，行业协会商会经历了从无到有、从依附到独立的发展历程，是政府为了适应经济社会发展需要向社会放权的结果，但政府在减少硬性监管的同时仍加强柔性监管，掌握着对行业协会商会的最终控制权，行业协会商会的独立自主具有相对性。

另外，需要看到政会共治是政会关系发展中的重大进展。在脱钩改革之前，大量行业协会商会已经在协助政府开展行业统计、行业调查、行业安全生产督查等工作，这在浙江省温州市等民间商会发达的地方表现突出。但是，这时的政会互动是以体制内行业协会商会对政府的依附和体制外行业协会商会受制于"双重管理"体制为前提的，行业协会商会都不能算是独立自主的社会团体。这种独特的身份使政府始终在与行业协会商会的合作中居支配性地位，合作的内容和方式等都由政府单方面决定，行业协会商会几乎难以影响合作进程。显然，这与共治强调治理主体应具有独立身份并且具有谈判能力的预设相违背，因而难以称为政会共治。但是，脱钩改革使行业协会商会与行政机关实现了分离，这使政会互动的基础发生了重要改变，使政会共治成为可能，而从长远来看这必将对政会关系带来新的影响。

有研究关注到中国政府与社会组织等社会力量之间的协商对话对国家与社会关系的影响，并提出了政府—民间社团关系的"协商

式威权主义"模式。协商式威权主义将监管政府模式下,政府与相对自治的民间社团合作的观念与有关政府应引导民间社团以防止其演变成利益小团体从而避免社会动荡的观念进行了融合,其主要特征是政策制定和执行过程中的社会多元化参与以及多种政府间接控制手段的运用。尽管目标相同,但协商式威权主义模式下的社会多元化、政府的区别控制仍和原有的合作模式存在不同:一是民间社团不再是政府的附属,它们具备独立的机构、资源和项目,并且同一政策领域或地区内存在多家团体的竞争;二是政府控制机制更加复杂和更加间接。①

协商式威权主义对中国政府与社会组织关系进行了富有解释力的思考,在解释脱钩改革后的政会关系上同样具有解释力。但协商式威权主义概念建立在"协商式民主"概念的基础之上,侧重于强调政府与社会力量之间的"协商""咨询"和"共识",而不是关注政社之间的"共治"。如果说在21世纪的头十年,政府十分注重吸纳社会的意见,在积极推进协商民主的发展,那么,近些年政府则将推进社会力量参与社会治理作为国家治理现代化中的关键内容,不仅如此,共治是一个比协商更大的概念,在协作、合作两种共治模式中,主体间协商是应有内容。基于此,本书提出"共治式政会关系"概念,以概括当前政府与行业协会商会关系的整体特征,并在这一特征下进一步讨论政会共治的概念内涵和基本模式。

(二)政会共治的概念界定

"共治"是"共同治理"的简称,在学术研究中,"共同治理"

---

① 赵娜:《民间社团的发展:协商式威权主义在中国的兴起》,孟庆波译,载《国外理论动态》2014年第3期。

行业协会商会与政府共治：配合、协作与合作

概念并不经常被使用，在少数研究中当讨论多方主体合作时会用到"共治"，指称的是与共同计划（co-planning）、共同设计（co-designing）、共同管理（co-management）、共同递送（co-delivering）、共同评估（co-assessing）相区分的多个主体参与治理的过程。①

在何为治理这一问题上，英文学界有较明确的界定。罗茨（R. A. W. Rhodes）认为，"治理"概念非常流行，但是不精确，它至少有6种用法：最小的国家、公司治理、新公共管理、善治、社会控制系统和自组织网络。他提出，治理指的是自组织的跨组织网络，并且认为作为一种权威性地分配资源和进行控制和协调的治理结构，这些网络是对市场和等级制度的补充。在罗茨的理解中，治理强调的是一种网络结构，它以信任、相互调整和破坏根植于竞争的管理改革为特征，它们是对可治理性的挑战，因为它们变得自主并可能抵制中央指导。②

斯托克（Gerry Stoker）认为，治理是对"统治"的超越。统治是指在民族国家层次上运作的以维系公共秩序、便利集体行动的正式且制度化的过程。治理的本质在于它所偏重的统治机制并不依靠政府的权威或制裁。他围绕治理提出了五个论点：（1）治理指出自政府但又不限于政府的一套机构和行为体；（2）治理明确指出在为社会和经济问题寻求解答的过程中存在界线和责任方面的模糊之处；（3）治理明确肯定涉及集体行为的各个社会公共机构之间存在权力依

---

① Greenhalgh, S., Samarasinghe, O., Sustainably Managing Freshwater Resources, *Ecology and Society*, Vol. 23, No. 2, 2018, p. 44; Brudney, J., Cheng, Y., & Meijs, L., Defining and Measuring Coproduction: Deriving Lessons from Practicing Local Government Managers, *Public Administration Review*, Vol. 82, No. 5, 2022, pp. 795-805.

② Rhodes, R. A. W., The New Governance: Governing Without Government, *Political Studies*, Vol. 44, No. 4, 1996, pp. 652-667.

赖；（4）治理指行为者网络的自主自治；（5）治理认定办好事情的能力并不在于政府的权力，不在于政府下命令或运用其权威。政府可以运用新的工具和技术来控制和指引，而政府的能力和责任均在于此。①

国内学界对"治理"的概念界定多沿袭西方观点。最早引入这一概念的俞可平教授认为，治理的权威并非一定指的是政府机构，治理的主体既可以是公共机构，也可以是私人机构，还可能强调的是公共机构和私人机构的合作；治理是一个上下互动的管理过程，主要通过合作、协商、伙伴关系、确立认同和共同目标等方式实施对公共事务的治理；治理的实质在于建立在市场原则、公共利益和认同之上的合作。②

党的十八届三中全会通过的《中共中央关于全面深化改革若干重大问题的决定》提出，全面深化改革的总目标是"完善和发展中国特色社会主义制度，推进国家治理体系和治理能力现代化"。自此，"治理"在我国成为具有重要意义的关键概念。对于这一概念的解读，最多被引用的是王浦劬教授的界定。他仍然是从西方的"治理"概念出发，认为"西方治理理论已经形成多个流派，尽管如此，立足于社会中心主义主张去除或者弱化政府权威，取向于多中心社会自我治理，却是其基本政治主张和倾向"。他认为，治理主要意味着政府分权和社会自治。③

综上所述，治理在既有研究中是一个所指比较宽泛、意义并不

---

① 〔英〕格里·斯托克：《作为理论的治理：五个论点》，华夏风译，载《国际社会科学杂志（中文版）》1999年第1期。
② 俞可平：《治理和善治：一种新的政治分析框架》，载《南京社会科学》2001年第9期。
③ 王浦劬：《国家治理、政府治理和社会治理的含义及其相互关系》，载《国家行政学院学报》2014年第3期。

十分明确的概念,它更多地在倡导一种新的政治理念,关注的核心是公共事务管理中的权力结构与互动关系。因此,"治理"概念存在于更广泛的文献资料之中,对治理的讨论涉及政府的响应性监管、非正式合作、公私伙伴关系、跨部门合作、网络治理和利益相关者互动等十分丰富的内容,但无论对哪个方面的讨论,其核心关注点都是跨部门或网络合作中的主体间关系。

基于此,"共同治理"实际上与"治理"是相等同的概念,治理本身就强调主体的多元性,与共同的意义重叠,因而在治理前加上"共同"这一前缀通常发生在特定的讨论环境之中。如前文所述,研究者更多是在与"共同计划""共同递送"等概念相区分的意义上谈论"共同治理",强调的是与计划、递送等相区分的治理。故此,本研究将"政会共治"界定为政府与行业协会商会的共同治理,所强调的是在特定公共事务中,政府无法独立地实现治理目标,因而需要行业协会商会在不同程度上的参与,在参与过程中政府与行业协会商会会形成不同形态的互动关系。从本质上看,政会共治就是一种政会互动,是政府与行业协会商会围绕共同目标而形成的互动过程。

(三) 政会共治的三种模式

与"治理"这一概念相同,"政会共治"主要是倡导一种治理理念和治理方式的转变,认为由政府与行业协会商会构成的治理结构能够弥补等级制和市场机制的不足,但是政会共治如何开展却是需要深入讨论的问题。在对跨部门合作文献的介绍中可以看到,许多学者关注到不同组织或部门之间的互动并不只有合作这一种形式,研究者多认为配合和协作也是跨部门互动的重要方式。"合作""配合""协作"三个概念间存在一定的联系和区分。

安·玛丽·汤姆森认为,合作是一个自治的参与者通过正式和非正式的谈判、联合创制规则和结构来管理他们的关系和行动方式,或决定使他们走在一起的问题的互动过程,这是一个涉及共享规范和互利的互动。① 在汤姆森的研究中,访谈者将合作描述为"跟进了另一个人的鞋子中""是氢和氧结合成水"以及"将黄色和绿色的圈圈合成一个大的蓝色圈圈"。② 这即是说,合作是有共同目标的,在合作方收获各自目标的同时,合作有共同的并且是更大的产出。合作在文献中被用于广泛的视角,包括组织间关系、网络和集体行动的逻辑。

许多学者同意合作与配合、协作在互动的深度、整合性、承诺和复杂性上的区分,配合在光谱最低的一端,合作在最高的一端,协作处于两者之间。芭芭拉·格雷(Barbara Gray)认为配合和协作可以作为一个部分发生在合作的早期,合作是一个个长期的整合过程,通过这一过程,看见问题不同方面的合作方建设性地探索(explore)它们的差异性,寻找超越它们自身局限性的解决方法。③

科斯顿在关于政府与非营利组织关系模式的研究中区分了配合、补足与合作。在她的理解中,配合和协作是 NGO 与政府关系的不同形式。合作性安排(collaborative arrangements)要求权力的对称性,合作接受制度多元主义,存在高度的 NGO 与政府的联结,NGO 自治

---

① Thomson, A. M., *Collaboration: Meaning and Measurement*, Indiana University Bloomington, 2001.
② Thomson, A. M., et al., Collaboration Processes: Inside the Black Box, *Public Administration Review*, Vol. 66, No. Sl, 2006, pp. 20-32.
③ Gray, B., *Collaborating: Finding Common Ground for Multiparty Problems*, San Francisco: Jossey-Bass, 1989.

行业协会商会与政府共治：配合、协作与合作

（与政府有对称的权力关系）；合作是正式的，政府对 NGO 的政策是支持型的，存在信息分享、资源共享和联合行动，NGO 参与计划、政策和执行；合作是基于比较优势，双方在合作中共同受益。合作的主要存在形式为伙伴关系、互惠策略（mutualist strategy）和共同生产。配合是一个更加温和（milder）的概念，NGO 与政府的联结度低，只要求自由的信息流动，NGO 遵守政府的中立性政策。她认为真正的合作是很少的，NGO 被认为仅仅是政府意愿的执行者。[1]

阿迪尔·纳贾姆在第三部门与政府关系的四种模式研究文章中使用了四个概念：配合（cooperation）、对抗（confrontation）、补足（complementarity）和吸纳（co-optation）。他指出，文献中使用大量不同的概念给 NGO 与政府的配合关系贴标签，配合和共同生产（co-production）是其中的两个。在最弱的意义上，配合接受制度多元主义、有共同的目标、分享规范、开放的交流和一些协同行为。而合作的要求则更高，强调主体间的权力对称性。纳贾姆认为，配合和合作的边界比较模糊，但是他基于既有案例研究指出，配合需要主体间目标一致，目的和手段相同，如果一方的目的或手段不同，配合就无法形成。[2]

泽维尔·卡斯塔纳（Xavier Castañer）和努诺·奥利维拉（Nuno Oliveira）在《组织间合作、协作和配合：通过系统的文献回顾建立概念的明确含义》一文中专门讨论了"合作""协作"和"配合"

---

[1] Coston, J. M., A Model and Typology of Government-NGO Relationships, *Nonprofit and Voluntary Sector Quarterly*, Vol. 27, No. 3, 1998, pp. 358-382.

[2] Najam, A., The Four-C's of Third Sector—Government Relations, *Nonprofit Management and Leadership*, Vol. 10, No. 4, 2000, pp. 375-396.

三个概念的异同。① 他们在研究大量文献中的定义的基础上，提出了两个判别维度：时间阶段（the temporal stage）和目标类型（the type of goal）。时间阶段是指将决策/审议与目标实施区分开来的时间标记，而目标类型是指目标是私人的还是公共的。这两个判别维度可以区分协作和配合，并且能够表明合作不是协作和配合的简单相加。

时间阶段用以区分协作和配合。协作指与对共同目标的审议、谈判和达成一致相关的态度、行为和结果，而配合是指与共同目标的实现相关的态度、行为和结果。配合指与实现共同目标相关的态度、行为和产出。协作需要采取联合行动，因为它涉及通过组织合作关系中的双边或多方沟通达成目标共识。然而，配合并不被限制在伙伴们实际上或真实地在一起工作或保持双边交流这一情况。简言之，协作是指共同确定共同目标，而配合是指实现这些目标。

目标类型用以界定合作。所有的组织间关系中的目标都可分为私人目标和共同目标。尽管两种目标都在配合、协作和合作中被讨论，但卡斯塔纳和奥利维拉认为，区分目标的类型对于区分这三个概念尤为重要。他们认为除了共同目标之外，合作还包括私人目标，合作还具有清晰的动机（态度）维度，它可以推动不同于协作和配合的行为和结果。他们赞同既有研究中关于合作中存在情感、互助、互惠等利益的观点，认为这些规范和行为在协作和配合的界定中并不存在，因此提出"合作指志愿帮助其他伙伴实现跨组织关系中的

---

① Castañer, X., Oliveira, N., Collaboration, Coordination, and Cooperation Among Organizations: Establishing the Distinctive Meanings of These Terms Through a Systematic Literature Review, *Journal of Management*, Vol. 46, No. 6, 2020, pp. 965-1001.

行业协会商会与政府共治：配合、协作与合作

共同目标或者一个或多个他们的私人目标"①。

以上研究表明，组织或部门间的互动或网络关系存在三种形式：配合、协作和合作。既往研究更多关注的是合作，但有部分学者敏锐地观察到跨部门互动中不仅有合作，还有配合和协作，这与前述网络治理理论中部分学者认为网络存在三种类型或网络治理存在三种模式的观点相一致。这些研究为理解政会共治的具体过程提供了理论借鉴。基于此，本书将政会共治模式划分为配合、协作和合作三种类型，并综合既有文献的观点，从六个方面理解这三种模式的差异：持续性、共同目标、组织自治、结构性联系、正式性、回报与风险（见表3-1）。

表3-1 政会共治的三种模式

模式类型	持续性	共同目标	组织自治	结构性联系	正式性	回报与风险
配合型共治	短期	共同目标、独立的产出	保持自主性、独立行动	成员自由进出；松散灵活的联结	非正式	中等回报/低风险
协作型共治	中期	联合计划	保持自主性	成员有一定稳定性；中等联结	非正式或正式	更高回报/风险增加
合作型共治	长期	共同目标、形成新系统和运作机制	伴随分权的高度依赖、联合行动	成员离开传统的功能领域；紧密联结	正式	高回报/高风险

资料来源：作者根据文献和案例整理。

（1）持续性。持续性是指政会互动持续时间的长短。合作通常

---

① Castañer, X., Oliveira, N., Collaboration, Coordination, and Cooperation Among Organizations: Establishing the Distinctive Meanings of These Terms Through a Systematic Literature Review, *Journal of Management*, Vol. 46, No. 6, 2020, pp. 965-1001.

具有长期性；协作需要就共同目标进行协商和达成共识，一般会持续较长时间；配合只需要在共同目标下采取行动，在持续性上没有要求。

（2）共同目标。共同目标是政会双方一致追求的目标，区分于政府和行业协会商会各自的私人目标。配合、协作和合作都存在共同目标，但是配合关系中的共同目标是单方提出的，另一方不参与目标的制定，但认可该目标。协作通常被理解为形成共同目标的过程，双方要经过协商和谈判，最后达成共识。合作以具有长期性的共同目标为基础，这一目标同样是双方协商和谈判的结果。

（3）组织自治。组织自治是指共治过程中政府与行业协会商会组织自主权的实现情况。配合和协作都以组织保持自治为前提。在配合中，行业协会商会只是根据政策目标行动，与政府不产生联合行动，组织自治不受影响。在协作中，双方虽然有联合行动，但各自保持自治，不因联合行动而让渡权力。合作强调组织间权力的对称性，在合作关系中，行业协会商会是与政府相独立的具有自主性的合作者，但是双方要为达成共同目标而对组织自主性进行限制，在紧密的互动中形成基于分权的依赖关系。

（4）结构性联系。结构性联系是指共治过程中政会之间结构化的联系。配合型共治中不存在或仅存在松散灵活的结构性联系，比如信息交流，因此，配合可以被理解为一种开放的系统，成员可以自由进出，不受契约约束。协作关系中有中等水平的结构性联系，政会双方在信息、资源等多个方面实现共享，也因此，协作具有一定的稳定性，成员进出受到一定限制。合作关系体现出高水平的结构性联系，政会双方通过书面协议、合同等方式约定彼此的权利和义务，有些内容甚至是为了实现共同目标而创设，已经超出了各方传统的功能领域。

（5）正式性。正式性是指共治通过正式规则加以规定的水平。从配合到协作、合作，正式性程序逐渐提升。配合是非正式的，政会双方没有正式约定。协作可以是正式或非正式的，也可以是半正式的，政会双方既可以通过正式的谈判来达成共识，也可能通过私人接触和关系动员来促进共同目标的形成；既可以将所取得的共识契约化，也可以使之成为一种口头承诺。与配合与协作相比，合作的正式性更高，合作意味着更高层次的集体行动，是政会双方之间更具长期性的正式关系。

（6）回报与风险。共治对双方来说都以回报为目标，同时也存在一定的风险。配合型共治对行业协会商会来说是回报率最低的选择，但仍然可以通过配合政府实现政策目标而获得被政府承认的机会并进而可能获得政府资源；而对政府来说，配合的行业协会商会越多，政策目标越能够得以实现，相应地，双方几乎不会面临风险。协作型共治的回报与风险相应增加，成功的协作可以澄清双方的共同目标，而失败的协作则意味着这一过程中的努力将被浪费。合作型共治面临高回报和高风险。政会双方为共同目标而开展联合行动、让渡部分组织自治权，甚至可能共同组建新组织，这意味着双方对可观利益的预期，但要实现这样的目标也需要投入大量精力，一旦合作成功，双方即实现共赢，否则将面临较大损失。

综上所述，本书将政会共治的三种模式界定如下：

（1）配合型共治是指行业协会商会认同政府的政策目标，采取与政策要求相一致的行动，能够在一定程度上促进政策目标的实现，除政策信息以外，双方没有其他的共享资源。由于通常不存在政府配合行业协会商会实现行业协会商会目标的行为，因此，政会配合型共治具有单向性特征。但是在其他领域的多主体间互动中，比如在非营利组织与企业的互动中，可能存在双向的配合行为。

（2）协作型共治是指行业协会商会与政府通过互动达成共同目标，共享信息等资源。协作以共同目标的达成即联合计划为核心，虽然不排除联合行动，但联合行动通常以组织的完整自治权为前提。

（3）合作型共治是政会互动的最高水平，指的是双方为达成共同目标，共同计划、联合行动的正式互动过程，主要以书面契约为基础。双方在合作中全面共享资源，为实现共同目标而进行组织自治权的让渡。合作是正式的，正式机制发挥主导性作用，与此同时，非正式机制也有用武之地，人际交往、情感、信任等因素可能是合作产生的必要原因，也可能在合作中不断被发展和加深，从而使合作更为稳定。

配合、协作与合作型共治存在显著区分，但三者不是线性关系。合作并不一定要经过配合和协作两个环节，但是配合和协作有助于双方加强互动和建立合作关系。此外，配合、协作与合作型共治可能存在于同一家行业协会商会与政府的互动中。同一组织面对不同事务采取不同的共治模式，在理论上具有合理性。

需要指出的是，政会共治及其所包含的配合、协作和合作概念与既有研究中政会关系模式中出现的一些概念是何关系，同样是值得讨论的问题。以科斯顿提出的八种政会关系模式（压制、对抗、竞争、合约、第三方治理、配合、补足和合作）为例，压制、对抗、竞争体现的是政会之间的分离，合约、第三方治理、配合、补足和合作体现的是政会之间的正向联系，显然，政会共治是政会之间的正向联系。从互动性看，这八种模式并不必然都是政会互动，压制与补足更有可能是单方面的，对抗可能是双方面的，而合约、第三方治理、配合和合作都是政会双方的共同行为，以互动的形式存在。

因此，可以认为，政会共治是政会互动的具体形式。科斯顿将合约看作政社关系的一种模式，事实上，合约可能存在于协作和合作之中，或者说合约通常不是单独存在，而是具体的政会共治中的应有内容。此外，科斯顿没有提及协作，但如前文所述，协作在其他多篇文献中同样作为政会互动形式而存在。基于此，本书尝试在借鉴科斯顿观点的基础上对政会关系进行整体性思考，将政会关系划分为压制、对抗、竞争、配合、协作、合作六种模式，前三种模式属于政会分离，后三种模式属于政会共治（图3-1）。

```
压制    对抗    竞争    配合    协作    合作
├──────┼──────┼──────┼──────┼──────┼──────┤
        政会分离                政会共治
```

图 3-1　政会关系的六种模式

资料来源：作者根据资料分析整理。

压制是指政府采取压制行业协会商会发展的不利政策，不向行业协会商会提供强制性的支持服务。对抗是指政府向行业协会商会提供强制性的支持服务，但是规制、强制性程序等政策对行业协会商会而言是不利的。竞争是指政会双方在权力、资金、社区贡献等方面存在竞争，行业协会商会被政府视作批评者和竞争对象。配合是指行业协会商会与政府在特定事务上存在共同目标和相同手段，但彼此独立行动。协作是指政会双方经过协商互动就特定事务达成共同目标。合作是指政会双方为实现共同目标调适自身行为以获得最大的共同利益。这种划分不再使用"第三方治理""合约"和"补足"概念，尽管它们与政会共治有一定的关联，但不构成明确的共治模式，第三方治理包含宽泛内容，合约是共治中的一种正式机制，而补足侧重于解释非营利组织与政府合作的原因。

（四）政会共治模式的适用性

三种共治模式的存在提出了另一个值得探讨的问题，即哪些因素影响行动者是否共治和如何共治？换言之，不同共治模式适用于何种治理情境？已有研究指出，对网络治理取向的解释需要将结构性因素与行动性因素结合起来。[1] 在这一思路下可以认为，网络关系中互动过程的发展主要取决于制度特征和互动情景特征，前者主要指资源和规则，后者主要包括行动者以及他们的利益和策略。[2] 政会共治多元模式的形成与匹配同样需要从制度和行动两个维度加以理解。

（1）就制度特征而言，政会共治的形成依赖于特定的资源和规则条件。在资源方面，脱钩之前的行业协会商会对政府具有依附性，双方在资源上不独立，共治难以形成。脱钩改革使行业协会商会与行政机关实现分离，并且形成共生关系[3]，也即行业协会商会与政府存在物质、信息等资源互换的可能和必要性[4]，这使共治成为可能。进一步地，行业协会商会与政府之间的资源依赖程度决定了双方对共治模式的选择。比如在政府需要行业协会商会贡献其独特专业化资源的时候，双方可能形成协作或合作关系，比如在行业人才培训方面，政府依赖于行业协会商会对专业人才需求的专业性判断以及行业协会商会所拥有的人才培训师资等资源，因此，政府通常会与

---

[1] Blom-Hansen, J., A New Institutional Perspective on Policy Networks, *Public Administration*, Vol. 75, No. 4, 1997, pp. 669-693.

[2] Klijin, E. H., Koppenjan, J., Public Management and Policy Networks: Foundations of a Network Approach to Governance, *Public Management: An International Journal of Research and Theory*, Vol. 2, No. 2, 2000, pp. 135-158.

[3] Douglas, A. E., *Symbiotic Interaction*, Oxford University Press, 1994.

[4] 罗文恩、王利君：《从内嵌到共生：后脱钩时代政府与行业协会关系新框架》，载《治理研究》2020年第1期。

行业协会商会与政府共治：配合、协作与合作

行业协会商会协商行业人才培训目标，并为行业协会商会开展培训工作提供一定的政策支持，但往往并不直接介入培训过程，因而双方在行业人才培训中结成多维协作关系；在更具依赖性的领域，比如政府高度依赖行业协会商会提供行业安全信息，并需要与行业协会商会一起对案例信息进行分析研判，在这种情况下，政会之间的互动更多呈现合作特征。

在规则方面，脱钩改革使行业协会商会与政府成为异质性主体，这激活了原来已经存在的一些政会互动规则，并促使新规则出台。在脱钩改革之前虽然存在一些政会互动的政策规定，比如2013年国务院颁布政府购买服务的指导意见，但由于政会关系一直未能厘清，该意见仅在部分地方和行业得到有效执行。脱钩改革之后，政会之间应建立规范的财务关系，这意味着政府只能通过购买服务等方式向行业协会商会委托项目，这极大地推进了政府购买服务政策的实施。除此之外，脱钩改革的两大文件①和《行业协会商会综合监管办法》对脱钩后如何建设政会关系提出了要求，比如提出"深化'放管服'改革，鼓励行政机关向符合条件的行业协会商会和其他社会力量购买服务，鼓励和支持行业协会商会参与承接政府购买服务"，"建立协会商会与政府间的信用信息互联共享机制，推进行业自律和监管执法的良性互动"等。从总体上看，当前政会共治的基本规则已经较为完备，这为实践发展提供了有力支撑。

（2）互动情境特征是讨论政会共治模式多样性时需要考虑的另一个重要因素。如果说制度特征体现了政会互动的宏观政策背景和组织间的资源关系，那么，互动情境特征所体现的是互动微观过程

---

① 即《行业协会商会与行政机关脱钩总体方案》与《关于全面推开行业协会商会与行政机关脱钩改革的实施意见》。

中的利益和策略。当行动者没有发现共治中的收益或对控制互动的成本和风险缺乏信心时,他们可能表现出对互动的冷漠,不进入互动或停止互动。换言之,"行动者没有意识到相互依赖性、利益冲突、互动成本和博弈风险都是互动失败的原因"[1]。

从利益的角度看,正如既有研究所揭示的,只有政会双方找到了利益契合点,互动和合作才可能形成。[2] 在行业协会商会与政府的共治实践中,可以清晰地看到利益的存在与获益程度的差异。比如,在行业人才培训和产品质量安全信息监测试点工作中,政会之间存在直接的利益联结并且双方的回报水平明显上升,两者相比较而言,由于信息监测试点直接关系公共利益,所以政府和协会能够从中收获的不仅有工作绩效,还有其他大量溢出性收益,比仅产生行业影响的人才培训工作有更大的收益。可以说,利益水平的差异对共治模式的选择影响甚大,一般而言,双方都倾向于在收益水平更高的情境中采取更加密切的互动方式,以共同争取更好的产出。

从策略的角度看,对网络本身的管理是网络治理的重要构成,策略在对网络的管理中必不可少,直接影响网络规则的形成。常见的网络管理策略包括提高双方对特定议题或解决方式的认知、建立临时的组织性安排、通过过程和冲突管理来提升和监督互动。[3] 策略使用是行动者的单方行为,但可能会与对方的策略存在不一致和冲

---

[1] Klijin, E. H., Koppenjan, J., Public Management and Policy Networks: Foundations of a Network Approach to Governance, *Public Management: An International Journal of Research and Theory*, Vol. 2, No. 2, 2000, pp. 135-158.
[2] 江华、张建民、周莹:《利益契合:转型期中国国家与社会关系的一个分析框架——以行业组织政策参与为案例》,载《社会学研究》2011年第3期。
[3] Klijin, E. H., Koppenjan, J., Public Management and Policy Networks: Foundations of a Network Approach to Governance, *Public Management: An International Journal of Research and Theory*, Vol. 2, No. 2, 2000, pp. 135-158.

突的地方，也会受到对方策略的影响，因此，行动者需要对自身的策略能力开展评估。在前述制度和利益条件都具备的前提下，如果能够有效利用策略影响政会共治规则的形成，使回报和风险可控，那么行动者通常倾向于采用联结更加紧密的共治模式。

综上所述，政会共治之所以存在多种模式与行动者具有的制度特征和互动情境特征密切相关，这也为行动者有选择地匹配模式提供了基本框架（见表3-2）。在实践中不难看到，在脱钩改革之前，由于绝大多数行业协会商会依附于政府，政会互动的制度安排相对欠缺，政会共治仅存在于民间商会比较发达的地区，且共治的领域比较狭窄。2015年新一轮脱钩改革之后，行业协会商会彻底与行政机关实现了分离，以此为基础，政会互动规则更加具有组织间互动规则的特征，也更为健全。与之相伴随，政会共治越来越多地出现在双方利益契合、风险可控的情境之中，并且呈现多样化发展态势。

表3-2 政会共治多元模式的适用条件

模式类型	制度特征		互动情境特征	
	资源	规则	利益	策略
配合型共治	资源依赖程度较低	异质性身份	中等收益	无要求
协作型共治	中等程度的资源依赖	异质性身份/互动规则	较高收益	有一定的策略能力
合作型共治	资源依赖程度高	异质性身份/互动规则	高收益	能有效利用策略

资料来源：作者根据文献和案例整理。

第四章

政会脱钩改革历程与成效

中华人民共和国成立以来，伴随着国家经济、社会和政治体制的不断调整，我国行业协会商会经历了"从有到无"再"从无到有"的变化历程。[①] 改革开放后，行业协会商会作为一种有效的市场治理机制，成为推动行业经济与社会发展的重要力量。与此同时，由于行业协会商会多为市场经济建设过程中由行业管理部门转制而来，因而与政府部门的关系密切。行业协会商会发展受到行政化色彩浓、自主性不足、治理结构不健全、监督管理不到位等因素制约，难以充分发挥在经济新常态与国家治理现代化中的作用。[②] 对此，自20世纪90年代中后期开始，我国陆续开展多轮政会脱钩改革，从政会"人事关系脱钩"到"四脱钩"再到"五脱钩"，持续调整和规范政会关系。本章对政会脱钩改革的背景、历程、成效和脱钩改革对政会共治关系的影响等四个方面进行具体阐述。

---

① 郁建兴、周俊、张建民等：《全面深化改革时代的行业协会商会发展》，高等教育出版社2014年版。
② 沈永东、宋晓清：《新一轮行业协会商会与行政机关脱钩改革的风险及其防范》，载《中共浙江省委党校学报》2016年第2期。

行业协会商会与政府共治：配合、协作与合作

一、政会脱钩改革的背景

　　行业协会商会在我国有着悠久的发展历史。中华人民共和国成立后，行业协会商会在发挥了短暂的政治功能后陷入停滞发展状态。从整体上看，行业协会商会的复苏始于改革开放初。1978年，改革开放使我国的经济社会结构发生了全面而深刻的变化，其中最重要的表现之一是民营经济获得迅速发展，原有的行业管理体制面临转变的需要。① 在此契机下，工商联（总商会）组织恢复重建，行业协会商会也在政府的推动下逐渐发展起来。其后，在考察国外行业协会商会的基础上，国务院提出"按行业组织、按行业管理、按行业规划"原则开展组建行业协会的试点工作，先后成立中国质量管理协会、中国包装技术协会等行业性、专业性协会。然而，最初的一批行业协会大多是由政府部门建立甚至直接转制成立的，大部分基本保持了原有部委的基本格局②，被赋予了行政性职能，并由政府给编制、定职级、下拨经费，具有浓厚的官办色彩，缺乏独立性③。因此，这一时期，无论是工商联（总商会）还是行业协会的作用都非常有限，政府在经济发展和行业治理中占据主导地位。

　　改革开放后，随着民营经济的发展，广东、浙江等地出现了民间商会。与体制内分离出来的行业协会不同，民间商会是民间结社的产物。与历史上的行会、会馆等民间性行业组织也不同，民间商会是市场经济的产物。浙江省温州市是改革开放后中国民营经济发展最快的

---

① 郁建兴等：《行业协会管理》，浙江人民出版社2010年版。
② 贾西津、张经：《行业协会商会与政府脱钩改革方略及挑战》，载《社会治理》2016年第1期。
③ 徐家良：《互益性组织：中国行业协会研究》，北京师范大学出版社2010年版。

城市之一，也是民间商会最先发展的城市。温州市的民间商会从20世纪80年代中期开始形成。而后，在政府赋权和自主治理能力不断提高的情况下，温州商会在整顿市场秩序、提高产品质量、保护知识产权、促进产业集群、加强行业品牌建设、突破国际贸易壁垒等方面发挥了重要作用。尽管因较为显著的体制外生长特征和较强的自主性，温州商会被誉为"真正的民间商会"[1]，但事实上，温州商会的作用发挥同样需要政府赋权，商会与政府之间不能说是相互依赖关系，但商会在一定程度上仍表现出对政府的依附性。[2]

20世纪90年代初期，随着市场经济的地位被确立，无论是自上而下的行业协会，还是根植于市场经济的民间商会均开始受到政府重视。一方面，政府继续鼓励行业协会商会在行业自律、行业协调、行业服务等方面发挥作用，提出要"发挥行业协会、商会等组织的作用"[3]，但是由于当时对行业协会商会的认识还不到位，对于如何发展行业协会商会无法形成整体思路；另一方面，行业协会商会在发展中开始暴露出一些问题，这突出地体现在最初的一批行业协会是从政府机构改制而来，高度依赖于政府，缺乏独立性；随后出现的由企业家自主创建或在政府的支持下由企业家创建的行业协会商会虽然有一定的自主性，但受制于"双重管理"体制，仍需接受业务主管单位在人事、财务、重大活动等方面的安排或审批。因此，无论是官办、半官办或市场型行业协会，都在一定程度上存在受制

---

[1] 郁建兴、江华、周俊：《在参与中成长的中国公民社会：基于浙江温州商会的研究》，浙江大学出版社2008年版。
[2] 王诗宗：《行业组织的存在基础和权力来源——对温州商会的社会合法性考察》，载《中共浙江省委党校学报》2004年第2期。
[3] 1993年党的十四届三中全会通过的《中共中央关于建立社会主义市场经济体制若干问题的决定》。

于行政机关、治理结构不健全等问题，而这些问题又进一步束缚着行业协会商会功能的发挥。

因此，从20世纪90年代中后期开始，我国开始采取措施对行业协会商会进行改革。改革主要围绕"去行政化"这一主旨进行，改革的具体目标是实现行业协会商会与行政机关分离，完善行业协会商会管理体制，建立新型政会关系。

二、政会脱钩改革的历程

为推进行业协会商会"去行政化"进程，从20世纪90年代开始，政府陆续颁布相关政策，先后开展政会"人事关系分离""四脱钩"和"五脱钩"改革。[①]

（一）政会"人事关系分离"（20世纪90年代—2004年）

政会脱钩改革开始于社会团体与政府的人事关系分离改革。人事关系分离改革的目标是加快政府职能转变，发挥社会团体的独立作用，同时使各部门领导能够集中精力做好行政工作。1991年《中央组织部、民政部、人事部、财政部、劳动部关于全国性的社会团体编制及其有关问题的暂行规定》要求在行政编制、事业编制之外，设立社会团体编制，并强调"编制管理部门不再对社会团体核定行政和事业编制。原使用行政和事业编制的社会团体，应持原编制批件到民政部门登记，并在一定期限内转为社团编制"。此工作为后续全国性社会团体的编制和经费清理工作奠定了基础。1994年《国务

---

① 吴昊岱：《行业协会商会与行政机关脱钩：政策执行与政策特征》，载《治理研究》2018年第4期。

院办公厅关于部门领导同志不兼任社会团体领导职务问题的通知》对社会团体的人事"去行政化"提出了要求。

此后，人事分离工作一直被积极推进。1998年，中共中央办公厅、国务院办公厅联合发布《关于党政机关领导干部不兼任社会团体领导职务的通知》，进一步扩大了不得兼任社会团体领导职务的领导干部范围和社团领导职务范围，前者包括县及县以上各级党的机关、人大机关、行政机关、政协机关、审判机关、检察机关及所属部门的在职县（处）级以上领导干部，后者包括社会团体的会长（理事长、主席）、副会长（副会长、副主席）、秘书长，分会会长（主任委员）、副会长（副主任委员），但不包括名誉职务、常务理事、理事。该通知同时规定了经批准兼职的人员需按照所在社团的章程履行规定程序，到相应的社会团体登记管理机关办理有关手续。民政部在对该通知的解释中还提出，在社会团体中任职的领导干部不得领取社会团体的任何报酬。1998年的通知及其解释非常明确地在政府与社会团体人事关系间划清了界限，但也留下了特殊情况下可兼任的空间。

1994年及1998年的两份通知和相关工作取得了显著成效，但并没有作用于所有类型的社会组织，比如对行业协会商会的影响就相对较少。这主要是因为，1994年行业协会商会的改制工作尚未完成，这一时期，虽然已经存在一批官办的全国和地方性行业协会商会，但对经济管理体制的改革仍在进行中，行业协会商会的行业管理功能不可或缺，而且这一时期对行业协会商会的认识还不到位，对如何发展行业协会商会缺乏整体性思路。1997年，国家经贸委办公厅印发《关于选择若干城市进行行业协会试点的方案》，提出试点的目的在于"通过实践，在如何建设和发展适应具有中国特色的社会主义市场经济要求的行业协会问题上，探索出一条路子来"。该方案对行业协会商会的身份定位是"联系政府和企业的桥梁、纽带""政府的参谋和助手",认为行业协会商会的主要职能是服务政府和会员,发挥"自律性行业管理功能"。该方案还提出,财政应该给予试点行业协会商会一定的经费扶持,并且应为试点行业协会商会解决一定编制职数。这些规定显然与国务院关于政会人事分离的精神相违背,也表明当时对"人事分离"和"去行政化"、社会组织"自治"等问题还缺乏通盘考虑。①

1999年,在行业协会试点工作取得初步成效后②,《国家经贸委关于加快培育和发展工商领域协会的若干意见(试行)》提出,行业协会应"坚持自立、自治、自养的原则",履行为会员企业服务和维权等基本职能,并要求按照"政社分开"原则积极探索行业协会管理模式,从而明确了协会的身份定位和政会关系的基本改革方向。此后,各地开始着手政会"脱钩"工作,比如南京市2003年曾宣布,要在一年内全面完成政会脱钩,国家公务员和参照国家公务员管理的人员不得在行业协会商会兼职,凡是兼职的必须辞去行业协会商会职务或辞去公职。③

(二)政会"四脱钩"(2005—2014年)

2005年3月,《关于促进行业协会商会改革与发展的若干意见》(征求意见稿)发布,提出行业协会商会要从职能、机构、工作人员和财务等四个方面与政府及其部门、企事业单位彻底分开。虽然只

---

① 周俊:《社会组织管理》,中国人民大学出版社2015年版。
② 1997年,为贯彻党的十四届三中、五中全会和八届人大四次会议精神,发挥行业协会作用,加强行业管理,国家经贸委办公厅印发了《关于选择若干城市进行行业协会试点的方案》,选择上海、广州、厦门和温州四个城市作为行业协会的试点城市,希望通过行业协会试点明确行业协会的地位、职能和作用,探索具有中国特色行业协会的基本模式。
③ 周俊:《社会组织管理》,中国人民大学出版社2015年版。

是征求意见稿,但政会分开的政策思路已然清晰。此后,各地纷纷启动政会"四脱钩"工作,浙江和广东两省的改革成效尤为突出。①比如,浙江省温州市于2006年启动行业协会商会脱钩工作,到2008年7月,温州市行业协会商会与行政机关在人员、机构、财务、职能、编制等方面基本实现脱钩;又如,广东省于2006年发布《关于发挥行业协会商会作用的决定》,要求消除行业协会商会的官办色彩,提出行业协会商会要实现无行政级别、无行政事业编制、无行政业务主管部门,真正成为具有行业性、民间性和自主性特征的独立社会团体法人。

政会"四脱钩"工作在2007年前后形成了一个高峰,广东、浙江、江苏等多个省份都在这一时期宣布基本完成了脱钩。但从总体上看,这项工作开展得既不平衡也不彻底。"不平衡"主要是指有些地方并没有全面落实脱钩政策,即使在领导干部兼职这一显示度极高的问题上也是如此。"不彻底"主要是指,政会脱钩从政策上看应包括"职能、机构、人员和财务"四个方面的分离,但各地着力推进的主要是机构、人员和财务分离,职能分离工作的进展非常缓慢。②

职能转移既是政会脱钩过程中的难点,也是决定脱钩成败的关键举措③,但是对行业协会商会与政府之间的职能进行界定已非易事,要进行职能转移更是难上加难。为加快对行业协会商会的职能转移,政府曾多次出台相关政策。其中,十分重要的一个文件是2007年《国务院办公厅关于加快推进行业协会商会改革和发展的若干意见》,该意见提出:"各级人民政府及其部门要进一步转变职能,

---

① 周俊:《职能分离决定政会脱钩成败》,载《中国社会组织》2015年第19期。
② 周俊、宋晓清:《行业协会的公共治理功能及其再造——以杭州市和温州市行业协会为例》,载《浙江大学学报(人文社会科学版)》2011年第6期。
③ 周俊:《职能分离决定政会脱钩成败》,载《中国社会组织》2015年第19期。

行业协会商会与政府共治：配合、协作与合作

把适宜于行业协会行使的职能委托或转移给行业协会。"

在中央的推动下，许多地方颁布了向行业协会商会转移职能的政策文件，如2010年2月江苏省无锡市出台了《无锡市政府购买行业协会商会公共服务实施办法（试行）》和《无锡市行业协会商会承接政府有关职能的实施意见》；2010年4月，浙江省温州市出台了《关于开展政府技术性服务性职能向行业协会商会转移试点的实施意见》；2010年6月，浙江省绍兴市出台了《关于开展政府部分职能向行业协会商会转移试点的实施意见》。继政策文件出台后，政府向行业协会商会转移职能试点工作陆续推进，并取得一定成效。

2013年9月26日，国务院办公厅发布《国务院办公厅关于政府向社会力量购买服务的指导意见》，明确要求在公共服务领域更多利用社会力量，加大政府购买服务力度。其后，许多地方出台政府向社会组织购买服务的指导意见或政策方案，其中包括向行业协会商会转移职能的规定，这些规定有力地推进了政府向行业协会商会转移部分职能和政府购买行业协会商会服务的工作。

党的十八大、十八届三中全会的召开为经济社会发展与改革指明了新方向，我国进入全面深化改革时期。新时期，推进行业协会商会的去行政化改革，对于完善政府与市场关系、政府与社会关系都十分重要，因而脱钩改革再度被摆上政府议程。2014年前后，山西、陕西、山东等地积极推进行业协会商会去行政化工作，出台了相关文件。[①]

[①] 例如，山西省纪检委、省委组织部、省监察厅、省民政厅等部门联合印发《山西省全省性社会团体清理规范工作方案》；中共陕西省委组织部、省监察厅、省民政厅印发《关于清理规范党政机关领导干部兼任社会团体领导职务的通知》；山东省委办公厅、省政府办公厅印发《关于对相关人员在行业协会商会类社会组织兼职（任职）进行清理整顿的通知》；中共湖北省委组织部、湖北省民政厅印发《湖北省关于规范退（离）休领导干部在社会团体兼任职务的规定》。

(三）政会"五脱钩"（2015年至今）

行业协会商会去行政化改革虽然取得了显著进展，但是最重要的改革目标——"政会分开"却一直未能全面实现，尤其是在中央层面上，由于历史原因，国家级行业协会商会与政府的关系难以分割。此外，在一些经济发展相对落后的地区，由于改革的滞后，行业协会商会的行政化色彩仍然十分浓厚。[1] 为此，2015年7月8日，中共中央办公厅、国务院办公厅印发《行业协会商会与行政机关脱钩总体方案》（以下简称《总体方案》），提出要厘清行政机关与行业协会商会的职能边界，促进行业协会商会成为依法设立、自主办会、服务为本、治理规范、行为自律的社会组织。依据社会化、市场化的改革方向，《总体方案》提出了"五分离、五规范"的改革内容。"五分离"指机构分离、职能分离、财务资产分离、人员管理分离及党建、外事等事项分离；"五规范"指规范综合监管关系、规范行政委托和职责分工关系、规范财产关系、规范用人关系、规范管理关系。同时，为推动改革的顺利实施，国务院相关部委根据《总体方案》出台了一系列的配套政策，对"五方面"的分离与规范中较为模糊和有争议的问题进行了详细解释和规定，初步形成了一个较为完整的脱钩政策体系（见表4-1）。

---

[1] 贾西津、张经：《行业协会商会与政府脱钩改革方略及挑战》，载《社会治理》2016年第1期。

行业协会商会与政府共治：配合、协作与合作

表 4-1 新一轮政会脱钩改革政策汇总

政策内容	发布时间	政策名称	发布单位
总体部署	2015.07	《关于做好全国性行业协会商会与行政机关脱钩试点工作的通知》	民政部、国家发展改革委
	2015.07	《关于成立行业协会商会与行政机关脱钩联合工作组的通知》	国务院办公厅
	2015.07	《行业协会商会与行政机关脱钩总体方案》	中共中央办公厅、国务院办公厅
	2016.07	《关于做好第二批全国性行业协会商会与行政机关脱钩试点工作的通知》	行业协会商会与行政机关脱钩联合工作组办公室
	2017.01	《关于做好地方行业协会商会与行政机关脱钩第二批试点工作的通知》	行业协会商会与行政机关脱钩联合工作组办公室
	2017.02	《关于做好第三批全国性行业协会商会与行政机关脱钩试点工作的通知》	行业协会商会与行政机关脱钩联合工作组办公室
	2019.06	《关于做好全面推开地方行业协会商会与行政机关脱钩改革工作的通知》	行业协会商会与行政机关脱钩联合工作组办公室
	2019.06	《行业协会商会与行政机关脱钩联合工作组办公室关于做好全面推开全国性行业协会商会与行政机关脱钩改革工作的通知》	行业协会商会与行政机关脱钩联合工作组办公室
	2019.06	《关于全面推开行业协会商会与行政机关脱钩改革的实施意见》	国家发展改革委、民政部、中共中央组织部等部门
机构分离与规范	2016.12	《行业协会商会综合监管办法》	国家发展改革委、民政部、中共中央组织部等部门
职能分离与规范	2015.09	《关于做好行业协会商会承接政府购买服务工作有关问题的通知（试行）》	财政部

（续表）

政策内容	发布时间	政策名称	发布单位
资产财务分离与规范	2015.09	《关于行业协会商会脱钩有关经费支持方式改革的通知（试行）》	财政部
		《关于加强行业协会商会与行政机关脱钩有关国有资产管理的意见（试行）》	
		《全国性行业协会商会脱钩改革有关行政办公用房管理办法（试行）》	国家机关事务管理局、中共中央直属机关事务管理局
	2019.08	《国家机关事务管理局办公室关于做好全面推开行业协会商会与行政机关脱钩有关办公用房管理工作的通知》	国家机关事务管理局
人员管理分离与规范	2015.09	《全国性行业协会商会负责人任职管理办法（试行）》	民政部
党建外事分离与规范	2015.09	《关于全国性行业协会商会与行政机关脱钩后党建工作管理体制调整的办法（试行）》	中共中央组织部

资料来源：作者根据政策文件整理。

在机构分离与规范方面，《总体方案》规定，"取消行政机关（包括下属单位）与行业协会商会的主办、主管、联系和挂靠关系。行业协会商会依法直接登记和独立运行。行政机关依据职能对行业协会商会提供服务并依法监管"，同时"行政机关或事业单位与行业协会商会合署办公的，逐步将机构、人员和资产分开，行政机关或事业单位不再承担行业协会商会职能"。为规范脱钩后行业协会商会的行为，2016年12月，国家发展改革委、民政部、中央组织部等印发《行业协会商会综合监管办法（试行）》，强调要"改变单一行

行业协会商会与政府共治：配合、协作与合作

政化管理方式，构建政府综合监管和协会商会自治的新型治理模式"，对行业协会商会的监管由原来的双重管理转变为由党建工作机构、登记管理机关、行业管理部门、相关职能部门各负其责、协调配合的新型综合监管机制。

在职能分离与规范方面，《总体方案》规定，要"厘清行政机关与行业协会商会的职能"，并"加快转移适合由行业协会商会承担的职能。行政机关对适合由行业协会商会承担的职能，制定清单目录，按程序移交行业协会商会承担"。为支持和做好行业协会商会承接政府购买服务工作，2015年9月，财政部印发《财政部关于做好行业协会商会承接政府购买服务工作有关问题的通知（试行）》，提出"各行业行政主管部门和行业协会商会应按照《总体方案》要求，在制定各行业协会商会的脱钩方案时，明确行政机关与行业协会商会的职能，突出公共性和公益性原则，提出适合由行业协会商会承担的服务事项清单。财政部门应会同各行业行政主管部门，按照政府购买服务相关管理规定，将适合由行业协会商会承接的公共服务事项纳入政府购买服务指导性目录，明确政府购买服务的具体内容"。

在资产财务分离与规范方面，《总体方案》规定，"行业协会商会应执行民间非营利组织会计制度，单独建账、独立核算"，"行业协会商会占用的行政办公用房，超出规定面积标准的部分限期清理腾退"，同时提出"对原有财政预算支持的全国性行业协会商会，逐步通过政府购买服务等方式支持其发展"。2015年9月，《财政部关于行业协会商会脱钩有关经费支持方式改革的通知（试行）》强调，要按照《总体方案》要求对行业协会商会原有财政直接拨款进行改革，逐步减少直至取消行业协会商会财政拨款；同月，《财政部关于加强行业协会商会与行政机关脱钩有关国有资产管理的意见（试行）》提出，要加强脱钩过程中及脱钩后的国有资产管理，针对纳入脱钩范围的行业协会商会国有资产进行全面摸底与清查，从而厘清财产归属。对于办公用房的规范，2015年9月，国家机关事务管理局、中共中央直属机关事务管理局印发《全国性行业协会商会脱钩改革有关行政办公用房管理办法（试行）》，对清理腾退全国性行业协会商会使用行政办公用房等具体事项进行了规定。2019年8月，国家机关事务管理局办公室印发《国家机关事务管理局办公室关于做好全面推开行业协会商会与行政机关脱钩有关办公用房管理工作的通知》，督促严格做好全国性行业协会商会的行政办公用房腾退工作。

在人员管理分离与规范方面，《总体方案》规定，"行业协会商会具有人事自主权，在人员管理上与原主办、主管、联系和挂靠单位脱钩，依法依规建立规范用人制度，逐步实行依章程自主选人用人"，"行政机关不得推荐、安排在职和退（离）休公务员到行业协会商会任职兼职"。为进一步对全国性行业协会商会的负责人任职问题进行规范，2015年9月，民政部印发《全国性行业协会商会负责人任职管理办法（试行）》，明确"领导干部退（离）休后三年内，一般不得到行业协会商会兼职，个别确属工作特殊需要兼职的，应当按照干部管理权限审批；退（离）休三年后到行业协会商会兼职，须按干部管理权限审批或备案后方可兼职"。

在党建、外事等事项分离与规范方面，《总体方案》规定，"行业协会商会的党建、外事、人力资源服务等事项与原主办、主管、联系和挂靠单位脱钩"。在党建方面，"全国性行业协会商会与行政机关脱钩后的党建工作，按照原业务主管单位党的关系归口分别由

行业协会商会与政府共治：配合、协作与合作

中央直属机关工委、中央国家机关工委、国务院国资委党委领导。地方行业协会商会与行政机关脱钩后的党建工作，依托各地党委组织部门和民政部门建立社会组织党建工作机构统一领导；已经建立非公有制企业党建工作机构的，可依托组织部门将其与社会组织党建工作机构整合为一个机构"。在外事方面，脱钩后行业协会商会的外事工作由住所地省（区、市）人民政府按中央有关外事管理规定执行。2015年9月，中共中央组织部印发《关于全国性行业协会商会与行政机关脱钩后党建工作管理体制调整的办法（试行）》的通知，对脱钩过程中及脱钩后行业协会商会党组织移交工作作出整体部署，包括对接收单位党建工作领导职责的规定、脱钩后党建工作具体管理办法等方面。

根据政策要求，政会脱钩改革工作逐步推进。在中央层面，民政部于2015年、2016年、2017年分三批次部署了148家、144家、146家全国性行业协会商会的脱钩试点工作[①]，并于2018年4月基本完成全国性行业协会商会的脱钩试点工作。2018年年底，共有422家全国性协会和5318家省级协会实现与行政机关脱钩，均超过应脱钩协会总数的50%。[②] 在总结试点经验的基础上，2019年6月，国家发展改革委、民政部等十个部门发布《关于全面推开行业协会商会与行政机关脱钩改革的实施意见》，公布了795家全国性行业协

[①] 具体见2015年11月13日的《行业协会商会与行政机关脱钩联合工作组关于公布2015年全国性行业协会商会脱钩试点名单的通知》；2016年6月16日的《行业协会商会与行政机关脱钩联合工作组关于公布2016年全国性行业协会商会脱钩试点名单（第二批）的通知》。

[②] 《回望2019·社会组织篇：行业协会商会脱钩：从试点先行走向全面推开》，https://www.mca.gov.cn/n152/n166/c41782/content.html，2019年12月27日访问。

商会脱钩名单，要求脱钩整体工作在 2020 年年底前基本完成。① 截至 2021 年年底，共有 729 家全国性行业协会商会按照"五分离、五规范"要求基本完成脱钩改革，完成率为 92%。在地方层面，在《总体方案》印发后，各地严格按照中央统一部署，相继开展行业协会商会与行政机关脱钩改革的试点与全面推开工作，据数据统计，截至 2021 年年底，完成脱钩的地方性行业协会商会数量达到 69699 家，完成率为 99%。②

三、政会脱钩改革的成效

尽管此前所开展的政会"人事关系脱钩""四脱钩"取得了一定成效，但并未从根本上实现政会分离。相较于以往几轮的政会脱钩改革，2015 年实施的"五脱钩"改革覆盖面更广、力度更大，试图从组织管理上实现行业协会商会与行政机关的全面分开，改革成效十分显著。下面将分别介绍全国性行业协会商会和地方性行业协会商会的脱钩改革成效。

（一）全国性行业协会商会脱钩改革成效

对全国性行业协会商会脱钩改革成效的分析采取定量和定性研究相结合的研究方法，数据来源于 79 家全国性行业协会商会 2015 年至 2019 年的年度检查报告，同时课题研究团队还对其中 9 家全行业协会商会和 3 个国家部委的相关工作人员进行了深度访谈，这些

---

① 全国性行业协会商会脱钩改革名单中包含 795 家全国性行业协会商会，其中前几轮试点已脱钩 422 家，新增拟脱钩 373 家。
② 郁建兴：《行业协会商会脱钩改革任务顺利完成》，载《中国民政》2022 年第 13 期。

都为分析脱钩改革成效提供了丰富的研究资料。下面从总体成效和"五分离、五规范"的实施情况两方面对全国性行业协会商会的脱钩改革成效进行详细阐述。

1. 脱钩改革总体成效

从总体上看，此轮行业协会商会与行政机关的脱钩改革完成率高，脱钩工作取得显著成效。在试点阶段，三批试点中除个别因特殊原因未完成脱钩外，共388家全国性行业协会商会完成脱钩。全国性行业协会商会与行政机关基本完成了机构、职能、资产财务、人员管理、党建和外事等事项的分离，党的领导全面加强，政会职能边界逐步厘清，行业协会商会综合监管体制和运行机制基本建立，党建工作机制不断健全完善，行业协会商会内在活力和发展动力逐步激发。[①] 通过政会脱钩改革的"全面推开"阶段，截至2021年年底，中央层面有729家全国性行业协会商会完成了与行政机关的脱钩，脱钩完成率达到92%。

从行业类别看，参与脱钩改革的行业协会商会覆盖经济社会发展的诸多领域。2019年公布的795家全国性行业协会商会脱钩名单涵盖了10个行业类别。其中，工商服务业、体育、社会服务类行业协会商会占比分列前三，牵涉国家经济社会发展的方方面面。从国家部委所属情况看，共有57个国家部委及其所属行业协会商会列入本轮脱钩改革，其中列入脱钩名单的行业协会商会数量排名前五位的国家部委分别是国资委（272家）、体育总局（89家）、工信部（29家）、住建部（27家）、交通运输部、商务部（23家）。从2019年官方统计数据来看，除国家体育总局及所属全国性行业协会商会

---

① 《全国性行业协会商会脱钩试点基本完成》，https：//www.mca.gov.cn/n152/n164/c32837/content.html，2024年4月13日访问。

因承担重要赛事项目的筹备组织工作的原因未能脱钩外,其余国家部委所属行业协会商会的脱钩改革均取得实质性进展。

2. "五分离、五规范"成效

(1) 机构分离与规范

脱钩改革实施以来,全国性行业协会商会与行政机关或事业单位合署办公显著减少。通过对调查数据的分析发现,2015—2019 年,全国性行业协会商会与行政机关或事业单位合署办公的数量从 158 家减少到 97 家,逐年递减;不再合署办公的全国性行业协会商会数量从 616 家增加到 687 家,逐年上升。整体来看,政会脱钩改革以来,行业协会商会与行政机关的"机构分离"成效明显。

(2) 职能分离与规范

全国性行业协会商会法律法规中明确规定的职能数量、行政机关委托授权事项均呈现出逐年下降的趋势。主要体现在以下两个方面:

一是行业协会商会法律法规中明确规定的职能数量逐步减少。随着脱钩改革进程中,行政机关与行业协会商会的职能逐步厘清,行业协会商会现有行政职能剥离的进程也在有序推进。通过对数据的分析发现,2015—2019 年,法律法规中明确规定的全国性行业协会商会职能数量从 330 项减少到 264 项。

二是行政机关授权委托行业协会商会的事项逐步减少。2015—2019 年,行政机关委托全国性行业协会商会的事项从 660 项减少到 446 项,降幅达到 32%。这一趋势表明,伴随着行业协会商会与行政机关脱钩改革的推进,政会之间的定位、各自的职能权限更加明晰,行业协会商会将进一步破除以往围绕行政机关委托事项运作的逻辑,转而寻求更广阔的市场与社会空间,通过为市场和社会服务来实现自身发展。

（3）资产财务分离与规范

随着脱钩改革的推进，行业协会商会与行政机关之间的资产财务分离与规范也按照政策要求稳步开展。主要体现在以下五个方面：

一是行业协会商会执行会计制度情况得到很大改善。所调研的大部分行业协会商会均能较好地执行《民间非营利组织会计制度》。

二是行业协会商会独立建账、独立核算执行情况良好。通过对数据的分析发现，在2015—2019年中，每年均有超过90%的全国性行业协会商会进行独立财务核算。这表明，脱钩过程中全国性行业协会商会独立财务核算制度得到了较好的落实。

三是行业协会商会获得的政府补助金额呈逐年下降趋势。全国性行业协会商会得到政府补助的金额总数从2015年的3.5亿元左右下降到2019年的2.5亿元左右，降幅达到28.57%。政会脱钩后，行业协会商会不再隶属于原业务主管行政机关，机构分离的同时政府补助数量也逐年降低。这表明脱钩改革中行业协会商会与行政机关的资产财务分离与规范这一原则得到了较为严格的执行。

四是行业协会商会接受政府委托项目的数量总体稳定。2015—2019年，全国性行业协会商会接受政府部门委托项目数量总体平稳，2019年有一定程度的下滑，由2018年的1036项减少到782项。

五是政会脱钩改革过程中行业协会商会固定资产、流动资产总体均呈现上升态势。2015—2018年，纳入统计范围的全国性行业协会商会固定资产净值呈逐年上升趋势，到2019年增长趋缓。在流动资产方面，2015—2019年，全国性行业协会商会的流动资产金额平稳上升。这表明，脱钩改革后全国性行业协会商会的资产状况呈现出逐步积累和增长态势，经营状况稳中向好。

(4) 人员管理分离与规范

第一，行业协会商会的全体事业编制数和专职事业编制数均呈现下降趋势。与2015年相比，2019年全国性行业协会商会的事业编制数减少49%，专职事业编制数减少33%，回应了人事脱钩与规范方面的政策要求，表明人事脱钩的原则取得了较好的改革成效。此外，全国性行业协会商会的专职事业编制人员占比在2015—2018年保持逐年减少，基本维持在50%左右。

第二，行业协会商会主要负责人的任职方式多元化。一是行业协会商会秘书长专职、兼职数量保持稳定，且专职数量呈逐年上升趋势。2015—2019年，秘书长专职平均占比超过80%，且呈现逐年上升趋势，2019年达到了90%。这表明，全国性行业协会商会主要负责人的兼任情况基本达到脱钩要求。二是行业协会商会负责人任命方式多元化。2015—2018年，全国性行业协会商会秘书长产生方式中"选举"和"聘任"的数量保持稳定。2019年，秘书长由"选举"方式产生的比例达到90%。"选举"方式占比高，反映了脱钩改革后行业协会商会自主管理、民主办会的趋势。

(5) 党建外事分离与规范

第一，行业协会商会党组织数量有所增加但总体不高。政会脱钩改革的同时，行业协会商会党建工作要求持续强化。与此同时，调查数据也反映出2015—2019年，建立党组织的全国性行业协会商会数量占比仍然不到30%。这说明党建工作还需要进一步动员和部署。

第二，行业协会商会党组织类型多样，功能型党支部数量占比最高。2015—2019年，全国性行业协会商会各类型党组织数量整体都呈现增长态势，但从各类党组织数量占比情况看，建立党支部

（功能型党支部）的行业协会商会占比最高，2015—2019年，功能型党支部的占比均达到70%以上。

第三，行业协会商会党员数量显著增多。随着脱钩改革对行业协会商会党建工作提出更高要求，全国性行业协会商会建立党组织的数量逐渐增加，党员数量也相应增长。调查数据显示，全国性行业协会商会党员数量从2015年的6757名，增长到2019年的9057名，增幅达到34%。

第四，行业协会商会外事脱钩、规范化管理执行顺利。全国性行业协会商会业务主管单位均按照政策要求落实完成外事脱钩和外事属地化管理。脱钩后行业协会商会外事工作管理按中央有关外事管理规定，由住所地政府外事机构管理，全面实现外事工作属地化管理。行业协会商会脱钩后外事活动开展均遵照规定报送有关部门审批，属地外事活动审批机构积极加强协调指导、管理服务。行业协会商会负责人出入境管理方面按照事务性质规范审核和报批流程，外事活动的开展，如举办参加国际博（展）览会、国际比赛、国际文化展演等则不受脱钩影响。

（二）地方性行业协会商会脱钩改革成效

根据《总体方案》的要求，地方行业协会商会脱钩试点工作由各省（自治区、直辖市）工作组负责，选择若干个省一级协会开展试点，试点方案报经民政部核准、联合工作组批复后实施，并于2016年年底完成第一批试点和评估工作。根据政策要求，自2016年开始，各省市相继开始推进脱钩改革试点工作。比如，上海市于2016年6月启动了第一批行业协会商会脱钩试点工作，试点行业协会商会的主管单位涉及市经信委、市商务委、市住建局、市民政局、市体育局等部门。2017年6月,上海首批262家行业协会商会与行政改革工作顺利完成。

2017年1月,行业协会商会与行政机关脱钩联合工作组办公室发布《关于做好地方行业协会商会与行政机关脱钩第二批试点工作的通知》,要求地方行业协会商会试点工作在2017年启动并于当年9月底完成。根据这一工作要求,各省市纷纷开启第二批试点工作。比如2017年4月,在顺利完成第一批1009家行业协会商会脱钩试点工作的基础上,湖南省部署第二批行业协会商会与行政机关脱钩改革工作,将244家行业协会商会纳入脱钩名单,涉及38个业务主管单位。

2019年6月,行业协会商会与行政机关脱钩联合工作组办公室发布《关于做好全面推开地方行业协会商会与行政机关脱钩改革工作的通知》,要求于2019年7月全面启动地方行业协会商会与行政机关的脱钩改革工作,并于2020年年底全面完成。其后,各地先后开展政会脱钩改革的全面推开工作。比如,自2016年开始,北京市按照国家统一部署,分两批共完成438家行业协会商会脱钩试点工作,其中市级227家,区级211家。在前两批行业协会试点工作的基础上,北京市于2019年全面推开政会脱钩改革,将470家行业协会商会纳入脱钩改革范围。①

在政会脱钩改革试点与全面推开的基础上,自2019年年底开始,部分省市相继宣布完成脱钩工作。比如,重庆市于2019年11月宣布完成行业协会商会脱钩改革工作,共计1462家行业协会商会脱钩,其中市级层面30个行政机关与323家行业协会商会实现了脱

---

① 《北京市全面推开行业协会商会与行政机关脱钩改革》,https://www.mca.gov.cn/n152/n166/c41349/content.html,2024年4月5日访问。

钩，区县（自治县）层面 1139 家行业协会商会完成脱钩任务。①2021 年 4 月，四川省宣布行业协会商会脱钩改革工作基本完成。截至 2021 年 2 月底，除了已（拟）注销或撤销的行业协会商会以及参照相关要求暂不脱钩的行业协会商会，四川省完成脱钩改革工作的行业协会商会达到 3967 个。②

从总体上看，2020 年年底共有 67491 家地方行业协会商会完成脱钩改革，完成率达到 96%。③ 截至 2021 年年底，完成脱钩的地方性行业协会商会数量达到 69699 家，完成率为 99%。④ 可以看到，地方层面行业协会商会脱钩改革基本完成。

综上所述，通过对政会脱钩改革成效进行分析可以看出，无论是在全国层面还是在地方层面，脱钩改革的"五分离、五规范"要求都得到了较好的落实，行业协会商会在机构、职能、资产、人事和外事上都不再与其原业务主管单位之间存在直接的依附关系，如果要在这些方面产生联系，需要基于法律法规的正式规定，政会关系日渐规范化。

四、脱钩改革对政会共治的影响

脱钩改革实现了行业协会商会与政府的分离，对政府部门管理方式、行业协会商会所处制度环境和行业协会商会的内部治理都产

---

① 《重庆市完成行业协会商会与行政机关脱钩改革》，https：//www.mca.gov.cn/n152/n168/c80575/content.html，2024 年 4 月 5 日访问。
② 《我省行业协会商会脱钩改革工作基本完成》，https：//mzt.sc.gov.cn/scmzt/mzyw/2021/4/27/a4e4dc00f47e4332b7cea8bd5454712d.shtml，2024 年 4 月 27 日访问。
③ 《行业协会商会与行政机关脱钩改革工作基本完成》，https：//www.chinanews.com/gn/2021/02-23/9417328.shtml，2024 年 4 月 23 日。
④ 郁建兴：《行业协会商会脱钩改革任务顺利完成》，载《中国民政》2022 年第 13 期。

生了重要影响，同时使政会关系发生重大变化。从整体上看，脱钩改革改变了政府对行业协会商会的"行政领导"[1]，使政会共治逐渐成为政会关系的重要模式[2]。我们可以从以下方面理解脱钩改革对政会共治的影响：

（一）影响政会共治目的

脱钩改革前，行业协会商会与政府之间的功能边界模糊，行业协会商会应有的行业功能得不到充分发挥，甚至个别行业协会商会借用行政资源乱摊派、乱收费[3]，沦为谋取私利的工具。脱钩改革后，行业协会商会的职能定位更加清晰，这必将推动行业协会商会将工作重心从服务政府转向更好地服务企业和行业。[4] 一方面，行业协会商会是互益性组织，会员是其组织基础，在不再依附于政府的情况下，行业协会商会必将转向以服务会员为中心[5]；另一方面，行业协会商会具有一定的"共益"性[6]，脱钩改革后，为提升会员吸引力，行业协会商会必然会将更多精力放在服务行业上，通过提供更多更好的行业公共品来提升行业影响力。由于当前我国行业协会商会提供行业性服务离不开政府支持，因此，在履行"共益"职能时，行业协会商会必不可少地要与政府部门产生联系，进而实行

---

[1] 卢向东：《"控制—功能"关系视角下行业协会商会脱钩改革》，载《国家行政学院学报》2017年第5期。
[2] 马长俊：《解构与重构：行业协会商会脱钩改革的政会关系变迁研究》，载《行政管理改革》2020年第2期。
[3] 程楠：《摘掉"官帽子"，行业协会商会将如何自寻出路》，载《中国社会组织》2016年第6期。
[4] 王勇：《扎实推进行业协会商会与行政机关脱钩改革》，载《求是》2015年第21期。
[5] 马庆钰：《行业协会商会脱钩改革急需解决的关键问题》，载《行政管理改革》2020年第12期。
[6] 罗文恩：《后脱钩时代行业协会功能再定位：共益组织研究视角》，载《治理研究》2018年第5期。

共治。

（二）影响政会共治范围

在共治业务方面，脱钩改革后政府与行业协会商会之间呈现出"一对多"的关系，即在脱钩改革前，业务主管单位主要是与所属行业协会商会进行共同治理，向行业协会商会转移职能或购买其服务。脱钩改革后，行业协会商会不再有业务主管单位，这意味着，政府部门与行业协会商会的共治更多的是以业务性质和业务内容为标准，可以同时与多个相关行业协会商会共治，呈现出"一对多"的特征。对于行业协会商会而言，脱钩改革后所面对的可调配资源增多，获取资源的渠道增多，行业协会商会与不同政府部门之间的共治也会随之增多。

（三）影响政会共治模式

脱钩改革对政会共治模式的影响具体体现为：脱钩改革前，行政机构直接向行业协会商会委派任务的做法将不复存在；脱钩改革后，行业协会商会主要通过承接政府购买服务的方式与政府形成共治，但政府不是"甩包袱"，而是同时推进简政放权与培育发展行业协会商会。[1] 脱钩改革方案提出"加快转移适合由行业协会商会承担的职能。行政机关对适合由行业协会商会承担的职能，制定清单目录，按程序移交行业协会商会承担，并制定监管措施、履行监管责任"。2015年9月，财政部下发《关于做好行业协会商会承接政府购买服务工作有关问题的通知（试行）》，对政府购买行业协

---

[1] 郁建兴：《改革开放40年中国行业协会商会发展》，载《行政论坛》2018年第6期。

商会服务的内容、方式等作出规定。相比于行政机关向行业协会商会直接委派任务的方式，政府购买服务的方式是一种典型的制度化合作方式，是政会双方在法律政策基础上建立的平等合作关系。①

(四) 影响政会共治机制

受我国行政机制和行业协会商会生成路径的影响，行业协会商会在相当长的时间中扮演政府"依附工具"或是"助手"的角色②，真正的中介、桥梁纽带作用得不到充分发挥。政会脱钩改革旨在厘清政府与行业协会商会的职能边界，促进行业协会商会成为依法设立、自主办会、服务为本、治理规范、行为自律的社会组织。脱钩改革重塑了政会关系，切断了行业协会商会与政府部门在人事、财务、场所等方面的行政联系，一定程度上改变了行业协会商会与政府部门之间的非正式互动状态，主要表现为政府与行业协会商会之间的共治不再取决于与政府的亲密程度，而是共治事项的性质和内容。③ 比如，在人事管理方面，脱钩改革前行业协会商会的主要负责人一般由政府官员兼任或邀请离退休政府官员担任，政府官员的特定关系等能够帮助行业协会商会获取更多的政府资源。④ 脱钩改革后行业协会商会与政府部门之间的人事关系被切断，行业协会商会通过非正式渠道与政府开展互动的可能性大大降低。

综上所述，改革开放后行业协会商会产生发展的特殊路径，以

---

① 郁建兴：《改革开放40年中国行业协会商会发展》，载《行政论坛》2018年第6期。
② 罗文恩、王利君：《从内嵌到共生：后脱钩时代政府与行业协会关系新框架》，载《治理研究》2020年第1期。
③ 周俊、赵晓翠：《行业协会商会与政府共治的多元模式及其适用性》，载《治理研究》2022年第4期。
④ 李国武：《产业集群中的行业协会：何以存在和如何形成？》，载《社会科学战线》2007年第2期。

行业协会商会与政府共治：配合、协作与合作

及由此形塑的特殊政会关系，使脱钩改革成为必要。在经过多轮脱钩改革后，政会关系的边界越来越清晰，新一轮脱钩改革后政府与行业协会商会基本各归其位、各司其职。与此同时，政会共治也出现新契机、新现象。一方面，政府仍然有必要与行业协会商会在多个领域中实施共治，但与脱钩改革前相比较，政府和行业协会商会对共治对象、共治内容和共治模式都有更多的选择；另一方面，政府不再是政会互动的单方主导者，行业协会商会积极主动地影响共治进程和结果，日渐成为可以与政府平等对话的独立自主的治理主体。

第五章

政会配合型共治：
以行业协会商会参与危机治理为例

由于政府是公共权力的掌握者，是公共事务的主导者，而行业协会商会只是社会团体，主要以行业协会商会单方面配合政府的形式存在，政府配合行业协会商会的情况很少发生，因而本书只讨论前一种情况。根据前述理论分析框架，配合型共治具有双方联系松散、行动独立等特征，因而相比较于协作型共治、合作型共治来说更具普遍性。本章先明确配合的内涵、政会配合型共治的基本特征和动因，接着对行业协会商会参与危机治理的政策文本进行内容分析，深入挖掘政府动员行业协会商会参与危机治理的政策工具，以明确行业协会商会参与危机治理的政策前提，再以 S 市四家行业协会商会为案例，分析行业协会商会配合政府的具体行动，最后是研究结论与政策建议。

一、配合与政会配合型共治的界定

(一) 配合的内涵

"配合"在中文中有多重含义。在装配领域，配合是指装配后两个零件结合在一起的松紧情况，具体包括三种情况：间隙配合，

行业协会商会与政府共治：配合、协作与合作

配合件间有一定的间隙（如轴比孔小的圆柱体配合）；过盈配合，配合件间有一定的过盈量（如轴比孔大的圆柱体配合）；过渡配合，介于前两类之间，可能有间隙或过盈量。在一般意义上，配合多指"多方合作以完成共同任务"，比如后方力量配合前线部队作战，又如张衡在《灵宪》中写到的"日与月，共配合也"。因此，可以将配合理解为不同主体为实现共同目标而存在的彼此间有关联性的行为。

在学术研究中，配合指在组织实体之间志愿建立的短期的、通常是非正式的关系。在这种关系中，参与者可能同意为了实现某一共同目标而进行信息、空间等的共享或愿意为彼此进行推荐，但没有建立共同目标的努力，各参与者保持独立，保留自主权和资源。[1]因此，作为一个过程，配合本质上是考虑他人、妥协和包容，而不必调整个体目标。鉴于配合只需要使用很少的资源，主要是信息共享，所以配合的进一步特点便是收益和风险水平较低。尽管如此，配合也是一种不太可能由组织结构中较低级别的人员进行的战略性操作。

配合可以在组织内部和组织之间进行。组织内的配合被看作所有单位通过共同学习和知识共享来实现组织共性利益的集体行动。组织间的配合指的是"关系中的焦点活动共同进行的程度"[2]，是由两个或更多组织开展行动以实现其集体目标。在实现集体目标时，

---

[1] Brown, K., Keast, R., Citizen-Government Engagement: Community Connection Through Networked Arrangements, *Asian Journal of Public Administration*, Vol. 25, No. 1, 2003, pp. 107-131.

[2] Bensaou, M., Interorganizational Cooperation: The Role of Information Technology an Empirical Comparison of U.S. and Japanese Supplier Relations, *Information Systems Research*, Vol. 8, No. 2, 1997, pp. 107-124.

组织通过在彼此之间分配明确的责任和资源来共同努力。组织间配合的原因可能与环境不确定性有关，如缺乏资源或获得其他参与者的支持。[①] 在一项创新中，组织内的一个单位或部门可能需要其他部门的支持，以帮助他们应对技能或知识方面的困难。蔡文彬认为，为了获得新的创新，组织必须相互学习和配合。配合能够增加组织中的知识和改进服务，以及增加分摊成本和获得其他组织支持的机会。[②] 配合还可以增加参与者之间的互惠互利，尤其是组织内部的参与者，因为他们将平等地受益于技能或知识的共享以及相互提供的支持。然而，配合不仅限于资源，还可能涉及大量活动，包括长期规划、开发和产品设计、质量交付、培训和教育等。[③]

可以说，配合是一种缺乏紧密联系的互动或伙伴关系，更多关注共同目标的实现，以及在这一过程中参与者的收获，主要涉及非正式行动、信息共享、自由的共治结构和可能的收益等内容。

（二）政会配合型共治的特征与动因

前文在文献基础上对政会配合型共治进行了界定，将其理解为行业协会商会认同政府的政策目标，采取与政策要求相一致的行动，能够在一定程度上促进政策目标的实现，除政策信息以外，双方几乎没有其他的共享资源，并且从持续性、共同目标、组织自治、结

[①] Williams, T., Interorganisational Information Systems: Issues Affecting Interorganisational Co-operation, *The Journal of Strategic Information Systems*, Vol. 6, No. 3, 1997, pp. 231-250.

[②] Tsai, W., Social Structure of "Coopetition" Within a Multiunit Organization: Coordination, Competition, and Intraorganization Organizational Knowledge Sharing, *Organizational Science*, Vol. 13, No. 2, 2002, pp. 179-190.

[③] Nurdin, N., Stockdale, R., & Scheepers, H., Coordination and Cooperation in E-Government: An Indonesian Local E-Government Case, *The Electronic Journal of Information Systems in Developing Countries*, Vol. 61, No. 3, 2014, pp. 1-21.

行业协会商会与政府共治：配合、协作与合作

构性联系、正式性、回报与风险等六个方面对配合型共治的特征进行了描述，此处不再赘述。

关于政会配合型共治的成因，由于在配合中，双方并没有表现出强的资源依赖关系，因而在资源依赖之外需要有更为有力的解释。在既有研究中，有学者初步讨论到这一问题。例如，纪莺莺运用多案例比较方法，构建出一个结合组织"自主性"和"凝聚力"的二维分析框架，并将政府与行业协会商会的关系分为四种类型：合作型、对抗型、支配型和工具型。其中，支配型指的是组织自主性和凝聚性都弱的状态，行业协会商会成为主要受政府意志支配和消解群体事件压力的管理助手，以及政府收集信息与政令上传下达的有效通道。① 这种解释将行业协会商会配合政府行动的原因归结为行业协会商会的弱势状态和政府的支配地位，虽然具有一定的合理性和解释力，但与本书中将配合建立在政会具有完全的组织自主性基础上的假设不相符合。另有研究认为，从社会资本的视角看，行业协会商会可能会采取寻求与政府建立纵向联系的策略，以加强行政合法性，以及获得一些行政管理职能。这种策略能够建立一种依附性的纵向社会资本（庇护关系），也可以是一种独立色彩强的、建立于规则之上的具有普遍主义的积极社会资本。② 这种观点隐含了对行业协会商会配合政府行动的关注，但与前一项研究一样，研究者认为行业协会商会配合政府的前提是对政府有依附关系，而这与配合型共治的内涵有出入。如前文所述，共治就意味着主体间的平等关系，

---

① 纪莺莺:《转型期国家与行业协会多元关系研究——一种组织分析的视角》，载《社会学研究》2016年第2期。
② 汪锦军、张长东:《纵向横向网络中的社会组织与政府互动机制——基于行业协会行为策略的多案例比较研究》，载《公共行政评论》2014年第5期;〔美〕罗伯特·D. 帕特南:《使民主运转起来》，王列、赖海榕译，江西人民出版社2001年版。

第五章 政会配合型共治:以行业协会商会参与危机治理为例

以依附关系为前提的互动不能称为真正意义上的共治,以此为前提,配合型共治虽然可能存在行业协会商会与政府的权力(利)不对称的情况,但仍然需要以双方的平等身份为前提。

尽管如此,这两项研究仍然阐述了重要的观点,即行业协会商会之所以配合政府开展工作,与其希望加强合法性进而获得更多资源有紧密关联。从合法性理论的视角看,行业协会商会的配合型共治从根本上讲是寻求合法性的过程。这首先体现为获取规制合法性,即通过遵循行政指令和服从政策要求,建立合规形象和获得政府认可。[1] 有研究表明,社会组织的规制合法性来源于法律支持和政府认可,比如 L 机构进入社区后采取了一系列行为以累积规制合法性,依照政府发布的 5A 级社会组织标准进行规范化建设,向政府展示各种规范性行为,其背后的目的是获得更多行政资源。[2] 薛美琴等的研究也表明,组织在获得合法性和有效性过程中具有能动性特征,并积极对合法和有效进行策略组合;行业协会商会的外部合法性是其内部有效性的基础,更高的合法性会使行业协会商会在外部资源获取和政策回应方面更具有效性。[3] 进一步来看,规制合法性与行业协会商会需求的其他合法性密切相关。例如,社会合法性代表着社会对行业协会商会的认可,对行业协会商会发展来说至关重要,而具有较高规制合法性的行业协会商会更容易为社会所认可,因为它们会被认为是更加符合政治价值观和更加规范的。因此可以认为,行

---

[1] 许鹿、罗凤鹏、王诗宗:《组织合法性:地方政府对社会组织选择性支持的机制性解释》,载《江苏行政学院学报》2016 年第 5 期。
[2] 武静、周俊:《合法性视角下社会组织"进社区"的耦合策略分析——以上海市 L 机构为例》,载《东北大学学报(社会科学版)》2018 年第 3 期。
[3] 薛美琴、马超峰:《合法与有效:异地商会内外治理的策略研究》,载《公共管理学报》2017 年第 3 期。

业协会商会之所以配合政府工作，主要是受合法性驱动，也因此，行业协会商会在行动上通常表现出配合政策要求的特征，即按照政策所希望的目标开展行动。

需要指出的是，行业协会商会配合政府行动的动机具有复杂性。除对合法性的追求外，行业协会商会的配合也有可能与其具备的公共精神、社会责任感等主观因素有关，也有可能与其面临的政治压力、领导人要求等客观因素有关。对此，本书不进行详细讨论。

二、行业协会商会参与危机治理的政策前提

为了更好地聚焦研究主题，本章以2019年年底暴发的新冠病毒感染疫情这一公共卫生危机为例，讨论在这场危机中，政府是如何引导行业协会商会参与，以及行业协会商会如何配合政策要求开展行动。有研究表明，社会组织参与公共卫生危机治理的影响因素之一是场域压力，即政府发布鼓励社会组织参与的政策文件、对社会组织进行动员等方式会对社会组织构成参与压力。[1] 因此，本节将系统梳理和分析行业协会商会参与此次公共卫生危机的政策要求，讨论行业协会商会配合政府行动的政策前提。

（一）政策文本筛选

我们选取国家和地方层面颁布的政策作为研究的样本材料，主要通过中国政府网、"北大法宝"法律法规检索系统以及各地政府官方网站等权威网站进行政策文本收集。面对数量繁多的政策文本，

---

[1] 王猛、邓国胜：《社会组织参与农村新冠肺炎疫情防控的影响因素研究》，载徐家良主编：《中国社会组织研究》（第19卷），社会科学文献出版社2021年版。

本研究确立了五项原则来保证信度和效度。

一是规定时间。选取从2019年12月到2022年12月期间发布的与公共卫生危机治理相关的政策。

二是政策主体。国家层面的政策主体包括国务院、国家发展和改革委员会、民政部等，地方层面的政策主体包括各省市人民政府和民政局、财政局等部门。

三是政策内容与行业协会商会参与公共卫生危机治理直接相关。由于行业协会商会参与的范围较广，涉及复工复产、中小微企业纾困、企业减负等，为了更广泛地搜集有效信息，本书选取的关键词包括"行业协会商会""社会组织""疫情防控""中小微企业""复工复产"，凡是政策标题或者文本包含三个以上的关键词，就被纳入政策样本。

四是政策性质。选取的政策包含党和政府发布的通知、方案、意见、措施等多种形式。

五是避免重复。对不同部门颁布的相同或相似的政策进行识别，保证政策不重复。

依照上述五项原则，共选取63份政策文本。对所选取的政策文本按发文机关的层级划分为中央政策和地方政策两种类型，并将每类政策文本按照"名称—发文机关—文号或发布日期"的规则进行编号，形成了行业协会商会参与公共卫生危机治理的文本语料库。

（二）政策文本的特征分析

政策文献计量是量化分析政策文献结构内容的研究方法，是文献计量方法在政策文献中的迁移。本部分以我国行业协会商会参与公共卫生危机治理的政策文本为对象，应用政策文献计量方法对63

份政策文本的数量、载体形式、发文机关进行分析，深入挖掘每一项政策中采用的动员策略，从宏观层面把握政府对行业协会商会参与公共卫生危机治理的工作要求，在此基础上明晰基本的政策导向。

被分析的 63 份政策文本可以划分为三大类：一是针对性政策，即专门针对行业协会商会制定的政策；二是提及性政策，即某些政策文件并不是专门针对行业协会商会制定的，但在文本内容中专门提及行业协会商会；三是普适性政策，即虽未专门提及行业协会商会，但适用于社会组织大类的政策。

1. 政策文本时间分析

从发文时间来看，发文量从多到少依次是 2020 年、2022 年、2021 年。2020 年共发布政策文本 42 份，占发文总量的 66.67%；2021 年发文数量最少，占比 12.70%；2022 年发文数量居中，占比 20.63%（见图 5-1）。

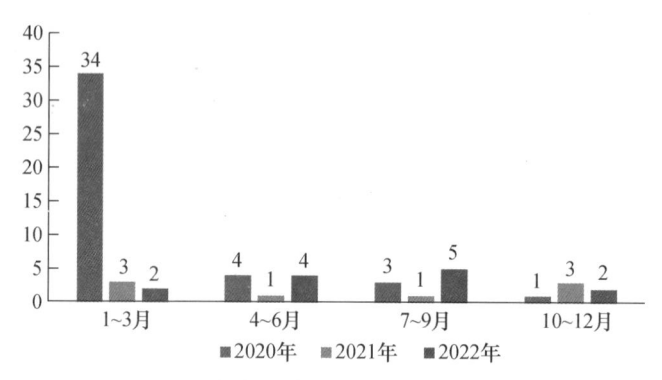

图 5-1 各年份发文数量图（单位：份）

资料来源：作者依据分析整理。

2. 政策文本主体分析

（1）单独发文的政策主体。共有 8 类主体单独颁布过鼓励行业协会商会参与公共卫生危机治理的政策文件,分别是国务院/地方政府、民政部、交通运输部、市场监管总局、地方民政部门、地方商务局、地方人力资源和社会保障局、地方文化和旅游厅,共涉及54份政策文本,占总数的85.71%。其中,国务院和地方政府共单独发文15份,约占发文总数的23.8%,民政部单独发文12份,约占发文总数的19%,地方民政部门单独发文20份,约占发文总数的31.7%(见图5-2)。

	国务院/地方政府	民政部	交通运输部	市场监管总局	地方民政部门	地方商务局	地方人力资源和社会保障局	地方文化和旅游厅
■发文数量	15	12	1	1	20	3	1	1

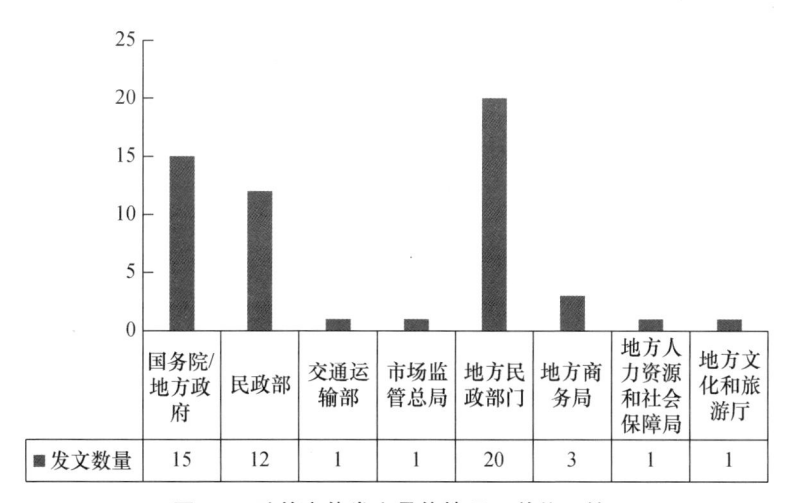

图5-2 政策主体发文具体情况(单位:份)

资料来源:作者依据分析整理。

民政部门作为行业协会商会的登记管理机关,对其负有登记、监管、评估等职责,因此成为单独发文量最大的部门。国务院颁布的政策着眼于全局性、普遍性问题,能够为部门和地方政策制定提供方向性指导,各省市政府发布的政策是地方政府部门拟制政策的依据。商务、交运等是受公共卫生危机影响最为直接的领域,相关部门也单独进行了有针对性的发文。

（2）联合发文的政策主体。由于公共卫生危机治理具有高度复杂性，部门之间需要协同合作、共同应对，联合发文因此成为应对危机的一种常用手段。63份政策文本中共有9份属于联合发文，占政策文本总数的14.29%。其中，五个及以上的主体联合发布的政策文本占比50%，四个主体联合发布的占比13%，三个主体联合发布的占比25%，两个主体联合发布的占比12%（见图5-3）。联合发文主体最多的是发布于2020年的《关于营造更好发展环境 支持民营节能环保企业健康发展的实施意见》（发改环资〔2020〕790号），该文件由国家发展和改革委员会、科学技术部、工业和信息化部、生态环境部、银保监会、全国工商联等部门共同发布。

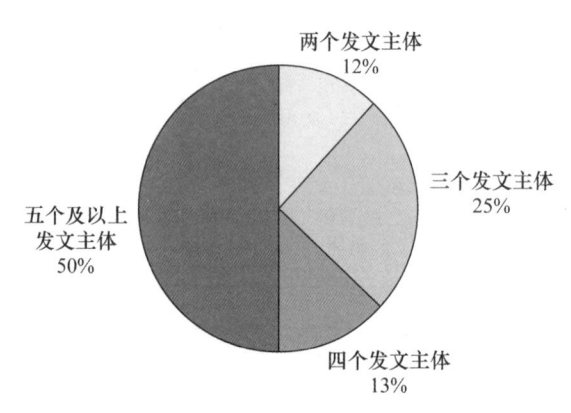

图5-3 联合发文占比

资料来源：作者依据分析整理。

3. 政策文本的类型分布

通过对63份政策文本进行分析发现，政策文本包括通知、公告、实施意见、指导意见、措施、实施方案、行动方案、决定、通告等9种类型，其中通知最多，共43份，占比68.25%；排在第二位的是意见，分为指导意见和实施意见，共有6份，占比9.52%；

第五章 政会配合型共治：以行业协会商会参与危机治理为例

排在第三位的是公告和措施，各有5份，分别占比7.94%；接下来是实施方案、行动方案、决定、通告，均为1份（见图5-4）。由此可以看出，政策文本以通知、意见为主。

行业协会商会参与危机治理的政策主要为普适性政策，政策类型具有多样性，以通知为主，如《北海市民政局关于做好社会组织领域疫情防控工作的通知》《四川省民政厅关于动员和规范全省社会组织依法有序参与新型冠状病毒肺炎疫情防控工作的通知》。此外，有些城市在一些民生、经济发展的政策中提及对行业协会商会参与危机治理的要求。总体来看，部分省市没有制定或者未公开发布针对社会组织或行业协会商会参与公共卫生危机治理的政策法规，如湖北省、贵州省等。

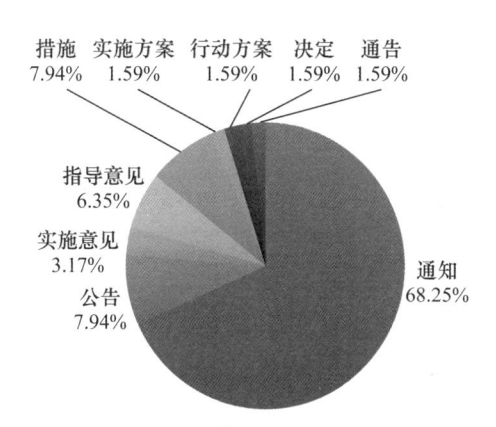

图5-4 政策文本的类型分布

资料来源：作者依据分析整理。

(三) 政策文本的内容分析

1. 政策文本的关键词分析

政策文本的关键词能够反映政策所关注的重点。利用 Nvivo12 软件对行业协会商会参与公共卫生危机治理的政策文本进行词频分析，设定最短文字长度为 2，统计词频数排名前 30 的关键词，得到表 5-1。其中，统计词频的加权百分比越高，说明该词在政策文本中出现的次数越多，在政策中的重要性越强。

表 5-1 政策词频及其权重表

序号	关键词	词频	加权百分比（%）	序号	关键词	词频	加权百分比（%）
1	行业	389	2.21	16	部门	84	0.48
2	疫情	380	2.16	17	管理	82	0.47
3	企业	356	2.03	18	开展	79	0.45
4	组织	308	1.75	19	落实	79	0.45
5	社会	298	1.70	20	宣传	78	0.44
6	工作	279	1.59	21	支持	78	0.44
7	协会	225	1.28	22	复工	75	0.43
8	服务	187	1.06	23	政策	73	0.42
9	商会	181	1.03	24	作用	72	0.41
10	积极	131	0.75	25	发展	72	0.41
11	收费	111	0.63	26	相关	66	0.38
12	加强	101	0.57	27	推动	65	0.37
13	发挥	95	0.54	28	及时	64	0.36
14	会员	88	0.50	29	充分	63	0.36
15	引导	85	0.48	30	参与	62	0.35

资料来源：作者依据分析整理。

第五章 政会配合型共治：以行业协会商会参与危机治理为例

从表5-1可知，"行业"是政策文本中词频最高的关键词，出现了389次，加权百分比为2.21%；"疫情"的词频数为380次，加权百分比为2.16%；"企业"的词频数为356，加权百分比为2.03%；"组织"的词频数为308次，加权百分比为1.75%。词频的分布情况表明了政府希望行业协会商会或社会组织在公共卫生危机治理中所发挥的作用，从排序前30的词语中不难看到，政府希望行业协会商会能够在特殊情况下积极服务好行业、企业和会员。

图5-5　政策词语云

资料来源：作者依据分析整理。

2. 政策文本关注的重点领域分析

为了进一步探究政策文本所关注的行业协会商会参与公共卫生危机治理的重点领域，研究运用Nvivo12对政策文本进行内容编码。首先，对每份政策文本进行详细阅读，对重要政策内容进行初级编码，此时的编码比较宽泛，并不考虑概念之间的互斥性，比如将文件中"引导推动会员企业严格按照相关要求，做好食品、日常生活用品等民生保障产品的生产、加工和经营工作……全力保障疫情防控"编码为"保障物资供应"；其次，对初级编码进行分类整合，将关联性强的编码整合为一个节点，保证节点之间的互斥性；最后，通过分类整合形成 8 个父节点（见表 5-2）。

表 5-2 政策编码统计表

父节点	子节点	初级编码
维持市场稳定	保障市场供应与运输	保障物资供应
		保障物资运输
		搭建供需对接平台
		鼓励企业加紧医疗用品生产
	稳定市场	倡导企业稳定物价
		打击哄抬物价行为
		打击假冒伪劣
	刺激消费	开展消费活动
宣传教育	公开典型案例	挖掘、宣传、报送典型事迹
		宣传表现突出单位
	科普知识	科普疫情防控知识
政策宣传与落实	政策宣传	对政策措施进行宣贯、解读和辅导
		宣传扶持政策
	政策落实	跟踪政策落实情况
基础防疫工作	卫生防护	做好防护消毒工作
		报告工作人员感染情况
		建立疫情防控应急预案
	限制人员流动	暂停举办各种线下活动
		推动远程办公
		延期举办活动
	跨区域流动管理	返乡人员流动工作
		跨区域流动工作
	捐赠支援	筹集防疫物资
		积极捐资捐物
		提供支援
		提供社会救助

第五章　政会配合型共治：以行业协会商会参与危机治理为例

（续表）

父节点	子节点	初级编码
减轻企业负担	减少经营成本	减免会费及其他收费
		加大收费减免力度
		倡导金融机构下调利率
		倡导企业减免租金
	降低收费标准	降低收费标准
	收费管理	排查违规收费问题
提供专业服务	提供法律服务	整理企业法律问题
		提供法律服务
	提供咨询服务	提供智库
		搭建政策咨询平台
	提供其他专业服务	提供数字共享、人才培育等服务
		开展维权保障、技术指导、宣传教育等服务
		开展标准制定、品牌建设、质量管理等技术服务
内部治理建设	人才队伍建设	面向会员企业开展专业培训
		开展线上技能培训
		搭建人才选聘平台
	党建引领	加强党建引领
		发挥党员示范作用
	组织转型	转变生产方式
		促进数字经济模式
		研究行业新业态
促进复工复产	工作指引	制定复工复产工作指引
		制定复工复产防疫指南
	行业摸排	组织行业企业调研
		梳理困难企业名单
		汇总企业防疫用品需求
	行业交流	促进会员、行业交流
	开拓市场	开展市场化服务活动
		助力企业开拓国际市场

资料来源：作者依据分析整理。

从对政策文本内容的编码表中可以看到，行业协会商会配合政

行业协会商会与政府共治：配合、协作与合作

府开展危机治理的工作主要集中在八大领域：维持市场稳定、宣传教育、政策宣传与落实、基础防疫工作、减轻企业负担、提供专业服务、内部治理建设、促进复工复产。虽然是在公共卫生危机的特殊阶段，但政府对行业协会商会的要求不仅有参与危机治理，而且包括加强自身治理和提供专业服务，这可能是因为政府认为行业协会商会只有做好自身本职工作才可能有余力在危机治理中发挥作用。

3. 政策文本中的政策工具分析

政策工具是政府开展治理的手段，选择合适的政策工具对促进行业协会商会参与公共卫生危机治理具有重要意义。根据拉尔斯·图默斯（Lars Tummers）的分类，政策工具可以划分为"胡萝卜型""鞭子型""布道型""助推型"等四种。其中，前三种政策工具以理性决策为基础，旨在借助强制与激励措施引导目标群体作出选择，而助推型政策工具是建立在"有限理性"的基础上，更符合行为公共政策框架的分析逻辑。[①] 对于具体的助推策略，杜兰（P. Dolan）等将助推策略概括为改变诱因、信息支持、规范、默认选项、显著、启动、情绪感染、承诺以及自我形象等九种类型。[②] 周延风、张婷结合当前学者们总结的助推策略，将助推分为启动型助推、显著型助推、默认型助推和社会型助推等四类。[③]

通过借鉴已有研究，同时结合我国政府与行业协会商会的实际情况，本部分主要聚焦于助推型政策工具，通过对默认型助推、显

---

① 章熙春、朱绍棠、李胜会：《科技人才评价政策传导与个体非理性行为——基于行为公共政策的分析》，载《科研管理》2022 年第 8 期。
② Dolan, P., Hallsworth, M., Halpern, D., et al., Influencing Behaviour: The Mindspace Way, Journal of Economic Psychology, Vol. 33, No. 1, 2012, pp. 264-277.
③ 周延风、张婷：《助推理论及其应用研究述评与未来展望——行为决策改变的新思路》，载《财经论丛》2019 年第 10 期。

著型助推、简化型助推、规范型助推等四种工具的分类描述,借助Nvivo12 软件对 63 份政策文本进行编码,利用软件分类功能提取某个节点下的所有内容,进一步比较分析不同的节点内容,并对节点进行必要的删除、合并或重组,最后形成编码表(见表 5-3)。

表 5-3 助推型政策工具的编码结果

助推型政策工具	具体策略		示例
默认型助推	默认选项	/	/
显著型助推	启动	启动政策	《民政部关于动员慈善力量依法有序参与新型冠状病毒感染的肺炎疫情防控工作的公告》
	显著	突出重点	把特殊困难企业纾困和发展放到当前工作的重要位置
		统筹工作	将疫情防控工作作为首要任务、调整全年工作计划、部管社会组织成立本单位疫情防控领导小组、党建引领
		分类指导	劳动密集型行业领域的行业协会商会、钢铁煤炭电力等行业领域的行业协会商会、对外贸易等领域的行业协会商会
简化型助推	简化内容	提供方案	推出促进消费的政策和活动、整合银联、银行等金融体系资源
		政策扶持	提前支付部购买服务费用、减半征收社会组织三项社会保险单位缴纳部分
	简化流程	优化程序	放宽年检条件、延期年检等工作
规范型助推	同侪效应	塑造榜样	通报表扬优秀行业协会商会、公开曝光违规收费的行业协会商会
	反馈	评优优势	将积极参与危机治理工作作为社会组织评优表彰的内容之一、表现突出的全国性社会组织在评估等工作中给予加分

资料来源:作者依据分析整理。

从表 5-3 中可以看到,政府主要通过显著型助推、简化型助推和规范型助推等三种政策工具动员行业协会商会参与公共卫生危机治理，默认型助推工具在政策文本中的体现不明显。

（1）显著型助推

显著型助推是通过标签信息来塑造显著性从而影响人们的行为。在公共卫生危机治理中，显著型助推工具的应用主要包括启动和显著。启动是指政府注重政策发布的及时性，即在行为发生的关键时刻发送政策信息，以引起行业协会商会的关注。从2019年年底到2022年，为应对危机和鼓励行业协会商会等社会组织参与危机治理，政府先后出台多项政策，成功地获得了社会各界关注，有力地推动了社会力量参与。显著是指政府通过突出重点、统筹工作、分类指导加强对行业协会商会的吸引力，动员其参与危机治理工作。比如，政策文本中提出"把特殊困难企业纾困和发展放到当前工作的重要位置""将疫情防控工作作为首要任务、调整全年工作计划"，并且对劳动密集型行业、钢铁煤炭电力等行业、对外贸易行业的行业协会商会进行分类指导。

（2）简化型助推

简化型助推是通过提供"傻瓜式"的菜单，对参与内容和参与流程进行重新设计，从而达到助推的目的。在公共卫生危机治理中，简化型助推工具的适用包括简化内容和简化流程。简化内容又可进一步分为提供行动方案和提供政策扶持，前者如推出促进消费的政策和活动，后者如提前支付部分政府购买服务费用，以及减半征收社会组织三项社会保险单位缴纳部分。简化流程主要体现为优化相关工作程序，如放宽社会组织的年检条件、允许延期年检等。

（3）规范型助推

规范型助推是通过利用人们的从众心理进行动员的一种方式。在公共卫生危机治理中具体包括同侪效应和反馈两种策略。同侪效应表现为政府通过塑造榜样的方式动员行业协会商会参与危机治理，具体政策要求包括通报表扬优秀行业协会商会、公开曝光违规收费的行业协会商会等。反馈表现为政府对积极参与危机治理的行业协会商会进行评优表彰，以作为对其积极参与的回馈，具体政策要求包括将积极参与危机治理工作作为社会组织评优表彰的内容之一、表现突出的全国性社会组织在评估等工作中给予加分等。

三、行业协会商会在危机治理中的政策配合性

由前文可知，政府在政策文本中主要通过显著型、简化型、规范型三种助推工具动员行业协会商会参与公共卫生危机治理。那么从实践角度来看，在政府的助推下，行业协会商会是如何配合政府行动的？本节以 S 市的四家行业协会商会为研究对象，分析行业协会商会配合政策要求参与危机治理的具体行动。

（一）案例选择与简介

为更加深入地分析行业协会商会配合政府的具体行动，我们在对十几家行业协会商会开展调研后选取了四家行业协会商会作为案例，其中包括三家行业协会和一家行业商会。案例的选取主要基于以下标准：一是案例的典型性。选择的行业协会商会在参与疫情防控工作中均做出较多贡献。二是选择的行业协会商会属于不同类型。行业协会和商会虽均属于行业组织，但两者在内部治理、组织规模等方面均存在一定差异，分别分析行业协会和行业商会能够更为全面地展现行业协会商会配合政策要求开展行动的整体情况。

2022 年 7—9 月，调研团队采用关键人物非结构化访谈的方法，

对四家有代表性的行业协会商会进行了实地调研，获得了丰富的一手资料。除了访谈资料以外，调研团队还获取了研究对象的电子版内部资料。访谈对象大多是行业协会商会的秘书长，也包括少数其他工作人员，如副秘书长、宣传部部长等，他们对行业协会商会的运行情况和参与危机治理的情况都很熟悉。研究人员在搜索多方来源的资料后对资料进行了比对分析，确保了分析资料的真实性和准确性。

案例一：A协会

A协会是以S市汽车零部件相关产品的生产制造、研发、流通、服务等企业自愿组成，实行行业服务和自律管理的跨部门、跨所有制的社会团体法人。2022年，A协会被S市社会团体管理局评为"5A级社会组织"。2019年年底的公共卫生危机暴发后，A协会在领导班子的安排和部署下开展了一系列防控工作。

第一步：起草并发布倡议书。A协会在第一时间对会员企业防控工作进行了紧急部署，要求全体会员企业高度重视公共卫生危机治理工作。2020年3月14日，协会秘书处发出《关于加强××零部件企业疫情防控倡议书》，倡议会员迅速反应，听从指挥，携手汽车零部件人之爱，彰显众志之诚，共克疫情之艰，体现了高度的政治自觉和责任担当。4月15日，协会秘书处在微信平台发布《S市A协会抗疫、防疫倡议书》，动员会员单位积极履行社会责任。

第二步：市场调研，摸查企业困难。A协会组织了专门针对汽车零部件中小微企业的行业调查，对企业受疫情影响的情况进行了分层式排摸。疫情对长三角地区汽车零部件供应链、产业链带来一定影响，为了解企业的复工复产和供应链、产业链恢复等情况，A协会会同长三角各地区汽车零部件商进行座谈调研，并向S市工商联和经信委提交"出口企业受疫情影响需求调研汇总""中小微企业受疫情影响需求调研汇总"等专报,就疫情对整个行业的影响作了全面分析,列出了行业堵点和亟待解决的困难。

第三步:协助复工复产。为促进企业复工复产,A协会向S市经信委、商务委等政府部门提交"关于汽车零部件出口企业复工复产相关问题的情况汇总""S市汽车零部件企业复工复产调研"等报告,并且得到采纳。

案例二:B协会

B协会是一家交电家电商业行业协会,成立于1988年。为顺应市场经济发展和政府职能转变的需要,B协会于2003年2月经改革调整走上依法民主办会、市场化运作的道路。B协会于2008年被评为"4A级社会组织"。B协会积极响应政府号召,从多方面参与疫情防控工作。

第一步:号召倡议。根据习近平总书记重要讲话精神和S市人民政府关于本市疫情防控的政策要求,B协会面向会员发布《关于S市家电行业应对新型冠状病毒疫情相关意见措施的通知》,要求会员在党中央、国务院的领导和决策部署下认真做好各项防疫工作。

第二步:编制疫情防控指引。为指引会员有效开展疫情防控工作,B协会制定了《S市家电维修服务业常态化疫情防控指引》,就落实场所主体责任、做好经营场所防疫防控、加强员工防护等方面提出要求和作出指导。

第三步:助力复工复产。为助力企业复工复产、促进市场回暖,在S市商务部门的指导下,B协会与S市商业联合会于2022年6月10—30日联合开展消费券发放活动。作为首批家电消费补贴的指定实施单位,永乐生活电器向市民发放50元、200元、300元、500元面值的通用消费券,市民至全市永乐线下门店、线上"真快乐"客户端消费时,可直接抵扣使用。

案例三:C 协会

C 协会成立于 1987 年,会员为从事室内设计和装潢的中小企业,共有会员单位 500 余家。C 协会以服务企业、规范行业、发展产业为宗旨,在疫情防控中积极响应政策要求和配合政府行动。

第一步:号召宣传。疫情暴发初期,C 协会向广大会员单位发出《关于室内装饰行业进一步做好疫情防控的倡议书》,号召会员单位深入贯彻市委、市政府关于加强疫情防控工作的重要精神,认真落实有关疫情防控的要求,配合政府打赢疫情防控阻击战,确保行业有序发展。协会还创办"装企'沪'航,同心抗'疫'"线上专栏,报道会员企业抗疫活动和优秀事迹。

第二步:志愿服务。疫情期间,C 协会常务副会长单位统帅装饰集团的员工就地投入正在施工的 S 市某小区的疫情防控工作,积极报名参加社区志愿服务,配合小区参与核酸检测、值班巡逻、信息统计、物资配送、清理垃圾等工作。

第三步:助力复工复产。为深入贯彻落实市委、市政府关于促进消费回补和潜力释放的决策部署,C 协会积极参与"S 市购物节"系列活动,并且在高温酷暑之下、企业全面复工之际,组织开展"抗击疫情,倾情慰问——战高温 送清凉 助力企业复工复产"主题活动。不仅如此,C 协会秘书处工作人员还以专委会为板块,分别对所属部分中小企业进行走访慰问,了解会员企业的经营现状,并形成调查报告。

案例四:D 商会

D 商会成立于 2010 年,现有直属会员单位 1200 余家,遍布现代服务业、制造业、建筑业等多个领域。D商会在会员规模、发展速度、活动质量和规范管理等方面都走在S市异地商会的前列，自成立以来先后荣获"S市先进社会组织""S市品牌社会组织""全国四好商会""全国工商联防疫抗疫优秀社会组织"等奖项和荣誉称号。疫情暴发后，D商会利用自身优势积极参与资源调配、物资捐赠等防疫工作。

第一步：成立指挥小组。疫情暴发后的第一时间，D商会秘书处就组织召开会议，决定由会长单位成立临时指挥小组，会议结束后立即发布疫情防控倡议。倡议发布后，会员单位纷纷行动起来，充分发挥自身优势捐款捐物，部分会员单位第一时间驰援疫区。

第二步：志愿捐赠。受S市P区疫情防控办公室委托，在D商会的协调联络下，商会会长单位月星集团主动承担P区某镇8个城中村的对口支援工作，对接社区物资需求信息。在了解到当地急需二轮和三轮电动车运送防疫保供物资后，集团紧急部署旗下的江南环球港世界港口小镇火速展开驰援行动。

第三步：助力复工复产。一方面，D商会联合商会联席会长单位——零点有数（Dataway），共同发起"战疫有数：疫情期间企业复工冲突问题和具体政策诉求"线上专项调研工作，及时收集和分析调研数据，并提交相关政府部门，为政府制定有针对性的帮扶方案提供数据支撑。另一方面，D商会通过会员微信群解读疫情防控政策，尤其是企业关注度较高的租金减免、财税优惠、金融支持、社保优惠、灵活用工等政策，并且号召会员企业用好政策、相互扶持、共济时艰。

（二）行业协会商会的政策配合情况

如前所述，政府主要运用显著型、简化型、规范型三种政策工具引导行业协会商会参与公共卫生危机治理，而不同的政策工具会对行业协会商会的行动带来不同影响。通过对案例分析发现，在政府的助推下，行业协会商会的配合行动主要体现在参与、提效和激励等三方面。

1. 参与：响应政策号召发出倡议书

在显著型助推工具的作用下，行业协会商会纷纷发起倡议书，积极配合政府启动防疫工作。通常，当重大突发公共卫生事件暴发时，省级政府会启动响应机制，并发布倡议书动员全民参与。2020年1月22日，湖北省启动二级应急响应。随后，1月24日，S市启动一级应急响应。1月26日，民政部发布《关于动员慈善力量依法有序参与新型冠状病毒感染的肺炎疫情防控工作的公告》。在民政部发文之后，一些地方民政部门积极动员慈善力量、社会组织、志愿者参与疫情防控。S市行业协会商会在政府动员和引导下也纷纷投入防疫抗疫工作。

被访谈的行业协会商会无一例外地表示，在关注到疫情和相关政策后，行业协会商会立即召开会议讨论如何参与这场危机处理工作，大多数行业协会商会不约而同的选择是首先发布倡议书。A协会秘书长在访谈中讲道："协会从2020年3月14日开始参与S市的疫情防控工作，当时政策导向已经非常清楚，我们就召开会长办公会会议，之后在公众号发布了号召会员加强疫情防控的倡议书。一些会员单位看到倡议书就联系我们捐款捐物，还有的提供货物运输。这个倡议书是在政府模板的基础上形成的，当时政府是发过一个模板，我们结合协会的情况进行了一点修改。发布倡议虽然是一件很简单的事，但也是一种参与，也起到了宣传和引导作用。"（访谈编码：20220713AMSZ）

2. 提效：通过加强沟通促进政策落地

为更好地配合政府开展工作，行业协会商会采取正式和非正式两种方式与政府、会员单位进行沟通。正式沟通具有规则性和高度的认可价值，是组织间沟通的重要方式。行业协会商会在配合政策要求参与危机治理过程中，特别重视发挥正式沟通的作用，具体体现为通过正式渠道向政府部门递送行业信息。2020年4月，S市人民政府发布《关于提振消费信心强力释放消费需求的若干措施》，同时启动"五五购物节"。为配合S市政府打响购物节品牌形象，助力购物节"五大消费"之一的"家装消费"活动有效开展，B协会以首届S市洗碗机节为契机，加强了与S市商务委的正式沟通，建立了向商务委定期递送协会工作简报的正式沟通机制。

在公共卫生危机治理的特殊时期，正式沟通存在时间成本较高的问题，因而非正式沟通成为行业协会商会运用得更多的手段。一方面，不少行业协会商会采用微信群、电话等非正式方式与政府部门进行沟通。C协会的被访者表示，他们在常态时期都是通过正式渠道与政府部门沟通，但是在危机治理期间，他们积极与不同的政府部门建立微信群，政府部门需要协会配合行动的时候通常会在群里发消息，协会则根据政府需求联系会员和行业企业。这样的沟通方式不仅能够有针对性地解决问题，而且能够减少不必要的中间环节，降低信息摩擦的风险。

另一方面，行业协会商会通过非正式方式与会员单位进行沟通，以快速落实政策要求。比如，在政府下达相关政策后，D商会积极组织办公室、新闻中心的4名主力成员和会员部6名成员成立疫情防控工作组，组成"特种作战小分队"，采用电话、微信等多种手段联系会员单位，了解会员单位需求，帮助其克服困难。不仅如此，D商会还积极在微信公众号转载政策信息，以方便会员及时了解和落实政策。如2020年3月4日，D商会转载《S市惠企"28条"政策》一文；3月20日，D商会转发市场监管局关于防护用品标准和法规指引的推文。虽然疫情阻隔了线下的信息传递，增加了行业协会商会与会员单位的沟通难度，但新媒体技术为线上交流提供了便利。

3. 激励：通过宣传反馈带动参与

激励是政府助推行业协会商会参与公共卫生危机治理的重要政策工具，行业协会商会也积极利用此类工具带动同行和企业参与。一是利用同侪效应激励其他行业协会商会参与疫情防控。政府多次强调要强化宣传效应，行业协会商会应充分发挥新媒体的作用，利用网站、微信公众号对会员单位在疫情防控中的经验做法和优秀事迹进行宣传，充分发挥榜样的力量。在政策引导下，不少行业协会商会在官方微信公众号上开设防疫专栏，积极宣传行业协会商会和会员单位的抗疫活动和优秀故事。比如，A协会的微信公众号发布4期《行业协会在行动专题报道》和15期《守望相助，战"疫"快报》；C协会的微信公众号开设"装企'沪'航，同心抗'疫'"专栏，共更新27期。在访谈中，C协会工作人员表示，在疫情防控中行业协会商会形成了一股强劲的力量，当看到那些自身条件薄弱、组织规模小的行业协会商会也在积极参与时，便会备受鼓舞，更加有动力加入防疫行列。

二是通过积极反馈激励会员单位参与。提供反馈能够增强人们的心理预期，帮助人们判断自己的行为是否适当，从而作出有益的选择。一个好的反馈应该考虑发送的时机，并能够使对方易于理解。研究显示，"感谢"不仅能给人以正面的情绪体验，而且对增进双方的关系有很大帮助，同时"感谢"有利于激发亲社会行为，当人们收到正向反馈后会再次提供帮助。[①] 在危机治理中，行业协会商会得到了来自政府的积极反馈，它们也将这种反馈应用于会员单位，以激发会员单位的参与积极性。比如，A协会多次召开会员企业线上座谈会，对积极参与危机治理的单位及其员工予以表扬和感谢，并在微信公众号上进行宣传报道；复工复产期间，协会主动联系和到会员单位中走访调查，了解复工复产面临的困难，并将企业问题反映给政府，又将政府意见及时反馈给企业。

四、研究结论与政策建议

作为社会治理的重要主体之一，行业协会商会在诸多领域中越来越多地配合政府开展工作。本章界定了政会配合型共治的概念，分析了配合型共治的具体特征与形成动因，以行业协会商会参与公共卫生危机治理为例，采用文本分析法对行业协会商会参与危机治理的政策文本进行了分析，明确了行业协会商会配合政府行动的政策前提，以及政府动员行业协会商会参与的助推型政策工具，在此基础上，选取S市四家行业协会商会为案例，描述和分析了它们配合政府开展危机治理的情况。

研究发现，行业协会商会配合政府开展危机治理的行动主要表

[①] 戴斌：《谁来致谢好心人？——感谢信的主体对捐赠者后续捐赠意愿的影响》，武汉大学2014年博士学位论文。

行业协会商会与政府共治：配合、协作与合作

现为参与、提效和激励。参与是在显著型助推下，行业协会商会发布倡议书，动员会员单位参与危机治理。提效是在简化型助推下，行业协会商会建立正式与非正式沟通机制，畅通与政府、会员单位的联系渠道，以增加参与实效。激励是在规范型助推下，行业协会商会利用同侪效应和反馈机制提升同行和会员单位的参与积极性。

既有研究多在政会双方地位不对等的前提下解释行业协会商会对政府的配合行动，将行业协会商会配合政府行动归结为行业协会商会的弱势状态和政府的支配地位。这种观点虽然具有一定的合理性，但是对脱钩后的政会关系的解释力有限。这是因为，随着行业协会商会的不断发展和日趋成熟，以及政府持续改革行业协会商会管理体制，一方面行业协会商会的自主性在不断增强，另一方面政府也期望能够更加充分地发挥行业协会商会的应有作用。在前文界定政会配合型共治概念的基础上，本章突破政会关系不对等的传统观点，在共治视角下阐释了行业协会商会配合政府行动的动因，认为除了资源依赖关系外，行业协会商会配合政府行动的主要原因在于行业协会商会需要获取合法性。此外，本章具体分析了行业协会商会配合政府行动的政策前提和实际过程，揭示了政府政策影响行业协会商会配合性行为的内在机理，在一定程度上丰富了政会关系研究。

需要注意的是，在政会配合型共治中，仍然存在信息不对称、参与能力有限等问题，我们在调查研究中发现，有不少行业协会商会对公共卫生危机治理的政策要求并不十分清晰，或者没有作出积极回应，政策配合性不强。在未来的发展中，无论是危机状态还是常态中，为促进政会配合型共治，提升整体共治成效，可以从以下几个方面完善体制机制：一是政府需要加强政策宣传，特别是有针

对性地对与政策相关度高的行业协会商会进行告知式宣传，以提高行业协会商会的政策知晓度；二是完善政府与行业协会商会的信息沟通和共享机制，比如建立行业协会商会管理信息平台，通过平台及时发布政策需求，方便行业协会商会找准配合政府行动的方向和内容；三是加强对行业协会商会的培育扶持，全面提升其组织治理能力，使其有实力配合政府开展行动。

第六章

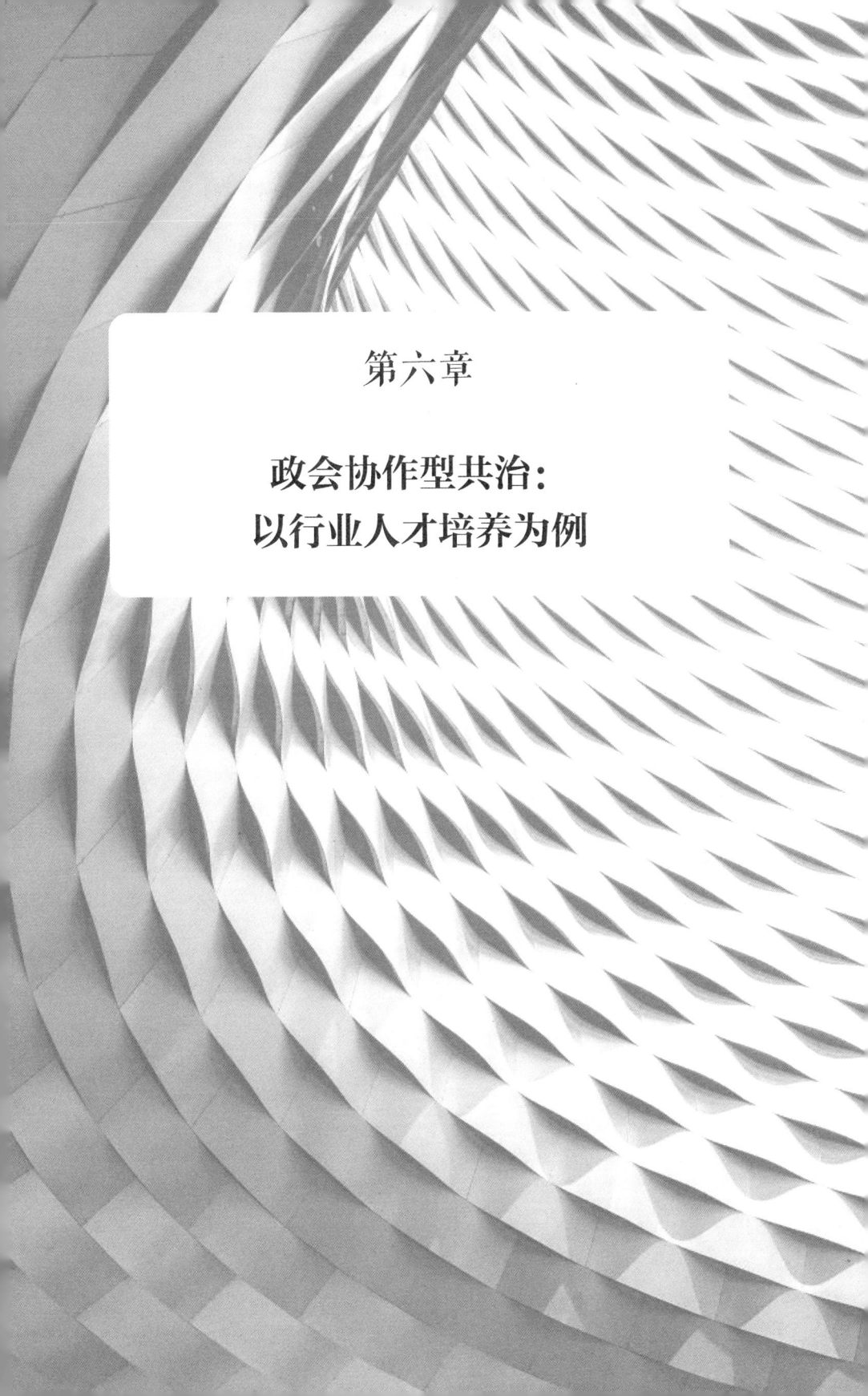

政会协作型共治：以行业人才培养为例

协作是当今社会中普遍存在的一种劳动关系,建立在平等的主体身份和专业化分工的基础之上。协作是政会共治的三种模式之一,政会双方的联结程度高于配合型共治、低于合作型共治,其突出特征是政府与行业协会商会虽然有着共同目标和一定的联合性行动,但追求各自的利益和保持彼此的组织独立性。政会协作型共治存在于行业人才培训、资质认定、安全生产、环境保护等多个领域,是行业协会商会参与行业治理、社会治理的常见形式。本章先界定协作和政会协作型共治的概念,然后介绍行业协会商会在行业人才培养中的作用与协作概况,接着以行业协会商会参与行业人才培训为例详细讨论协作型共治在实践中的情况,最后就促进协作型共治发展提出建议。

一、协作与政会协作型共治的界定

(一) 协作的概念

中文学术界对"协作"概念仅有为数不多的讨论。张康之教授在对合作的研究中将广义合作界定为互助、协作和合作,并在与合

行业协会商会与政府共治：配合、协作与合作

作相比较的意义上对协作进行了一定的讨论。他认为，协作具有六方面特征：（1）协作的目的是明确的而且单一性的。协作通过签约的形式对协作者的义务进行详细规定。（2）协作的过程是一个"交换"过程。它要求协作者履行各自的"签约义务"，他们相互的兴趣既不需要也不被鼓励超过完成签约认可的任务。（3）协作使人失去个体性而成为形式化的符号。在协作行动中，参与者的义务也可以被其他人履行。也就是说，个人在这里被作为形式化的存在而对待，是抽象的协作者而不是完整的人。（4）协作是服务于自私的需要。参加者不必关心签约中其他参加者的利益，签约合同是为了保证或者提高各自的福利。（5）协作关系从属于法律的规定，接受法律的调控而不受道德的制约。（6）协作无论在表现形式上拥有多大的自由和自主性，在根本性质上都是被动的和"他治的"。协作关系本身就是建立在约束和限制的基础上的，表现出"他治"的特征。[①]

在对劳动关系的研究中，有学者指出，"协作劳动是社会主义的重要特征"。该研究认为，人类劳动大体上可以分为生存劳动、强制劳动、雇佣劳动和协作劳动等四种形式，当前，劳动形式已经进入协作形式。所谓协作劳动，是指以协商和合作为前提建立的，以自由和平等为特点的一种双向（指劳动关系的建立是由双方协商建立的）劳动机制或状态，具体指许多人在同一生产过程中，或在不同但互相联系的生产过程中，有计划地一起协同劳动。[②] 可见，协作劳动强调平等协商和共同劳动，但除平等协商这一特征之外，研究者并没有详细讨论协作劳动中协作的具体内涵。

[①] 张康之：《论合作》，载《南京大学学报（哲学·人文科学·社会科学版）》2007年第5期。
[②] 蒋德海：《论我国社会主义协作劳动制度的完善》，载《学术界》2022年第2期。

第六章　政会协作型共治：以行业人才培养为例

一项对公共性的研究提出了"公共性从技术上讲是协作方式"这一观点。该研究认为，社会协作是公共性的技术内涵和社会关系的存在方式，体现了公共性时空的一般特征。共同体利益代表对公共性价值内涵的实质判断，社会协作代表对公共性技术内涵的实体判断。社会协作和共同体利益分别是公共性的技术和价值基础，构成公共性的根本内容。公共性本质的规定性是两者的合体，即共同体协作，而公共性则是基于共同体的协作或通过协作实现共同体的属性。技术上的协作和价值上的共同体归属之于公共性的本质缺一不可，是划分公共性归属和识别公共性内容的依据。以何种方式在多大规模上，又在多大程度上实现社会协作和共同体利益，构成公共性的核心议题。① 这一对协作的理解显然与前述张康之教授对协作的解读存在较大差异，后者认为协作中的个体不是"完整的人"，只有合作才是人的本性需求，而前者则将社会协作中的人视作具有公共性的人，而具有公共性的人显然应具有"完整的人"的基本属性。由此可见，政治学和公共管理学界对协作还缺乏概念上的共识。

在经济学和组织学研究中，"协作"是一个更常被讨论的概念，常用于"协作生产""协作平台""组织协作"等复合名词之中。一项对大规模协作网络的研究表明，在当今的经济生活中，跨组织大规模协作网络正在出现，这一经济现象说明高度的精细分工与大规模协作的观点取代了资源依赖理论，企业组织使自己变得要依靠其他的组织以增加组织的价值和生产力。由于模块化技术的作用，资产专用性下降，垂直一体化企业被分解，跨组织大规模协作逐渐成

---

① 罗梁波：《公共性的本质：共同体协作》，载《政治学研究》2022年第1期。

行业协会商会与政府共治：配合、协作与合作

为组织间关系的重要形式。跨组织大规模协作具有自组织行为的本质，通过同侪生产的方式汇聚与驾驭人们的技能与创造能力。这种方式将单个组织或个人广泛分布的知识、能力以及资源有机地组合起来进行创新，从而实现大大超出个体组织所能够实现的目标。[①] 在这一研究中，协作是一种区分于市场和官僚制的自组织行为，建立在社会分工不断深化、技术性协作平台不断发展的基础之上，代表着知识创新的最新方向。

从不同学科对协作的理解中可以看到，协作既可以是一种组织间共治方式，也可以是一种社会劳动方式，同时是人的社会性、公共性的一种体现，既具有先进性又存在局限性。从本质特征上看，协作强调共同目标、平等和自愿。

协作以参与者要实现共同目标为前提，共同目标是参与者协商谈判的结果。协作的平等性是指参与者在协作过程中不存在等级高低，彼此处于平等关系之中。即使是组织内部或系统内部纵向的协作关系，也存在去等级化特征。协作的自愿性是指，协作者自愿采取协作行动，而不受任何外力强制。

此外，有研究还提出，协作具有封闭性和排除性特征。协作的封闭性是指，协作者的范围、协作的内容、协作的程序以及协作应遵循的规范和规则等均明确的时候，才有利于协作的顺利开展。协作的排除性是指，协作在对协作者的选择上往往是经过充分考虑的，其中，协作者是否具有协作共事的能力，有无遵守契约以及其他协作规则的诚信记录等，都需要在协作的实质性进展开始之前就已经

[①] 罗珉、王雎：《跨组织大规模协作：特征、要素与运行机制》，载《中国工业经济》2007年第8期。

被考虑过,即通过这种考虑对协作者进行选择和排除。①

协作的过程是一个"交换"过程。"它要求参加者双方——既不少也不多——履行他们各自的'签约义务'。双方注意力被集于手边的任务——交付一定的商品,完成一定的工作,把一定的服务换成一定数额的金钱——而不是彼此的。他们相互的兴趣既不需要也不被鼓励超过完成签约认可的任务。"或者说,在协作的过程中,各自以自己所拥有和所能提供的因素去与他人那些可以弥补自己不足的因素进行交换,不管这种交换在实际上是否等值,却是可计算的,是在计价中被确定的,以至于在收获协作成果时根据计价来分配,从而完成交换过程。

(二) 政会协作型共治的特征

行业协会商会与政府以协作的方式进行共同治理,在本书中被称为政会协作型共治。协作是与配合、合作相并存的一种政会共治模式,遵守其他领域中协作的一般规律。根据第三章的分析,以及上述对协作概念的再解读,可以从以下几个方面理解政会协作型共治的主要特征:

(1) 持续性。协作需要就共同目标进行协商和达成共识,在共同目标形成之后,协作一般会持续一段时间,比如一年甚至三年。如果双方能够持续调整共同目标,协作也有可能持续更长的时间。在政会共治中,行业协会商会与政府共同开展行业人才培养是比较典型的协作行为。政会共同开展行业人才培养一般以年度协议的形式进行,部分行业协会商会可能基于更长时期的协议协助政府开展

---

① 张康之:《论合作》,载《南京大学学报(哲学·人文科学·社会科学版)》2007年第5期。

行业人才培养工作。

（2）共同目标。协作通常被理解为形成共同目标的过程，双方要经过协商和谈判，最后达成共识。这也是协作与配合、合作相区分的最重要特征。政府与行业协会商会在行业人才培养方面虽然有共同目标，但也有各自追求，双方协作开展这一工作，势必要通过协商形成新的共识和新的目标框架。

（3）组织自治。双方在协作中虽然有联合行动，但各自保持自治，不因联合行动而让渡权力。仍以政会协作开展行业人才培养为例，通过承接购买服务项目的方式接受政府委托开展人才培养工作，是行业协会商会与政府协作的常见方式，行业协会商会只需在前期与政府达成一致目标，在培训项目实施过程中，行业协会商会完全是独立行动，政府只是通过检查和评估的方式督促项目完成，而不介入培训的具体过程，行业协会商会在培训工作上拥有完全的自主权，组织自治性不因承担政府委托项目而受到影响。

（4）结构性联系。协作关系中存在中等水平的结构性联系，政会双方在信息、资源等多个方面实现共享，也因此，成员进出受到一定限制，换言之，协作成员需要具有一定的资源或能力特性，成员的排除性特征比较明显。在行业人才培养中，能够与政府协作的伙伴相对有限，一般认为，行业协会商会因为具有专业和人才汇聚优势，是政府最理想的协作者。

（5）正式性。协作可以是正式或非正式的，也可以是半正式的，政会双方既可以通过正式的谈判来达成共识，也可能通过私人接触和关系动员来促进共同目标的形成；既可以将所取得的共识契约化，也可以使之成为一种口头承诺。政会协作在正式性上同样具有多样性，比如在环境保护、安全生产等问题上，政会双方可能只是在协商的基础上形成口头共识，并将部分内容付诸行动，而在行业人才培养等工作中，政会双方更多地采用协议的方式约定双方权利和义务。

（6）回报与风险。协作型共治的回报与风险通常处于中等水平，这主要是因为协作中的政会双方更多是就共同目标达成一致，并为实现共同目标进行一定的信息、资源共享，而不形成深度依赖关系。因此，成功的协作可以促进共同目标的实现，不成功的协作仅意味着共同目标难以完成，以及双方有限的损失。

综上所述，协作作为政会共治的一种模式，可以从特征上与配合、合作相区分。协作是介于配合与合作之间的共治形态，它对政府和行业协会商会双方的要求主要体现在共同目标的形成阶段，对联合行动的要求较低，几乎没有对双方让渡组织自治权、进行行动协调和制度重建的要求。因此，相比较于配合，协作是一种更为正式的共治方式，但相比较于合作，协作对参与者行为调适程度的要求较低。

二、行业协会商会在行业人才培养中的作用与协作概况

在全球范围中，德国商会在行业人才培养中的作用最受瞩目。德国商会具有公法人地位，实行强制入会制度，因而在多个方面履行公共职能。在行业人才培养方面，德国商会除了其自愿接受的任务以外，还接受法律规定的以及政府委托的任务，如职业教育。商会在职业教育领域里的任务可以分为两种类型：强制性任务和自愿承担的任务。根据德国联邦职业教育法，商会是职业培训的主管机

行业协会商会与政府共治：配合、协作与合作

关，负责培训的实施、监督、咨询与考核。比如，商会对职业培训的监督，具体包括对企业中培训条件的审查和对培训的定期监督。在德国，每个培训关系都需要订立一份培训合同，所有的培训合同必须呈送给商会，商会根据法律委托给它的任务审查培训合同是否符合法律规定，必要时审查是否符合劳资合同中的规定，然后负责把培训合同登记在培训合同目录中。为了监督企业依法实施职业培训，商会还会聘请培训顾问。培训顾问们会定期访问企业，与企业负责人进行交谈并了解信息，审查企业是否适合进行某种职业培训，是否能保证必要的培训质量。此外，商会还会承担跨企业培训，聘请会员企业里的技术员、工程师或是师傅来担任培训者。同时，商会还负责考试事务，承担考试的准备与组织，包括期中考核、职业毕业考试、进修考试。

德国商会在承担行业人才培养这一公共任务的过程中，得到政府的多方支持。政府会对商会聘请培训顾问给予补贴，商会跨企业培训场所的建立和设备更新也可以从政府那里得到补贴。此外，商会在实施对考试的验收中也可以收取费用。政府之所以通过各种补贴的形式支持商会履行行业人才培养的职责，主要是因为商会贴近企业，能够准确地了解培训需求，作出合理的培训规划。在德国，只有商会在行业人才培养中才具有这些作用，作为私法人的行业协会不可能承担职业教育类的政府性任务。①

我国行业协会商会没有公法人与私法人之分，但是近代以来，行业协会商会在行业人才培养甚至是教育事业发展中都发挥着不可忽视的作用。民族资本主义经济发展的初期，对科学技术和掌握科

---

① 关于德国商会在行业人才培养中的作用主要参见董琦、郑春荣：《德国商会在职业教育中的地位与作用》，载《职教通讯》2001 年第 12 期。

学技术的人才产生了迫切需求，对传播科学技术知识和培养人才的教育提出要求，使教育发展有了现实需要。工商界以其较为雄厚的经济实力，为参与教育活动提供了必要的经济基础。作为民间工商组织的中枢机构，在政府的鼓励、推动和自身实业发展需要的基础上，商会以创办新式学堂、组建和参与组建新式教育社团、捐资教育和介入社会教育等形式，参与到近代教育的兴办过程之中；同时，鼓励商会成员积极参与近代教育活动，不仅推动了近代教育发展，而且对办学模式作出可贵探索，并将实业发展对人才的需求和兴学经验反馈于决策部门，间接影响了教育政策制定。

商会参与教育事业与晚清和民国政府的政策推动和积极作为有密切关系。为解决兴学中的经济困难，晚清和民国政府出台了一系列政策和配套措施，采取劝谕商会办学、指定商会办学、奖励商会办学等多种方式鼓励商会参与教育事业和行业人才培养，创造了良好的政策环境，调动了商会兴学的热情。[1]

中华人民共和国成立以来，行业协会商会在经过曲折发展之后，于改革开放之后逐渐在行业人才培养中发挥作用。《国务院关于大力发展职业教育的决定》规定，"行业主管部门和行业协会要在国家教育方针和政策指导下，开展本行业人才需求预测，制订教育培训规划，组织和指导行业职业教育与培训工作；参与制订本行业特有工种职业资格标准、职业技能鉴定和证书颁发工作；参与制订培训机构资质标准和从业人员资格标准；参与国家对职业院校的教育教学评估和相关管理工作。"《国务院关于加快发展现代职业教育的决定》特别强调行业组织在职业教育中的作用，指出要"深化产教融

---

[1] 李忠：《商会与中国近代教育研究》，河北大学 2005 年博士学位论文。

合，鼓励行业和企业举办或参与举办职业教育，发挥企业重要办学主体作用……通过授权委托、购买服务等方式，把适宜行业组织承担的职责交给行业组织，给予政策支持并强化服务监管。行业组织要履行好发布行业人才需求、推进校企合作、参与指导教育教学、开展质量评价等职责，建立行业人力资源需求预测和就业状况定期发布制度"。国务院办公厅印发的《职业技能提升行动方案（2019—2021年）》同样规定，"支持鼓励工会、共青团、妇联等群团组织以及行业协会参与职业技能培训工作"。

近年来，党和国家高度重视人才培养，行业协会商会在其中的作用也受到进一步重视。2021年9月习近平总书记发表《深入实施新时代人才强国战略 加快建设世界重要人才中心和创新高地》讲话，指出："当前，我国进入了全面建设社会主义现代化国家、向第二个百年奋斗目标进军的新征程，我们比历史上任何时期都更加接近实现中华民族伟大复兴的宏伟目标，也比历史上任何时期都更加渴求人才。实现我们的奋斗目标，高水平科技自立自强是关键。综合国力竞争说到底是人才竞争。人才是衡量一个国家综合国力的重要指标。人才是自主创新的关键，顶尖人才具有不可替代性。"2022年，中共中央办公厅、国务院办公厅印发《关于加强新时代高技能人才队伍建设的意见》，并发出通知，要求各地区各部门结合实际认真贯彻落实，加大高技能人才培养力度，构建以行业企业为主体、职业学校为基础、政府推动与社会支持相结合的高技能人才培养体系；提出行业主管部门和行业组织要结合本行业生产、技术发展趋势，做好高技能人才供需预测和培养规划。

从实践发展看，经济发达地区行业协会商会在行业人才培养方面比较活跃，参与的主要形式有：一是受政府委托开展行业人才培

第六章　政会协作型共治：以行业人才培养为例

训工作；二是承接政府转移的行业职称评定工作；三是响应政府要求建立行业人才工作站。

（1）受政府委托开展行业人才培训工作。行业协会商会在行业人才培训方面具有专业优势，是政府开展这一工作的得力助手。2006年4月，中国建设教育协会开始根据行业需求开展建设行业专业技术管理人员职业资格培训工作，针对六个关键岗位——施工员（工长）、质检员、安全员、材料员、资料员、监理员开展培训。其后，应地方建设行政主管部门邀请，协会先后在北京、山西、云南、甘肃等未能建立职业资格证书制度的地区开展职业培训项目。此外，协会还在当地建设行政主管部门同意的情况下，在部分已建立职业资格证书制度的地方开展职业培训。协会主要依托地方建设教育协会、地方教育培训机构和地方高校开展培训工作。例如，北京建设教育协会、山西建设教育协会、云南建设教育协会和甘肃建设教育协会等会员单位，均为受当地建设行政主管部门委托，与中国建设教育协会合作，在其辖区内开展职业培训项目的机构。[①]

（2）承接政府转移的行业职称评定工作。职称评定的国际通行做法，是由专业的学术机构来进行，政府一般不负责具体事务。我国的职称制度是计划经济时代建立的，一直由政府主导标准制定，评审工作全部由政府部门负责，与市场经济发展和行业治理的要求不相符合。为改变这一局面，深圳市从2002年开始探索将原由政府承担的职称评定的一些职能向行业组织转移。最开始是建筑装饰行业协会申请承接职称评定具体组织工作。随后的10年中，有6家行业协会承接了职称评定职能工作。2013年，深圳市加大工作推进力

[①]《中国建设教育协会开展职业培训项目情况的介绍》，https://www.ccen.com.cn/info/1132/1577.htm，2024年5月11日访问。

度，新增了12家行业协会参与职称评定工作。2014年，深圳市将原来所有由政府承接的职称评定职能全部转移，共有30家行业协会（包括学会）承接了45个职称评定工作。比如，原由市交通运输委员会负责的交通运输高、中级评委会，转移调整由深圳市城市交通协会承接。①

（3）响应政府要求建立行业人才工作站。一些地方政府高度重视发挥行业协会商会在人才培养中的作用，并且为发挥行业协会商会作用不断探索新机制。建立行业协会（商会、学会）人才工作站，是温州市企业人才服务工作的创新之举，旨在健全企业人才服务网络、推动企业人才队伍建设。2016年，温州市在全市设立行业协会（商会）人才工作站52家，覆盖鞋革、电气、紧固件、食品工业、证券期货等行业。除了对接企业人才需求、帮助企业招才引才之外，人才工作站还有负责职称外延评审、举办职业技能大赛等职责。2018年11月，《中共温州市委组织部、温州市人力资源和社会保障局、温州市财政局关于鼓励行业协会（商会、学会）人才工作站积极组织培养开发企业骨干人才的通知》发布，提出要进一步发挥人才工作站在培养开发企业骨干人才工作中的重要作用，加快本土人才队伍建设，合力推进温州高水平建设人才生态最优市，同时明确人才工作站的基本工作包括建立行业人才专家库、加强对入库人才的培养使用，具体又包括开展技术难题研讨、技能提升培训、举办各种论坛、师徒结对培养等活动。该通知还明确了对人才工作站开展行业骨干人才培养开发工作的考核奖励和经费补贴政策。

---

① 《深圳市职称评定职能向行业组织转移》，http：//hrss.sz.gov.cn/gkmlpt/content/5/5530/post_5530970.html#1648，2024年5月27日访问。

三、行业人才培养中政会协作共治的案例分析

为深入了解在行业人才培养中行业协会商会与政府协作的情况，研究人员于2022年8月18日对S市交家电商业行业协会进行了深度访谈。访谈对象为该协会的主要负责人，分管培训项目。访谈时长为3小时。访谈过程中查阅了该协会培训工作的相关资料，主要包括与政府签订的培训协议、培训政策依据、培训教材和培训安排等。访谈前后研究人员通过该协会的官网和微信公众号，对与培训相关的内容进行了仔细检索和阅读，确证了访谈所获信息的真实性和准确性。

S市交家电商业行业协会成立于1988年10月，为顺应市场经济发展和政府职能转变的需要，于2003年2月经改革调整，走上依法民主办会、市场化运作的道路，目前协会90%的收入为会费。行业业务涉及家用电器的制造、流通、服务、回收利用和处置，以家电流通业为主。截至2022年7月底，协会拥有会员企业308家，会员企业占据市场份额85%以上。协会下设厨卫电器专业委员会、手机销售专业委员会、维修专业委员会、质量专业委员会、郊县专业工作委员会、服务专业委员会、教育培训中心、平板电视销售专业委员会、空调技术专家工作小组和家电报修一线通平台。协会的日常工作主要包括行业规范管理、行业信息交流、行业统计和培训、行业调查咨询、行业品牌推广、行业利益保护和协调等。协会是S市商业联合会、S市工商联和S市现代服务联合会的会员单位，指导机关是S市商务委。协会曾被评为"S市先进民间组织"，在2008年等级评估中获评为"4A级社会组织"。

行业协会商会与政府共治：配合、协作与合作

交家电商业行业存在大量培训需求，如空调安装人员、各类电器维修人员都需要经过培训后才能上岗。S市交家电商业行业协会成立后便着手开展行业培训工作。2004年，根据《关于〈S市家用电器服务维修专业技术职业资格暂行规定〉的通知》的精神，协会举办了考试辅导培训班，设置了音频、视频、多媒体专业、制冷空调专业、办公设备专业等培训课程，为业内人员报考助理工程师和工程师提供帮助。2006年，受市劳动和社会保障局委托，协会开办了制冷设备维修工（初级）的培训，并向经考核合格颁发《制冷设备维修工（初级）》证书。但此后，协会的培训工作停止。从2016年起，S市交家电商业行业协会开始承接S市商务委委托的培训项目，与商务委形成比较典型的协作型共治关系。

（一）行业培训中政会协作的形成

S市交家电商业行业协会成立后即有意在行业培训中发展，最初是与S市A区商务委、S市劳动和社会保障局合办培训项目，在培训领域积累了丰富经验。随着家电市场的发展，各类行业培训的需求日益增多，与此同时，政府对行业协会商会开展行业人才培训的管理日渐规范，原则上，政府需要通过合同外包的方式将具体组织和举办行业培训的职能交由社会力量。行业协会商会无疑是商务委的理想选择。S市家电行业从业人员有两三万，相关行业协会商会有三家，除交家电商业行业协会以外，还有家用电器行业协会和电子电器维修行业协会，三家协会的会员覆盖率相加起来大致能够覆盖到整个行业，因此，它们都是商务委开展行业培训需要借助的力量。

S市交家电商业行业协会的负责人在访谈中谈道："商务委需要

第六章 政会协作型共治：以行业人才培养为例

有人帮它开展培训，这个行业的培训需求是很大的，商务委要维护行业秩序、促进行业发展，必然要做这一工作。我们协会要服务行业发展，也要培训行业人才。协会成立之后，我们一直在培训方面做工作。因此，2016年商务委找我们谈培训的事情，正好是我们需要的，我们一方面希望培养行业人才，另一方面也希望通过帮政府培训增加收入，于是很快就达成了一致。后续，我们就如何合作的问题进行了协商，包括培训的基本框架、形式和经费问题。"（访谈编码：20220818JJD）

协会承接培训项目的形式是签订年度培训协议，从2016年到2022年，培训项目并不是连续性的，中间有过中断。这主要是因为商务委的工作计划发生变化，协会负责人讲道："培训基本上是年度性的，每次都会签订新协议，但不是每年都有培训。"（访谈编码：20220818JJD）

在翻阅协会上一年度培训合同时发现，与协会签订培训协议的并不是商务委，而是一家培训中心。对此，协会负责人解释道："商务委将所有培训委托给培训中心，这是一家企业，企业再委托给协会。"（访谈编码：20220818JJD）当问及商务委为何不直接将培训项目委托给协会时，协会负责人讲道："这个培训中心是专门承接培训项目的，它与许多政府部门合作，商务委将培训项目打包给它，再由它去找专业的机构来做。它们也不是委托给我们一家，我们协会的会员覆盖水平不高，这个行业还有另外两家协会，所以我们实际上只是承担了部分培训工作。现在市场上的培训机构越来越多，前些年，刚开始办商务委的培训时，参加的人有四五千，这几年减少了，大概有一两千人。"（访谈编码：20220818JJD）

（二）行业培训中政会协作的内容

虽然 S 市交家电商业行业协会并不是直接与 S 市商务委签订培训协议，并且协会获得的培训补贴也是由培训中心支付，但协会却是与商务委进行培训目标的协商，并接受商务委对培训的备案和检查。

(1) 政会双方共同确定培训目标。由于行业培训的大目标是相对确定的，协会与商务委的协商主要针对培训大目标的落实问题，具体体现为对培训框架的确定，基本操作过程为：先由协会提出培训框架，再由商务委邀请专家审议，然后协会根据专家意见对培训框架进行调整，最后商务委同意培训框架并对其进行备案。从当前的培训材料看，协会参与的培训包括政策法规、行业标准、家电维修知识和消费投诉处理案例分析等四个模块。

(2) 协会自主决定培训内容和师资。双方共同确定培训框架后，商务委不再介入培训的具体过程，而是由协会自主进行安排。协会根据市场需要安排具体培训内容，再根据培训内容聘请培训老师。但是，培训内容需要到商务委备案。协会负责人在访谈中介绍道："培训内容要上报，不能乱讲，要到商务委备案讲哪些内容。商务委不过问师资，但是我们很重视师资，老师讲得好不好，学员知道。我们这个培训不是垄断的，有多家机构在做，所以我们会聘请行业专家、懂政策或者懂技术的老师来讲。"（访谈编码：20220818JJD）

(3) 商务委对培训项目的检查与评估。商务委在与协会共同确定培训的基本框架后，不再直接介入培训具体过程，协会拥有高度的自主权。这使协会在培训方面与政府的共治具有鲜明的协作特征，使其与需要双方进行深度行为调适的合作相区分。但为控制培训质量，商务委有时会对培训进行现场检查，通常是派人到培训现场

"看一下"，现场检查也不是在每年的培训中都有，并不固定，也没有写进协议中。此外，培训项目会有一个结题的环节，包括结题报告和财务审计两块内容。为了做好结题，协会要对每年的培训工作做好台账，主要包括培训教材、签到名单、上课照片、学员作业等。协会负责人讲道："政府对于项目评估整体上有自己的流程，这个流程还是很清楚的，我们也都知道。所以，我们会按照要求将每个环节准备好，比如签到，每个来培训的工人都要签到；然后，我们会将批改的作业包括得分保存下来。这样，结题的时候可以证明我们做了什么。"（访谈编码：20220818JJD）

综上所述，S市交家电商业行业协会在行业人才培训中与政府结成了共治关系，属于一种协作型共治，其协作的特征体现在以下几个方面：

一是从持续时间看，双方共治以年为单位，有一定的持续性，但并不是每年不间断地持续，因而不具有长期持续特征。

二是双方在培训上存在共同目标，在大目标一致的情况下，双方就具体目标进行了协商，而这种协商是整个共治关系中最为关键的部分，除此之外，几乎没有正式协商的内容。

三是除了就目标进行协商以外，协会在培训项目中拥有完全的自治权，其组织、人事、财务权等都不因项目的存在而发生变化，政府不直接介入协会的培训管理过程。

四是政会双方的联结主要体现为信息联结，即彼此之间进行信息传递和共享，除此之外，不存在其他资源的共享。

五是双方关系具有正式性与半正式性相结合的特征。具体来说，协会是与一家培训中心签订正式培训协议，但同时又与商务委形成非正式关系。在政府与协会的协作之间存在中介机构，这也是本案例中非常独特的一个内容，也是政府与社会组织关系中值得进一步研究的现象。

六是中等程度的回报与风险。协会承接政府的培训项目能够获得经费、声誉等回报，但这种回报对协会来说是锦上添花的事情，并不对协会发展带来根本性的影响，同样，协会需要为培训投入的资源有限，一旦政府不再将培训项目委托给协会，除了无法获得政府的培训补贴和对其社会影响力有所减损之外，协会也不会遭受重大损失。

四、推进协作型共治的路径

如前文所分析的，协作作为政会共治的一种模式，具有自身特征，相比较于配合来说，协作体现了行业协会商会与政府的实质性互动，但与合作相比较，协作所需要的互动又是相对有限的，行业协会商会和政府都无须为了协作的实现而进行过多的接触，更无须让渡组织自治权。可以说，协作是一种更具实质性内容且比较容易实现的共治模式，对于当前建构新型政会关系来说，具有特别的意义。

脱钩改革后，行业协会商会逐渐回归其本质角色。由于大量行业协会是由政府部门转制而来，尽管现在已经基本与政府脱钩，但是仍然接受被授权或委托履行部分行业治理功能；部分民间行业协会商会因拥有较高的会员覆盖率和行业代表性，也在政府支持下积极发挥行业治理功能，实际上扮演着行业代表者的角色。故而，目前许多行业协会商会的功能是综合性的，即既提供面向会员的俱乐部产品，也提供面向整个行业的公共产品。[①] 简言之，行业协会商会

---

① 徐林清、张捷：《商会行为模式研究》，载《财贸经济》2007年第8期。

兼具"服务会员"和"服务行业"的双重作用，前者的职能具体包括"会员服务、会员自律、会员代表、会员协调"，后者包括"行业服务、行业自律、行业代表、行业协调"（见表6-1）。"服务会员"是行业协会商会的基本职能，"服务行业"是行业协会商会的拓展性职能，在没有政府授权或委托，或者在缺乏较高会员覆盖率、缺少行业认同的情况下，行业协会商会通常不具有"服务行业"的合法性。

表6-1 我国行业协会商会的职能体系

角色定位	一级指标	二级指标	具体内容
会员服务者	会员服务	信息服务	通过举办活动、发行内刊、发布研究报告等方式，向会员提供国内外经济技术信息和市场信息、最新行业信息、政策信息
		教育培训	通过举办培训班、构建技术平台，面向会员开展教育和培训活动
		市场拓展	通过举办或组织交易会、展览会等活动帮助会员开拓市场
		交流合作	通过举办沙龙、联谊会、交流会等促进会员间、会员与其他行业间进行业务、数据、技术和经验等交流；组织考察调研加强会员与国外市场的交流与合作
		咨询服务	为会员提供法律、政策、技术、管理等方面的咨询服务
		宣传展示	通过在协会内刊、官方网站、微信、微博等平台刊登会员信息，反映企业情况，扩大会员影响力
		证明服务	依会员申请，为会员出具会员资格证明、单位会员类别证明、各类荣誉证明等一般证明材料

行业协会商会与政府共治：配合、协作与合作

（续表）

角色定位	一级指标	二级指标	具体内容
会员服务者	会员自律	制定行规行约	制定行业协会规章制度、行为准则和道德规范等，规范行业内部有序竞争
		制定团体标准	在没有国家标准、行业标准和地方标准的情况下，行业协会商会协调相关市场主体自主制定发布团体标准①（社会自愿采用）
		诚信自律建设	通过建立健全会员信用档案、开展会员信用评价、加强会员信用信息共享、提高信用管理能力等方式加强会员诚信自律
		秩序整治	行业协会商会依据协会章程和行规行约，纠正行业内会员的违规行为
		评比表彰	作为一种管理方式，行业协会商会对会员开展评比达标表彰活动
	会员代表	反映诉求	代表会员向政府及其相关部门反映诉求
	会员协调	矛盾调解	对会员之间、会员与非会员之间、会员与消费者之间的争议事项进行协调
政府协助者	行业服务	构建行业服务平台	构建面向全行业的数据、技术等服务平台
		行业宣传	承办大型产品展销展览会，进行行业宣传与展示
		行业研究	对行业进行调研与分析并发布行业统计报告，追踪行业发展趋势
		行业规划	参与制定行业发展规划、探寻本行业转型升级路径、进行发展创新
		建设行业文化	构建行业核心价值观体系并组织落实，推动行业文化建设
		评比表彰	面向行业开展评优表彰活动
		人才培养	行业人才教育培训、建立行业人才库等

---

① 根据《中华人民共和国标准化法》，标准包括国家标准、行业标准、地方标准和团体标准、企业标准。根据标准的约束性，分为强制性标准和推荐性标准，团体标准属于推荐性标准。

(续表)

角色定位	一级指标	二级指标	具体内容
政府协助者	行业自律	制定行业标准	参与制定或者修订行业内相关产品、技术、质量等标准
		参与行业监督管理	对行业安全生产、产品质量、服务质量、价格、环保行为进行监督管理
		成果评价	受委托方申请，行业协会商会聘请行业专家，按照规定的形式和程序，对会员的成果进行评估和评价，并作出相应结论；结论可作为申请奖励、行业认可、职称评定等的佐证材料
		职能能力水平评价、资格认定	行业协会商会依据市场需要和行业需求，自行开展职业能力水平评价活动或承接相关部门职业资格认定工作，开展专业技术人员水平评价类的职业资格认定工作
	行业代表	反倾销诉讼	代表本行业开展反倾销、反补贴、保障措施的调查、申诉、应诉工作，参与协调贸易争议
		反映诉求	代表行业参与行业性集体性谈判，向国家有关部门反映涉及行业利益的事项
		政策参与	代表行业通过听证会、座谈会、决策意见征询会等方式来参与涉及行业发展和立法等方面的政策制定
	行业协调	矛盾协调	代表本行业协调与其他主体的关系

资料来源：作者依据分析整理。

政会共治发生在行业协会商会扮演"政府协助者"角色的时候。在履行协助政府职能时，行业协会商会可以采取配合、协作、合作三种形式，比如，同为参与构建行业服务平台，行业协会商会既可以不直接与政府产生互动，只是配合政府采取行动，也可以与政府形成协作关系，将主要互动放在共同目标的形成上，同样可以与政府结成合作关系，双方在多个方面进行深度互动。前文讨论过影响政会共治模式选择的结构和行动因素。一般来说，在制度环境适宜

行业协会商会与政府共治：配合、协作与合作

的情况下，行业协会商会需要根据自身的行动能力来选择共治模式。当然，最终建立何种关系同样受政府方面意愿和能力的影响。

值得注意的是，当前仍然处于政会脱钩后的初期，脱钩改革后的行业协会商会大多数处于转型发展阶段，各方面能力都有待提升，而政府对行业协会商会能力的信任度仍然处于较低水平，仅有少数行业协会商会能够与政府进行深度合作。在这种情况下，对于行业协会商会和政府来说，更为务实的选择是建立协作关系，在协作关系的基础上再考虑是否可以进一步建立合作关系。那么，如何推进协作关系的建立，使更多的行业协会商会能够通过协作的形式参与到行业治理中来呢？

对行业协会商会而言，尤为关键的是要提升自身服务会员和服务行业的专业能力，比如在会员培训方面有优秀的表现，又如在行业研究方面有突出作为，如此，才可能形成自身的专业优势，并且被相关政府部门看见和重视。众所周知，虽然行业协会商会的组织属性决定了它具有一定的专业优势，但随着市场专业化分工的发展和信息化的进步，越来越多的企业承担起服务行业发展的任务，并且随着行业协会商会管理体制的变革和"一业多会"制度的实施，行业协会商会之间的竞争也不断加剧。在与企业、同行的竞争中，行业协会商会要获得与政府共治的机会，无疑需要具备一定的竞争力，而竞争力主要体现为专业能力。

同样重要的是，行业协会商会需要提高协商和谈判能力。协作关系的形成主要体现为政会双方为达成共同目标而进行的协商和谈判。在目标形成之后，行业协会商会主要是开展自主行动，政府不再直接介入协作项目的管理过程，因此，对行业协会商会来说，协作目标的确立过程尤为重要，它直接决定其在协作关系中的地位、收益和风险。因此,行业协会商会需要对可能的协作内容和方式进行细致规划,尤其要做好成本与收益的计算工作,同时需要深入掌握协作方的真实需求和政策底线。行业协会商会特别需要避免不计成本地争取政府项目的行为。

对政府来说,推进协作共治关系的建立,既有利于其推进和改善行业治理,也有利于优化政会关系。从整体上看,当前政府与行业协会商会的协作并不普遍,存在广阔的发展空间。首先,最为重要的是,政府仍然需要进一步变革治理理念,加大职能转变的进度和力度,加强对政府外包工具的应用,尽可能将行业治理中的一些专业性、技术性、事务性职能委托给行业协会商会。其次,需要对可以委托给行业协会商会的职能进行分类,区分出可以协作和需要合作的职能类型。比如在行业服务中,构建行业服务平台、进行行业规划、进行行业文化建设更适宜以合作的方式共治,因为这些工作不仅需要政会双方在目标确立阶段进行反复协商,而且需要在项目执行过程中进行较多的资源共享,甚至要求双方共同建立新的行动系统。相比较而言,行业宣传、行业研究、评比表彰、人才培养更适合通过协作的方式共治,因为这些工作在共同确立目标后,行业协会商会基本可以独立开展工作,政府不需要深度介入,对双方在项目实施过程互动的要求少。最后,政府需要提升对协作项目的督查和评估能力。由于在协作共治中,政府介入项目实施的程度低,主要通过检查和评估的方式控制项目质量,因此,相关部门更需要建立合理的督查和评估机制,以此促使协作方有效实施项目。

第七章

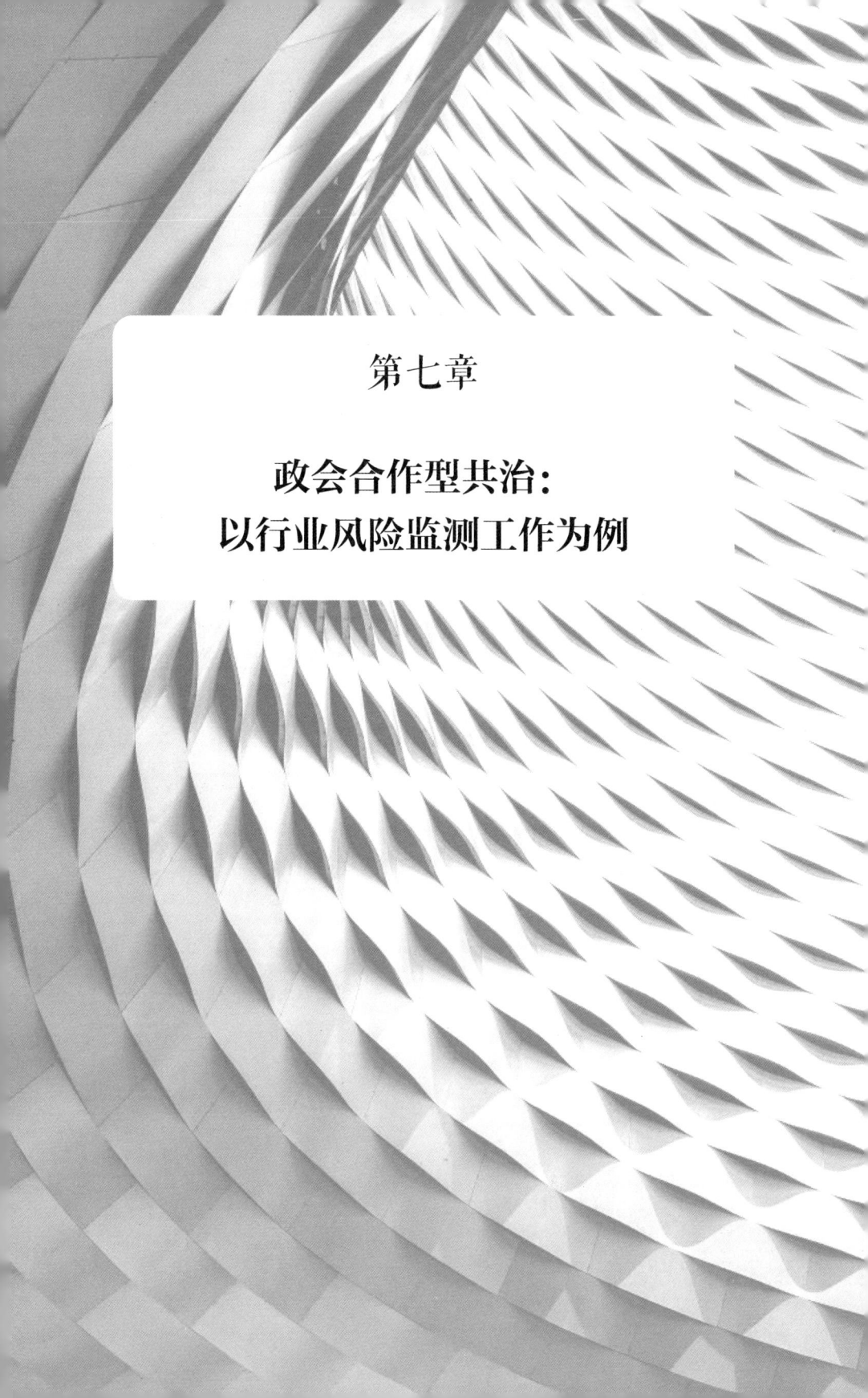

政会合作型共治：
以行业风险监测工作为例

合作是政会共治中双方联系最为紧密的形态，广泛存在于行业共性技术平台建设、行业风险信息监测、行业监管等多个领域。合作型共治的突出特征是共治主体为实现共同目标而与对方共享多种资源、为对方提供支持，并为此调整自身的组织行为甚至结构。合作通常同时采取正式和非正式机制，正式机制占主导地位的合作通常被称为制度化合作。政会合作型共治因此也可以划分为制度化合作共治和非正式合作共治两种类型。脱钩改革后，我国行业协会商会与政府的合作日益呈现制度化特征，与学界所认为的策略性合作有显著区别。本章先对合作与政会合作型共治概念进行界定，接着从资源依赖、交易成本和组织合法性等多方面讨论政会制度化合作的生成逻辑，建立政会制度化合作及其成因的分析框架，然后基于行业协会商会参与行业风险监测的实例分析政会制度化合作过程、特征及其动因，最后是结论与讨论。

行业协会商会与政府共治：配合、协作与合作

一、合作与政会合作型共治的界定

（一）合作与制度化合作

1. 合作的概念

"合作"在中文中具有非常广泛的意义。《辞海（第七版）》将合作界定为"共同创作或共同经营一事"，如分工合作；也指"社会互动的一种方式。指个人或群体之间为达到某一确定目标，彼此通过协调作用而形成的联合行动。参与者须具有共同的目标、相近的认识、协调的互动、一定的信用，才能使合作达到预期效果"[1]。从定义上看，合作应该具有四方面基本特征：共同目标、共识及对共识的遵守、联合行动、信任。

中文学界对合作的关注主要体现在具体领域，比如讨论"家校合作"、政府与社会组织合作、企业合作等问题，但对"合作"这一概念本身的讨论十分欠缺。研究者大多将"合作"看作一个约定俗成的不需要加以深究的概念，这导致迄今为止还没有一个对"合作"的共识界定。从既有研究来看，个体、组织和部门之间的伙伴关系几乎都被纳入"合作"这一概念范畴被讨论，而这显然与这一概念本身的含义有较大出入。

有研究提出，合作行动是对分工—协作的超越，并对合作进行了一定的阐释。具体来说，分工—协作建立在社会角色的基础之上，协作又以分工为前提，在高度复杂性和高度不确定性的条件下，虽

---

[1] 《辞海（第七版）》，上海辞书出版社2020年版。

第七章　政会合作型共治：以行业风险监测工作为例

然角色的客观性没有发生变化，但在吉登斯（Anthony Giddens）所说的"规范性期待"和作为这种期待的"社会共识"方面，都受到了极大的削弱。就合作行动体更为直接地受具体任务的决定而言，角色也因具体的合作场景而定。在某种意义上，角色并不确定，而是随时因承担任务的要求而发生变化，而且这是缘于角色深层的流动性。所以，在高度复杂性和高度不确定性条件下，合作行动中的角色会表现出流动性，与角色扮演者的关联度也显得更加紧密。比如，分工—协作中的角色会表现出你不扮演的话他就会去扮演，总会有一人去扮演那个角色。而在合作行动中，你若不扮演这个角色的话，可能就导致合作行动失去这一角色。如果是一个重要的、关键性角色，就会对此次承担任务的行动造成严重的消极影响。[1] 这一研究指出了合作中角色边界的模糊性以及角色的不可替代性，并基于情景复杂性和不确定性不断增加这一现实考虑，认为需要以合作行动应对不可拆分型任务。

在同一作者的另外一项专门针对合作的研究中，基于对协作与合作的比较，详细剖析了合作的概念内涵与合作的必要性。研究指出，合作与协作的根本区别在于：合作首先是一种社会生活形态，其次才是作为这种生活形态构成部分的人际关系及其行动；而协作则单纯是从属于个人利益追求的行动。合作在结果上必然导致合作各方的互惠互利以及社会整体利益的增益，但是，协作却不将此作为目标。合作是真正"自治"的，合作关系中包含着自主性的内涵，合作行为是自主性的体现，而整个合作过程都无非是自主性的实现。

---

[1] 张康之：《论超越分工—协作的合作行动体系》，载《中共福建省委党校学报》2019年第3期。

行业协会商会与政府共治：配合、协作与合作

这种自主性是不被管理的、非标准化的，是行为主体特殊自我的自治。①

在合作概念的基础上，研究者进一步讨论了合作治理的内涵，认为20世纪后期人类开始了后工业化的进程，与这一进程相适应的社会治理也发生变革，从工业社会的以政府为中心的参与式治理向合作治理转变。合作治理打破了政府对社会治理的垄断，是一种由多元治理主体通过合作互动的方式而开展的社会治理。② 合作治理要求治理主体"基于特定的互惠性目标"③，在自主、平等的基础上开展合作，因而是一种真正的共同治理（共治）。合作治理近年来已经成为社会治理中的一个显著现象，"为了增强公共项目实施的效果以及在制定政策和解决问题的过程中反映公民和组织的多样性价值，治理力求积极地促成公众、私营组织和非政府组织间的共同合作关系"④。

以上对合作概念的讨论虽然对合作与协作进行了区分，从多个角度指出了合作的特征，但是将合作与协作的区分上升到"个体"与"非个体"、"自主"与"非自主"的区分，显然夸大了两者之间的差异。事实上，协作也体现个体自由意志和自主性，并非完全的"非个体"性行为，协作者不是完全被动的。

在英文研究中，"合作"在相当长的时间内也是一个十分模糊的概念，研究者在不同意义上使用这一概念，合作有时等同于互动、

---

① 张康之：《论合作》，载《南京大学学报（哲学·人文科学·社会科学版）》2007年第5期。
② 张康之：《走向合作治理的历史进程》，载《湖南社会科学》2006年第4期。
③ 王洪树：《协商合作民主形式研究——兼论中国特色民主政治的发展维度》，载《中国政协理论研究》2012年第3期。
④ 〔美〕全钟燮：《公共行政的社会建构：解释与批判》，孙柏瑛等译，北京大学出版社2008年版。

伙伴关系，有时等同于协作，有时与配合的意义相差无几。但如前文所述，近年来，学者对"合作"的概念界定日渐清晰，并且在专门文章中讨论"配合""协作"和"合作"三个概念之间的区分，基本明确了合作的内涵。

以新近的研究为基础，本书认为合作是合作者为了实现共同目标而进行深入互动的过程，离开任何一方，共同目标都难以实现。在这一过程中，合作者让渡部分组织自主权，与对方在信息、物资等多个方面共享资源，形成联合行动，分享较高的收益和分担较高的风险。因此，与协作相比较，合作的特征主要体现在两个方面：一是合作者之间存在贯穿整个合作过程的持续性互动；二是合作者为了实现共同目标，要进行多方面的资源共享，并在这一过程中让渡部分组织自治权，甚至与他方共同建立新的行动系统。

2. 制度化合作

合作以一定的机制为前提，合作机制通常被划分为正式机制和非正式机制，前者主要指契约、协议、合同等正式制度；后者主要指利益、情感、社会关系等非正式因素。正式机制占主导地位的合作被称为正式合作或制度化合作，非正式机制占主导地位的合作被称为非正式合作。对合作进行这种区分具有极为重要的意义。无论是在理论推演还是在实践发展中都可以看到，任何一种合作都包含正式机制和非正式机制，两种机制互为补充，缺乏其中一种机制，合作的稳定性和绩效都可能会受到影响。但是，随着社会理性化程度日渐提高，对合作公平性的追求越来越高，正式机制被认为应在合作中发挥更为重要的作用，相应地，制度化合作的意义也更加突出。

对"制度""制度化"等概念进行阐释是理解政会制度化合作

的重要前提。诺思（Douglass C. North）在《制度、制度变迁与经济绩效》一书的开篇写道，制度（institutions）乃是一个社会中的游戏规则。更严谨地说，制度是人为制定的限制，用以约束人类的互动行为。[①] 这一经典定义广被接受，在众多领域，制度都被理解为管理行为的规则，而规则就是对禁止、要求和允许某种特定行动的陈述。[②] 制度化体现的则是从规则到行为等一系列社会范畴和现象实现规范化、常态化（或持续化）和通约化的过程[③]，通常包括制度本身的制度化和行为主体行为的制度化两个层面的内容，对组织间合作的研究更多关注前一个层面的内容。

基于对制度和制度化的界定，可以将制度化合作划分为三个时期：制度化合作初期，体现为合作者对共同规则的认同；制度化合作中期，体现为合作机制的生成；制度化合作成熟期，体现为合作组织间的内嵌或形成新的行动系统。[④] 无论是哪个阶段的合作，也不论合作中制度存在的形式是规则、机制还是组织，基于制度的基本特征，政会制度化合作都具有公平性、契约性和稳定性特征。

（1）合作的公平性。公平意味着"处理事情合情合理，不偏袒任意一方"[⑤]。合作的公平性主要体现为，在合作对象的选取中遵循公平原则：一是合作始于相互依赖，合作能否达成取决于主体在资

[①] 〔美〕道格拉斯·C. 诺思：《制度、制度变迁与经济绩效》，杭行译，格致出版社2014年版。
[②] Martin, L., Simmons, B., International Organizations and Institutions, in Carlsnaes, W., Risse, T., & Simmons, B. A. (eds.), *Handbook of International Relations*, London: SAGE Publications Ltd., 2002.
[③] 郁建兴、秦上人：《制度化：内涵、类型学、生成机制与评价》，载《学术月刊》2015年第3期。
[④] 惠耕田：《制度、制度化与国际合作的再解释》，载《国际论坛》2009年第4期。
[⑤] 刘俊祥：《论国家治理的公平化》，载《福建论坛（人文社会科学版）》2014年第2期。

源上的互补性，而非与政府的亲密程度和组织身份等非正式因素；二是潜在合作者之间存在竞争性，即凡是具备资格都可以参与项目申请，合作的机会是公平的。

（2）合作的契约性。契约包括自由平等、共同协商、权责对等和法治保障等重要意涵。[1] 契约治理强调使用正式的、具有法律约束力的书面协议约束合作双方，为双方的权利、义务和责任提供框架。[2] 合作的契约性体现为在合作的初始阶段，合作者基于契约订立合作原则和内容；在合作深化和拓展阶段，共同推进规则升级以规定和约束更广泛的合作行为。

（3）合作的稳定性。制度是产生信任的重要基础，合作主体在制度的基础上形成合作关系，建立初步信任，在合作过程中又通过提升制度化水平来增强信任；反过来，信任又是合作的前提，不断加深的信任使合作者更有可能维持和拓展合作，从而形成稳定的合作体系，这也是制度化合作一般会经过共识、机制和组织三个发展阶段的关键原因。

（二）政会合作型共治：特征与环境

1. 合作型共治的特征

合作型共治是指以合作的形式存在的共治，与配合、协作型共治存在明显区别，处于共治谱系的最高端，以存在深度互动为突出特征。合作型共治是最常被谈论的共治形式。在中文研究中有文献将合作与共治叠加生成"合作共治"概念，意指不同主体联合采取

---

[1] 刘胜梅：《契约精神及其培育路径》，载《学术探索》2012年第10期。
[2] 姜影、王茜、崔兴硕：《基础设施PPP项目治理：契约治理、关系治理和正式制度环境》，载《公共行政评论》2021年第5期。

行动以实现共同目标。"合作共治"的概念同样具有极大的模糊性，容易让人对合作与共治的关系以及两者叠加后的意义产生疑惑，合适的做法仍然是对两个概念的边界进行清晰讨论。本书在第三章中已经开展此项工作，此处仅简要介绍合作型共治的基本特征。

（1）持续性。合作需要政会双方共同努力以实现目标，这本身意味着合作事务具有复杂性，而合作者在形成合作契约、建立合作关系的过程中无法预料和处理所有复杂性问题，契约也不可能是完全契约，更多的问题需要合作者在合作过程中加以处理，因而合作通常具有可持续性，具体体现为双方会连续订约或一次性订立长期契约。

（2）共同目标。合作以具有长期性的共同目标为基础。政府与行业协会商会在合作关系建立阶段就共同目标进行协商谈判，在合作过程中存在调整共同目标的空间，也有形成新目标的可能。与协作相比较，合作中的共同目标就是合作者的利益所在，换言之，合作行为为实现共同目标而存在，离开共同目标，合作者将不再采取相应行为。

（3）组织自治。合作强调组织间权力的对称性，在合作关系中，行业协会商会是与政府相独立的具有自主性的合作者，但是双方要为达成共同目标而对组织自主性进行限制，即需要为共同目标的实现而让渡部分组织自治权，在紧密的互动中形成基于分权的依赖关系。

（4）结构性联系。合作关系体现出高水平的结构性联系，政会双方在合作过程的每个阶段都可能通过签订书面协议等方式约定彼此的权利和义务，有些内容甚至是为了实现共同目标而创设，比如为实现合作任务而设立新的机构，这已经超出了各方传统的功能领域。

（5）正式性。合作是三种共治模式中正式性水平最高的。合作以正式契约的订立为真正的开端，合作过程的发展通常也伴随着正式性的提升，合作者常常在共同处理问题的过程中将一些做法制度化，形成新的协议和约定，这一过程也是合作的制度化不断发展的过程。

（6）回报与风险。政会双方为共同目标而开展联合行动、让渡部分组织自治权，甚至可能共同组建新组织，这意味着双方对可观利益的预期，但要实现这样的目标也需要投入大量资源，一旦合作成功，双方即实现共赢，否则将面临较大损失。

2. 合作型共治的环境要素

关于主体为何采取合作的方式进行共治，依据前述理论框架，可以主要从资源、制度、利益和策略四个方面进行分析。

首先，合作起源于对合法性、物资、声誉等特定资源的需求，并且对合作方之间存在高水平的资源依赖关系，离开一方的资源投入，另一方不可能实现特定目标。行业协会商会与政府之间在行业治理中存在资源依赖关系，在行业服务、行业监管等方面的资源依赖性尤其突出。在脱钩改革前，大多数行业协会商会作为政府的附属机构存在，双方的资源依赖关系体现为一种内部依赖，但是，这种内部依赖在脱钩后不复存在，双方需要通过建立外部关系来获得资源，合作是围绕资源依赖程度较高的方面建立外部关系的一种选择。

其次，合作以特定的制度环境为前提。一方面，合作以政会双方的异质性身份为前提，以政府能够将部分行业治理功能外包给行业协会商会为条件；另一方面，政会双方能够就合作规则进行谈判和博弈，并在此基础上形成明确的互动规则，比如资源共享规则、共同行动规则、争议处理规则等，这些规则是合作目标得以实现的根本保障，是合作的微观制度环境。

再次，合作在可预见的范围内能够带来足够高的收益，这是驱动合作的重要动因。在行业治理上，行业协会商会与政府具有一致性目标，即都致力于优化行业环境、促进行业发展，而这对双方来说都意味着可预见的收益。具体来说，行业发展能够提升政府的经济绩效，从而增强其合法性，与此同时，能够夯实行业协会商会的生存基础、促进其组织发展。

最后，政会双方都自信能够有效利用策略影响合作进程，而不会在合作中受制于对方或丧失组织自主权。因此，合作通常发生在能力较强的行业协会商会之中，并且政府对该行业协会商会有着较高的信任水平。与此同时，合作一般发生在协作的基础上，政会双方在有一定的协作经历之后，彼此间会形成一定的信任，更有可能开展进一步的合作。

二、政会制度化合作的生成逻辑

结合既有研究与实践发展，我们认为，近年来以脱钩改革为代表的多项改革改变了政会关系，政会合作也随之从"策略性合作"走向"制度化合作"。与主要通过非正式关系影响合作的策略性合作相比较，制度化合作的突出特点是始终以制度为合作的基础，并且呈现出持续制度化的特征；从生成逻辑看，制度化合作仍然以合作者之间的资源依赖为前提，同时包含在新情境中对降低交易成本和提升组织合法性的追求。

制度化合作是一个从最初基于制度的合作到合作的制度化水平

不断提升的动态发展过程,理解它的形成逻辑首先需要把握制度化合作产生的初始条件,然后在此基础上理解合作的制度化水平不断提升的原因。

资源依赖是组织合作的重要前提,政会合作也不例外。政府是行业管理者,在行业经济发展、行业市场秩序建设等方面需要借助行业协会商会所拥有的会员资源和专业优势,而承接政府转移职能或购买服务项目是行业协会商会获取服务性收入和增强行政合法性的重要途径。脱钩改革后,行业协会商会与政府形成了共生关系[1],相互之间的资源依赖性更加突出:一方面,政府无法再将行业专业性、技术性等职能直接委托给行业协会商会,但履行相关职能的需求仍然存在;另一方面,行业协会商会在不再依附于政府的情况下需要自谋生路,而其行业性组织的身份和功能决定了它们可以将协助政府开展行业治理作为组织发展的途径之一,因而部分行业协会商会积极争取与政府合作的机会,甚至有少数行业协会商会将获取政府项目作为组织经费来源最为重要的渠道之一。

如果说资源依赖理论解释了脱钩改革后政府与行业协会商会进一步加强合作的必要性,那么,交易成本理论和组织合法性理论则能够说明为何制度化合作是比策略性合作更优的选择。交易成本理论认为,交易费用的存在必然会导致制度的产生。[2] 科斯(Ronald Harry Coase)提出,通过形成一个组织,并允许某个权威来支配资

---

[1] 周俊、赵晓翠:《行业协会商会与政府共治的多元模式及其适用性》,载《治理研究》2022年第4期。
[2] Coase, R. H., The Problem of Social Cost, *Journal of Law and Economics*, Vol. 3, No. 1, 1960, pp.1-44.

行业协会商会与政府共治：配合、协作与合作

源，就能节约某些市场的运行成本。[1] 除了形成组织之外，其他形式的制度同样是降低交易成本的方式。制度的意义主要在于，它具有公共信息的作用[2]，能够使各种非正式的合作规则在时空上的差异得到排除，从而使合作者在较长时间内可以遵循一种共同的规则，而大家共同遵循相同规则的结果便是减少信息收集量，降低信息成本，并且使合作有良好的预期性，从而降低合作者的防御成本。脱钩改革后，政会合作不再主要发生在具有挂靠关系的政府与行业协会商会之间，无论是在合作对象还是合作内容和方式上，政府和行业协会商会都有更加广泛的选择，而选择的增多意味着更高的信息成本和谈判成本，这使合作者不得不更多地考虑交易成本问题，换言之，合作者在这种情况下对制度的需要会明显上升。

组织合法性理论为理解政会制度化合作提供了另一视角。脱钩改革的主要原因是政会关系不清、边界不明，这导致在相当长的时间内行业协会商会没有被社会所认可的合法身份，政府也因此广受诟病。脱钩改革必然要求政府和行业协会商会重新建构合法性。组织合法性理论对合法性的构成有不同的划分，其中共识度最高的是斯科特（W. Richard Scott）提出的规制合法性、规范合法性和认知合法性。规制合法性是指合乎法律和规则，规范合法性强调组织的道德责任，认知合法性是指"被人们所理解和认可"。[3] 对政府和行业协会商会而言，三种类型的合法性都不可或缺，具体体现为政会双方都需要根据正式制度和非正式制度开展合作，并且使合作被社

---

[1] 〔英〕罗纳德·哈里·科斯：《论生产的制度结构》，盛洪等译，上海三联书店 1994 年版。
[2] 李建德：《经济制度演进大纲》，中国财政经济出版社 2000 年版。
[3] 〔美〕W. 理查德·斯科特：《制度与组织：思想观念与物质利益》，姚伟、王黎芳译，中国人民大学出版社 2010 年版。

会所理解和认可，这无疑要求超越策略性合作，摒弃非正式关系等因素对合作的影响。

资源依赖、减少交易成本和建立组织合法性的需要可以解释政会双方在脱钩后逐渐从策略性合作走向制度化合作的原因，那么，在制度化合作产生后，合作的制度化水平为何会不断提升？从理论推导看，合作者并不一定会持续提升制度化水平，完全有可能一直维持原有的合作状况，甚至可能会出现制度倒退。研究认为，只有当合作者结成了伙伴关系，并且存在更多的共同利益时，合作才具有可持续性，并且会在制度上实现拓展和深化[1]，而这样做的目标同样是减少外部环境威胁，增加资源联结度，同时更为有效地节省交易成本以及更加全面地建立组织合法性，与制度化合作形成的深层逻辑具有一致性（见图7-1）。

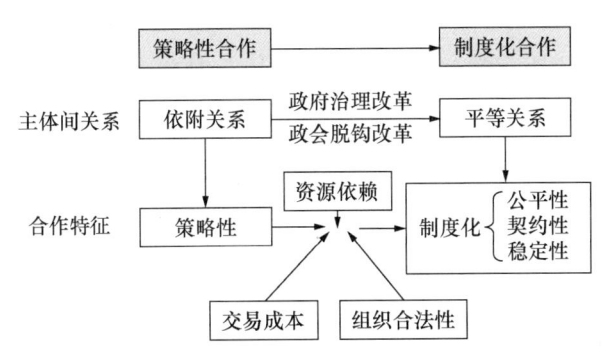

图7-1 政会制度化合作及其成因的分析框架

资料来源：作者依据分析整理。

---

[1] 惠耕田：《制度、制度化与国际合作的再解释》，载《国际论坛》2009年第4期。

三、行业协会商会与政府合作监测行业风险

（一）案例选择与数据收集

政会合作虽然不是新现象，但是在脱钩改革后，受政策推动和行业协会商会组织变革的双重影响，合作日渐普遍，且越来越呈现制度化的特征。下文以 A 市 S 协会为案例，详细描述行业协会商会与政府的制度化合作进程与特征，深入分析制度化合作的成因。

S 协会成立于 2006 年，主要从事洁净室内空气、洁净生产环境和公共场所空气净化的研发、生产和检测等工作，拥有会员企业 503 家，会员覆盖率超过 90%。S 协会是一家没有官方背景的民间协会，在脱钩改革中不需开展"五分离"工作，但"五规范"政策对其仍然具有适用性，其中的"规范行政委托和职责分工关系"政策直接影响到协会与政府的合作。S 协会曾被评为 A 市"5A 级社会组织"，与政府有长期和多方面的合作，但在脱钩改革前主要是通过非正式关系与政府互动，脱钩改革后则积极竞争政府项目，并且多次获得立项。S 协会无论是在整体发展还是在政会合作方面，都有较强的典型性，以它为案例可以比较全面地刻画政会制度化合作的形成和发展过程，从而揭示制度化合作的生成逻辑。

为获取 S 协会真实而详尽的资料，研究团队派人员从 2021 年 10 月开始对 S 协会进行了为期一年多的参与式观察。围绕行业协会商会与政府的关系、政会合作等内容，除参与日常工作和在此过程中进行观察学习之外，研究人员多次对协会秘书长、副秘书长、部门

主任等协会主要负责人和协会项目的政府方面联系人进行深度访谈，获得了丰富的一手资料。此外，还广泛收集了与协会相关的媒体报道、研究文献等二手资料，并对各种资料的来源进行交叉比对，以确保研究资料的真实性和可靠性。

（二）S协会与政府制度化合作的进程与特征

因具有较强的专业能力和良好的内部治理水平，S协会一直与A市各部门保持着密切的合作关系。研究团队通过对协会成立以来与政府的合作项目进行调研发现，在政会脱钩改革以前，S协会与政府的合作多呈现出非制度化特征，主要表现在两方面：一是协会主要凭借协会负责人的人脉或关系网络等非正式渠道获得与政府合作的机会，政会合作的正式渠道相对较少。二是在政会脱钩改革前，政府多通过提供指导、建议等方式与协会进行合作，在此过程中双方较少签订正式合作协议，合作过程中各自的职责也相对较为模糊。在政会脱钩改革后，随着"五分离、五规范"的落实，政会关系逐渐得以理顺，S协会与政府的合作也逐渐呈现出制度化特征。通过对S协会与政府的多个制度化合作项目进行分析与比较，下面以S协会与政府合作开展产品质量安全风险监测工作为例，讨论政会制度化合作的进程和特征。

产品质量安全风险监测项目是A市市场监督管理局（以下简称"A市市监局"）于2019年开始筹备实施的一项针对产品质量安全进行风险管理的工作。该项目旨在通过整合多方主体共同参与到产品质量安全风险管理工作当中，试图实现市场监管工作的"五大转变"，即实现监管部门从"消防员""守门员"向"前哨兵""裁判员"角色的转变；监管方式从事后应急处置到事前风险预防的转变；

行业协会商会与政府共治：配合、协作与合作

监管范围从以点带面到监测网络化、系统化的转变；监管理念从传统监管到科学智慧监管的转变；治理方式从监督管理到社会治理的转变。该项目合作周期为一年，到 2021 年 9 月，双方又续签了新一期合同。从合作的特征看，S 协会与政府的合作属于制度化合作，根据制度化合作的阶段特征，可以将该项合作划分为基于制度建立合作关系和合作制度化水平的提升两个阶段，制度化合作的特征在不同阶段所体现出来的内容有所不同。

1. 制度化合作 1.0：基于制度建立合作关系

制度化合作的第一阶段主要表现为基于制度建立合作关系，在合作过程中具体包括三方面内容：一是通过公平竞争获得合作项目；二是在合作中初步建立合作规则；三是双方签订正式合同。

（1）通过公平竞争获得合作项目

公平性是制度化合作的主要特征之一，不仅体现为资源互补取代人脉、关系等非正式因素成为影响双方建立合作关系的主要因素，而且还表现在行业协会商会在合作中具有公平竞争的机会。2020 年，为充分发挥社会共治的力量，推进产品质量安全治理体系和治理能力现代化，A 市市监局启动产品质量安全风险信息监测站的试点工作，遵循公平性和竞争性原则，先由各单位基于自身情况提交申报书，再由下属评估中心进行评估，从中挑选出符合条件的试点单位。监测试点的筛选综合考虑申报单位的多方面因素，除行业特征、组织声誉、组织发展整体情况之外，还包括申报单位履行监测站工作的资源和专业技术能力。最终，首批十家试点单位被挑选出来，包括七家行业协会、两家研究机构和一家企业。可以看出，在行业风险监测项目中，行业协会商会通过与其他主体公平竞争获得了与政府合作的机会。

（2）初步建立合作规则

建立合作规则主要体现为在确立合作关系后，双方进一步将合作内容、合作方式、双方各自职责等具体事项通过正式制度安排确定下来。具体到案例当中，在 S 协会与 A 市市监局达成合作共识后，A 市市监局通过举办会议、下发征求意见文件等形式，对政会双方在风险监测试点项目当中的权责进行了意见征询，相关内容不仅包括 S 协会对风险信息监测站的认识，同时还包括依据行业情况对本行业领域中产品质量安全问题的分析以及 S 协会处置相关风险信息的历史经历。政会双方通过共同商议并结合行业协会商会对相关领域产品风险的判断，最终达成了对风险监测项目的任务分工安排，即各监测站负责在日常工作中收集分析、定期报送本行业、本区域、本专业的产品质量安全信息和质量安全形势分析报告，参与会商研讨相关行业、相关区域、相关专业的产品质量安全风险信息等工作。而 A 市市监局产品监督处则负责指导、协调产品质量安全风险信息监测站的工作。经过意见征询、共同商定，政会双方建立起合作的具体规则。最终，A 市市监局在征求试点单位意见的基础上形成和发布了《A 市市监局关于开展产品质量安全风险信息监测站试点工作的通知》，明确规定了风险信息监测站的工作目标、工作内容和工作要求。

（3）签订正式合作合同

合同被视为一种组织间合作关系的正式制度安排，同时也是政会制度化合作形成的主要标志，主要表现为政会双方在建立合作规则的基础上将所商定的合作内容、合作方式、各自权责等合作事项以合同文本的形式确定下来。在风险监测项目当中，在达成合作共识并建立规则的基础上，2020 年 9 月，A 市市监局对包括 S 协会在

行业协会商会与政府共治：配合、协作与合作

内的十家试点单位进行了授牌，同时与S协会签订了正式合同，其中包括双方合作的具体内容、政会双方的权利和义务、经费金额与支付方式和具体的付款时间、违约责任以及解决合同争议的方式等内容。同时，合作还包括合作的一些细节内容，比如在该项目中，S协会人员应当具备从事该项目的专业水准，同时规定了政府部门要为协会在履行风险监测项目时提供信息、指导等必要的资源。

综上所述，从合作的形成过程可以看到，S协会不再需要为获得项目而进行非正式的努力，而是根据政府的项目要求进行资格匹配，并参与竞争性申报。不仅如此，政府与协会在共同目标下经协商达成合作的基本规则，并通过政策和合同的形式加以明确。这一过程具有明显的制度化合作初始阶段的特征，即将共同认识和规则作为合作的基础，体现了制度化合作应有的公平性和契约性。

2. 制度化合作2.0：合作制度化水平的提升

机制建设与完善是合作制度化水平提升的重要体现。通常，受有限理性影响，在制度化合作形成之初，合同都具有不完全契约的特征，更多细节性的问题需要合作者在合作过程中进一步商定。S协会与政府在风险信息监测中的合作便呈现这种特征，双方在签订合作合同之后，就如何具体开展合作又进行了多次商议，逐步完善和新建了一些具体的合作机制，并尝试组建组织以开展更高层次的制度化合作。

（1）完善政会沟通机制

在制度化合作1.0阶段，合作规则仅对政会沟通方式进行了简要规定，并未对双方沟通的具体方式、沟通的频率等进行明确。在

合作实施过程中，为方便项目的开展，A市市监局与S协会建立起明确和稳定的沟通机制，包括每季度双方应开展风险监测项目的座谈会、研讨会，每年年初开展风险监测项目的重点工作研讨会等。通过建立稳定的沟通机制，为双方的信息共享提供了便利。由于风险监测任务具有特殊性，因而对风险信息实行动态监测是重中之重。根据合作规定，对于S协会而言，需每月固定时间向评估中心报送产品质量风险信息，评估中心则及时反馈与监测站相关的风险信息。对于A市市监局而言，不仅需要每周向S协会反馈产品质量安全信息周报，具体包括A市和其他省市的相关领域产品舆情信息、监督抽查信息和召回通报信息等内容，而且还要将A市市监局每季度质量分析会上反馈的与S协会所处行业相关的产品质量信息、A市每季度产品质量监督抽查的情况分享给协会。

（2）建立激励和评估机制

除了完善政会沟通机制，S协会与A市市监局还新建了激励机制和评估机制。一是建立激励机制。A市市监局制定了对包括S协会在内的所有监测站点的激励机制，明确提出若协会在行业风险监测项目中表现突出，将会获得更多与A市市监局更多的资源倾斜，为协会提供更多的项目资助与实践指导。通过建立激励机制，提升了S协会的工作积极性。二是建立评估机制。在风险监测项目中，主要表现为A市市监局在年终会对S协会所承担的风险信息收集报送、定期的质量安全形势分析以及风险信息的交流与协同处置等三项工作进行专家评估，并进行打分。同时，对完成质量进行及时的反馈，比如对风险信息报送的反馈、质量安全形势分析的质量反馈。评估的制度化极大降低了评估工作的随意性，对于客观评价项目成效和维系稳定的合作关系具有重要意义。

(3) 组建项目联合行动系统

当合作双方建立起联合行动系统时，意味着合作更加稳定和深入。组建联合行动系统并非仅指成立一个实体组织机构，同时还包括双方工作人员在不脱离原工作单位、不发生人事关系转移情况下建立的项目行动团队或是虚拟组织。政府与行业协会商会属不同性质的组织实体，在合作当中建立的联合行动系统更多地表现为一种项目团队，即为实现所达成的项目目标，将政府、行业协会商会或者其他组织的人员、资源等方面共同纳入进来，组成临时的联合行动系统。该行动系统在合作期间将持续发挥作用，当项目终止时，行动系统即停止运作。在风险监测试点项目中，随着合作的深入，为更好地进行行业风险监测任务，S协会与A市市监局共同建立起更为稳定的联合行动系统。主要表现为以下三方面特征：

一是双方派专人负责合作相关事宜并规定具体的职责。A市市监局主要委托其下属的D产品质量安全评估研究中心参与到合作过程中，而D产品质量安全评估研究中心是设立在A市的质量监督检验技术研究院，主要接受A市市监局的领导，负责对风险信息的收集、研判和风险监测工作，推进风险监测工作的规范化、常态化和科学化。S协会则安排专人参加到联合行动系统中，全面负责风险信息监测项目中的协会方面的工作，同时规定在人员进行变更时，要及时向相关主体进行报备和更改。

此外，各主体在行动系统中具有明确的职责。具体而言，A市市监局主要负责指导、协调、培训产品质量安全风险信息监测站工作，建立风险监测的风险信息收集、评估、分析、研判、交流、预警和改进提升全生命周期管理体系。D产品质量安全评估研究中心主要负责建立产品质量安全风险监测站管理制度，明确工作责任，落实各项工作任务，负责接收、汇总、分析、研判各风险信息监测站报送的信息，为风险信息监测和质量安全形势分析提供技术指导。S协会等监测站主要负责在日常工作中收集分析，向A市市监局定期报送本行业、本区域、本专业的产品质量安全信息和质量安全形势分析报告；参与会商研讨相关行业、相关区域、相关专业的产品质量安全风险信息；在开展风险监测项目时，协助检测机构抽样，形成抽和检的相互制约，协助A市市监局开展产品质量分析会议。

二是建立正式的系统规则。建立正式、清晰的治理规则是联合行动系统顺利运转的核心。在A市市监局与S协会组建的行动系统中，同样建立了明确的治理规则。例如，系统主体在共同协商的基础上制定了相应的约束监督机制，规定"监测站对所报送的风险信息负责，不得谎报、迟报、误报。未经同意，不得擅自向任何单位和个人透露涉及产品质量安全风险信息监测的相关工作信息。任何单位和个人不得借监测站的名义谋取不当利益"。又如，A市市监局对S协会特殊情况下的行动进行了明确规定，即当S协会在发现能够对社会公共安全产生较大的产品质量风险时，可以进行预处理，而后再将相关情况及时汇报给A市市监局。

三是政会双方开展深度资源共享。随着双方建立起联合行动系统，政会双方在合作中的资源投入更多，这也意味着双方在合作中可管理资源的范围也更大。在风险监测项目中，在A市市监局对S协会建立起基于项目的联合行动系统后，A市市监局为S协会提供了更多的信息资源，不仅继续为其提供市级层面行业风险的监测信息，同时将所掌握的与协会自身所处领域相关的风险信息分享给S协会，以帮助其更好地实施风险监测。而S协会不仅按时上报所监测到的行业风险信息，同时将所处行业相关企业的信息分享给A市市监局，以方便其日常工作。

由上可见，提升合作的制度化水平实际上是进一步将合作的具体内容和过程建立在规则的基础上，使合作双方能够依规办事，从而减少可能的冲突和提高合作效率，这同样是制度化合作契约性和稳定性的体现。

（三）S协会和政府开展制度化合作的动因

S协会与政府的制度化合作既是宏观制度环境的产物，又是政会双方组织行为的结果。就前者而言，国家治理现代化及作为其中一项重要内容的脱钩改革对政会关系作出了新定位，不仅如此，政府还出台政府职能转移和购买服务等政策以促进政会合作；就后者而言，合作仍然以资源依赖为前提，遵循减少交易成本和提升组织合法性的基本逻辑，这在S协会与政府的合作中有鲜明体现。

1. 市场化发展下的资源依赖加深

脱钩改革前，业务主管单位通常将相关工作直接委托给挂靠在其名下的行业协会商会来承担，或者采取定向委托的方式向它们购买服务，但是脱钩改革后，这些做法受到政策限制，根据新的政策要求，政府需要通过购买服务等市场化方式与社会力量建立合作关系。因此，当A市市监局想要开展产品质量风险信息监测工作而自身又没有专业力量时，便根据规定公开向社会招募合作者。

S协会一向积极建设与政府的关系，既将承接政府项目作为协会经费来源的重要渠道，也将与政府的合作视作争取行业认可和社会支持的重要途径。A市政府招募和发包的几乎所有与协会业务相关的项目，协会都会努力去争取。在收到风险信息监测点的招募信息后，协会便召开会议讨论参与这一工作的必要性和可能性，在达成共识后立即组织申报。

在S协会被列入第一批监测试点单位之后，市监局与协会建立了正式合作关系，在后续互动中，协会定期上报风险信息，并与市监局合作分析研判，这实际上在一定程度上加深了双方的资源依赖程度。具体而言，政府提供平台，帮助S协会深入行业开展信息监测工作，促进了协会工作的开展，而协会提供的专业信息又为政府决策提供了基础，彼此的价值在互动中得到体现，双方的共生关系更加紧密。第一期试点工作结束后，A市市监局又与S协会签订了新一期的合作合同，便是双方彼此依赖的最好证明。

从S协会的情况中可以看到，制度化合作中的资源依赖不仅体现为基于资源依赖形成合作，而且体现为在合作过程中资源依赖的加深，这也是制度化合作通常具有可持续性的一个重要原因。

2. 借助制度降低合作成本

无论是对政府还是对行业协会商会而言，策略性合作都对应着高的合作成本。S协会在脱钩改革之前与政府也有合作。协会成立后不久，便向相关部门倡导实施"空气净化工程专业承包企业资质"，经过四年多的努力，直到2010年，协会才开始协助市建筑业管理办公室编制相关标准，并在其后被委托试行代办资质认证工作，到2014年，才最终被正式委托开展资质认证工作。

从政府方面看，这种来自非正式关系的影响对其工作的消耗也非常大。相关部门需要回应来自不同渠道的相同诉求，在接到市长批示后，还组织了S协会及行业企业进行专门论证，因为没有明确的合作标准，后续又要考察S协会是否合适承接代办资质认证工作。

行业协会商会与政府共治：配合、协作与合作

从 S 协会试行资质认证工作到被正式委托该工作，前后将近四年时间，政府在这一工作上的投入不可以说不大。

2015 年脱钩改革启动后，A 市根据中央精神全面规范政会关系，取消所有对行业协会商会的直接委托和补贴，凡是有必要与行业协会商会合作的，除特殊情况以外，都以购买服务的方式进行。在访谈中，S 协会秘书长讲道："这一变革使我们如释重负。我们是民间协会，政府没有项目直接给我们，都要靠我们去争取，其中是非常困难的，耗费许多精力，甚至影响我们更好地服务会员。脱钩改革后，政府一般都会公开发布信息，有时也会直接将信息发到协会来，这省了好多事情。"（访谈编码：20210923SM）

产品质量风险信息监测是一项全市性工作，具有一定的规模性，再加上政策约束，选择合作对象的最节省成本的方式是公开发布信息，明确资格条件，让有资格的主体参与竞争，再由专业机构进行评审，而非自己耗时耗力地去物色合作对象。A 市市监局最终按这一程序开展工作，不仅如此，为了节约订约成本，还召集入围的合作者共同商议确定合作契约的内容和项目经费的拨付方式，以使契约更加完善。

交易成本不仅包括信息成本、订约成本，还包括履约成本。制度化合作的一大特点是制度可以在合作过程中得以持续发展。在 S 协会与政府合作开展风险信息监测的过程中，双方为更好地实现合作目标和加强合作的流畅性，在协商的基础上建立了分工、沟通、评估等多项合作机制，这些机制的形成同样是政会双方为增强管理的确定性和可预期性，即减少交易成本的产物。

3. 遵循制度提升组织合法性

在国家治理体系和治理能力现代化进程中，脱钩改革不仅要实

第七章　政会合作型共治：以行业风险监测工作为例

现行业协会商会与行政机关的"五分离"，更重要的是要在分离的基础上实现双方关系的"五规范"。所谓规范，是指在某种程度上可以充当模式或标准的东西，可以用来指导人们的思想或行动。[①] 这意味着，脱钩改革后的政会关系首先需要以制度为前提。在政会合作上，2015年财政部印发了行业协会商会承接政府购买服务有关问题的通知，提出要优先向脱钩的行业协会商会购买服务，2020年财政部又颁布《政府购买服务管理办法》，这些为政会合作提供了基本政策依据，也为双方的行为提供了规范性要求。

在依法行政和行政问责不断加强的大环境中，政府及其公务人员受非正式关系影响的可能性越来越小，依规办事受到鼓励。在对S协会风险信息监测工作的政府方联络人员的访谈中，"合规"和"公信力"两个概念被提到："我们肯定要按政策规定办事，'合规'比什么都重要，政府也希望有公信力，'合规'才会有公信力。"（访谈编码：202101119SXZ）风险信息监测站的招募工作是公开进行的，信息向全社会发布，并且请专业机构对申报机构进行评估，最后还公示了试点名单。这一系列公开和透明的做法，无不是要树立政府的合规形象和提升公信力。

S协会对组织合法性同样有持续性的要求。如果能够不再通过非正式关系获取合作机会，而是在公开公平的竞争中取胜，对于提升协会的行业和社会公信力无疑有极大帮助。因为这种竞争性的胜利不仅是符合政策规定和社会规范的，而且会被公众认为是合理和可接受的，能够为协会带来全方位的合法性。正如S协会秘书长所言："我们之前向政府争取项目，会员和行业企业也会认为我们很能

[①] Wedgwood, R., The Unity of Normativity, in Star, D. (ed.), *The Oxford Handbook of Reasons and Normativity*, New York: Oxford University Press, 2018.

干,但他们主要是觉得我们对政府有一定影响力。现在我们去竞争项目,他们对我们的信任不同了,他们会觉得我们确实是有专业能力。同时,这种公开性的参与也能让社会了解我们,这对形成社会影响力非常有必要。"(访谈编码:20210923SM)

综上所述,S协会与政府部门合作开展风险信息监测的案例表明,脱钩改革后政会合作的环境发生了重大变化,基于资源需求、减少交易成本和提升组织合法性的多重考虑,政会双方都倾向于基于制度建立合作关系,并且在合作过程中共同提升合作的制度化水平。同时,案例情况也表明,S协会与政府的合作目前仍主要处于制度化合作的第二个阶段,即机制建设阶段,虽然在合作过程中双方基于项目建立起联合行动系统,但总体而言仍处于探索阶段,换言之,在S协会这一特定项目中,合作尚未发展到制度化的最高水平。

四、结论与讨论

政府治理改革要求政府以更加规范的方式积极与行业协会商会等社会力量合作,而脱钩改革后的行业协会商会面临市场化挑战,需要以更加符合市场要求的方式与政府合作。本章基于文献和案例分析发现,在宏观制度环境的变化下,受资源依赖、节省交易成本和提升组织合法性三重逻辑的影响,政会合作日益呈现制度化特征。政会合作的制度化体现在两个层面,一是双方基于制度建立合作关系,二是双方在合作过程中持续完善规则,不断提高合作的制度化水平,相应地,制度化合作整体上具有更强的公平性、契约性和稳定性。

既有研究多以脱钩改革前的政会合作为分析对象，更多看到的是具有政治依附性的行业协会商会为争取与政府合作的机会而采取的策略性行为，无力解释政会合作的新进展。本章超越政府主导、行业协会商会依附的固化思维，提出"制度化合作"这一新概念，对变化中的现实作出了更富针对性的解释；同时，揭示了政会制度化合作生成的深层次逻辑，论证了超越策略性合作、建立新型政会关系的可能性。

此外，既有研究对组织间制度化合作的讨论较少，更缺乏对政会制度化合作的研究，仅有个别文献强调政府应该为政社合作提供制度途径，提供一种利益协调机制和规范化的协商合作平台。[①] 本章尝试对政会制度化合作进行界定，明确了制度化合作的内涵，特别提出制度化合作包括基于制度建立合作关系和合作制度化水平的提升两个层次的内容，使这一概念更加容易被测度。不仅如此，本章在这两个层面上讨论政会制度化合作的成因，较全面地解释了合作者既需要初始制度又需要不断完善制度的原因。

从实践发展看，本章揭示了脱钩改革对政会合作积极而深远的影响，以及推进政会制度化合作在当前的必要性和可行性。脱钩改革对建立规范的政会关系提出了要求，这是政会合作发生转型的根本原因。在这一前提下，政会双方才得以在对资源依赖、交易成本和组织合法性等微观因素的考虑下调整合作方式，走上制度化合作道路。这表明，即使是在非正式关系发挥重要作用的人情社会中，当制度完备且约束有力时，政会双方同样能够基于市场机制（资源依赖、交易成本）和社会机制（组织合法性）达成制度化合作，这

---

① 许婷：《法团主义：政府与社会组织的关系模式选择》，载《中共浙江省委党校学报》2006年第4期。

意味着，要从整体上推进政会制度化合作以及进一步提升制度化合作水平，仍然要以制度优化为第一要义。

最后要指出的是，本章提出制度化合作概念，主要用于解释脱钩改革后政会合作的新特征，但这并不等于说在改革前不存在制度化合作，只是正如既有研究所揭示的，既往合作呈现突出的"策略性"特征，故而制度化合作更多强调的是基于制度的合作和在合作中不断提升制度化水平，至于根植于文化和社会土壤的非正式关系在制度化合作中如何发挥作用，则是另一个十分有趣并需要另行研究的问题。另外，本章以 A 市 S 协会为案例对分析框架进行实证验证存在一定的局限性，因为 A 市的政会关系改革进程相对较快、力度较大，而 S 协会又是一个典型性案例，所以 S 协会所具有的合作特征可能在许多行业协会商会中还未形成，因而不能将本研究的结论一概而论地用于解释所有的政会合作现象。

第八章

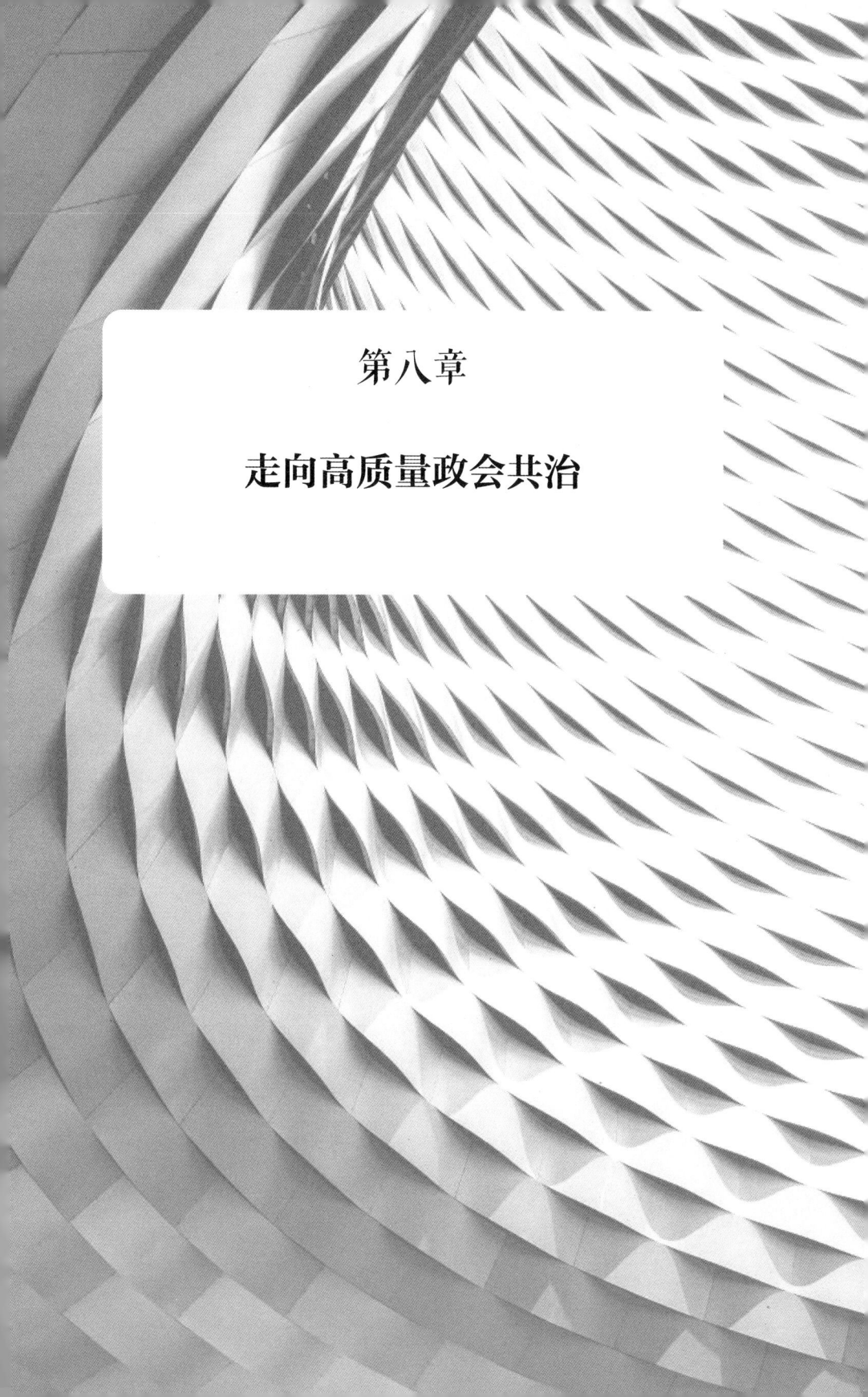

走向高质量政会共治

在提出共治型政会关系概念和深入阐释政会共治模式的基础上，本书前七章讨论了我国政会共治的宏观制度背景、发展历程，对当前政会配合型共治、协作型共治和合作型共治情况进行案例分析，展示了政会共治的大体图景，刻画了政会关系新变化，为深入理解新时代政府与社会关系提供了理论资源。当前，政会共治仍处于初步发展阶段，共治作为一种治理工具尚未被充分利用，共治的制度化不足、行业协会商会参与不足、共治的可持续性不足等问题较为普遍，政府与行业协会商会都需要抓住时代契机，通过不断完善政策体系和加强组织治理，共同推进政会共治高质量发展。

一、政会共治的多重意义

行业协会商会在我国是最先发展起来的社会组织，由于在促进经济发展、市场建设中具有关键作用，因而也是受到政府优先对待、发展最快的社会组织。截至2022年8月，我国行业协会商会数量已达11.38万，其中，全国性行业协会商会886家，省级行业协会商会1.63万家，市级行业协会商会4.55万家，县级行业协会商会5.11万家。全国行业协会商会共拥有企业会员总数超过746万家，

行业协会商会与政府共治：配合、协作与合作

总资产约 3500 亿元，基本形成了覆盖国民经济各个门类、各个层次的行业协会商会体系。从 2015 年脱钩改革到 2021 年年底，70428 家行业协会商会实现与行政机关脱钩，全国性和省级行业协会商会基本完成了脱钩。通过脱钩改革，行政机关与行业协会商会的主办、主管、挂靠关系被取消，行业协会商会原有的行政职能被剥离。

行业协会商会作为政府与市场之外的第三部门组织，是联结政府、市场和企业的桥梁纽带，在经济建设和社会发展、社会治理中发挥重要功能。行业协会商会功能发挥的途径主要有两种：一是发挥单一组织作用，主要体现为行业协会商会扮演俱乐部角色，为会员、行业、政府和社会提供各类服务；二是与其他组织联合发挥作用，主要包括与企业联合、与政府联合以及与其他社会组织联合，此类作用的发挥都属于"共治"，而政会共治是其中的一种类型。

由于政府的特殊身份和作用，行业协会商会与政府的共治具有独特意义。从行业协会商会方面看，其一，政会共治是行业协会商会功能发挥的重要途径。行业协会商会可以借助政府资源开展行业性服务，从而超越自身的俱乐部角色，实现从互益性组织向公益性组织的身份迁移，同时将功能拓展到整个行业领域。其二，政会共治是行业协会商会获取合法性的重要途径。行业协会商会的职能空间在一定程度上受其合法性影响，与政府共治能够帮助行业协会商会获取政治和行政合法性，并且在此基础上提升社会合法性，这将为行业协会商会带来多方面信任，为其在更大的空间中发挥作用提供有力支撑。其三，政会共治是行业协会商会实现组织发展的重要途径。组织间共治的形成以对彼此资源的需求为前提，政会共治同样如此。在与政府的共治中，行业协会商会可以获得组织原先并不拥有的资源，从而弥补组织不足，壮大发展组织。如本书案例所示，政会共治对行业协会商会的意义已经在实践中得到有效检验，也因此，一些行业协会商会积极谋求和争取与政府共治的机会，特别是那些在与政府的协作、合作中已经有所收获的行业协会商会，有更高的积极性与政府结成共治关系或形成持续性的共治。

政会共治对政府方面来说同样意义重大。在市场经济的发展进程中，政府角色逐渐从直接管理市场向为市场提供服务和监管市场转变。政府职能转变的目的在于优化资源配置、提高效率、促进创新和发展，从而更好地满足市场发展需求。行业协会商会是企业家和企业的联合体，代表行业和市场利益，最贴近市场，最了解行业发展需求和市场形势，具有独特的信息优势。同时，行业协会商会在整合会员企业资源和行业资源，约束会员企业行为，开展集体行动等方面有独特能力。因此，无论在哪个国家，也无论实施何种行业管理体制，行业协会商会都是市场发展、经济建设不可缺少的力量。也因此，政府需要借助行业协会商会开展行业治理、促进经济发展和市场建设，而政会共治是达致此类目标的主要手段。

其一，政府可以通过政会共治向行业协会商会转移部分行业技术性、专业性职能，从而提高行业治理效能。比如本书中写到的政府在行业人才培养上与行业协会商会协作、在行业安全信息监督上与行业协会商会合作，将行业协会商会更擅长的事情交由它们去做，不仅向行业协会商会释放了职能空间，而且提高了政府的行业管理质量和效率。

其二，政府可以通过政会共治推进"小政府、大社会"目标。"小政府"中的政府小而有力，既能够充分发挥社会自我治理的作用，又能够实现对社会的总体调控。政府与行业协会商会共治是为行业协会商会提高行业治理能力创造机会，这一做法同时也是在培

行业协会商会与政府共治：配合、协作与合作

育发展市场的自我治理能力，是从长远减轻政府负担、建设一个成熟市场的必要选择。

其三，政府可以通过政会共治借助行业协会商会调动企业、行业和市场资源。行业协会商会依托行业、依靠会员，通常具有良好的会员凝聚力和行业影响力，更易于调动相关资源。

政会共治最根本的意义在于它能满足经济发展和市场建设需要。党的十八届三中全会审议通过的《中共中央关于全面深化改革若干重大问题的决定》指出，"经济体制改革是全面深化改革的重点，核心问题是处理好政府和市场的关系，使市场在资源配置中起决定性作用和更好发挥政府作用"。党的二十大强调要"充分发挥市场在资源配置中的决定性作用，更好发挥政府作用"。政府与市场关系中的重要一环是行业协会商会。处理好政府和市场关系首先要处理好政府与行业协会商会关系。政会共治是政会关系的主要内容，也是政会关系最重要的表征。在"使市场在资源配置中起决定性作用"的市场经济中，行业协会商会通常要能够承担起行业治理功能，能够承接得起政府下放到市场的微观管理职能。由于历史的原因，我国行业协会商会的行业治理功能相对较弱，这就需要不断推进政社共治，需要政府将一些职能拿出来与行业协会商会共同治理，比如市场监管、行业信用体系建设、环境治理、产业转型升级等职能。

总之，本书前面章节论述了政会共治的具体形式和实践做法，在此基础上需要进一步明确政会共治的多方面意义，认识到政会共治是行业协会商会发展、政府治理现代化和经济社会发展的必要手段。认知的提升、理念的改变是进一步推进政会共治，发挥其在国家治理中的作用的必要前提。

二、新形势下政会共治的政策机遇

当前,政会共治正面临新机遇和新挑战。就机遇而言,一方面,政府日益重视行业协会商会,对行业协会商会的角色功能有了更清晰的定位,通过脱钩改革等一系列举措推动全国大多数行业协会商会走上了独立发展的道路,为政会共治创造了良好的制度环境;另一方面,经过近四十年的发展,无论是政府还是行业协会商会,在政会共治方面都积累了一些经验,部分行业协会商会已经成为政府不可缺少的助手。这为政会共治的进一步发展提供了良好的实践基础。

与此同时,当前我国正处于经济转型发展和实施共同富裕战略的关键时期,在经济和社会两个领域中,政府都需要借助行业协会商会的力量。近年来,经济运行面临国际市场需求减弱、国内需求不足的新挑战,一些企业经营困难。政府和行业协会商会需要携手面临挑战,帮助企业共渡难关。在社会领域,2013年党的十八届三中全会提出社会治理概念,其后历次会议都要求创新社会治理体制,形成共建共治共享的社会治理格局。2020年,我国开启实施共同富裕战略的新征程,党的十九届五中全会提出,到2035年,"人均国内生产总值达到中等发达国家水平,中等收入群体显著扩大,基本公共服务实现均等化,城乡区域发展差距和居民生活水平差距显著缩小……人民生活更加美好,人的全面发展、全体人民共同富裕取得更为明显的实质性进展"。无论是创新社会治理还是推动全体人民共同富裕,行业协会商会都是其中的一支有生力量。

在经济领域,特殊时期行业协会商会的作用已经受到政府的高

行业协会商会与政府共治：配合、协作与合作

度重视。2022年6月，民政部办公厅印发《关于充分发挥行业协会商会作用为全国稳住经济大盘积极贡献力量的通知》，提出要充分发挥行业协会商会扎根行业、服务企业、辅助政府、凝聚合力的独特优势，以实际行动助力国务院稳经济一揽子政策措施迅速落地生效，实现稳增长稳市场主体保就业，助力经济运行在合理区间，就行业协会商会加强相关政策措施的宣贯、解读和辅导，为企业提供及时准确的信息服务，指导企业用好用足税费减退、社保费缓缴等各项支持性政策措施，深入会员企业一线开展调查研究，加强与政府有关部门对接，协助政府有关部门开展有针对性的精准扶持等工作提出了指导意见。2023年7月，民政部办公厅印发《关于开展行业协会商会服务高质量发展专项行动的通知》，确定于2023年8月—2024年12月开展行业协会商会服务高质量发展专项行动。该通知明确了推动行业协会商会高质量发展的10项任务：（1）形成一批高质量的调研报告和政策建议。（2）推动一批行业发展支持性政策落地见效。（3）壮大一批行业发展必需的人才人力队伍。（4）发布一批科学准确有效的经济发展指数。（5）建设一批推动行业产业发展的服务平台。（6）推出一批引领行业产业发展的先进标准。（7）培育一批服务行业产业发展的品牌项目。（8）完善一批维护行业发展秩序的自律规约。（9）服务一批促进经济布局优化的产业集群。（10）谋划一批服务高水平对外开放的新举措。

地方上也陆续推出鼓励行业协会商会加大力度支持经济建设的政策。比如，2021年3月北京市发布《关于在行业协会商会领域组织开展"我为企业减负担"专项行动的通知》，提出引导和鼓励行业协会商会在充分考虑自身工作实际和发展需求的基础上，主动减免部分经营困难会员企业，尤其是受疫情影响生存困难的民营中小微企业的会费和其他收费项目，进一步减轻企业负担、激发市场主体活力；指导行业协会商会在统筹考虑会员企业经营状况、承受能力、行业发展水平等因素的基础上，进一步强化勤俭节约办会意识，力所能及压缩自身费用支出成本，主动降低一批盈余较多收费项目的收费标准，防止过高收费。又如，2022年2月中共安徽省委办公厅、安徽省人民政府办公厅印发《关于更好发挥行业协会商会在"三地一区"建设和"双招双引"中作用的意见》，提出要进一步推进行业协会商会市场化、社会化、职业化改革，更好发挥行业协会商会在加强政企沟通联络、推进"双招双引"、搭建行业发展平台、促进跨区域开放合作等方面的积极作用，针对行业协会商会通过组建新兴产业行业协会商会、搭建行业发展平台等举措服务经济高质量发展，通过完善信息沟通共享机制、创新政策制定实施模式、增强行业监测分析针对性等举措促进政企沟通合作等内容提出了具体指导意见。

在社会领域同样可以看到政府对行业协会商会发挥作用的期待。以推动共同富裕为例，《国务院关于印发"十四五"国家老龄事业发展和养老服务体系规划的通知》提出，支持有关机构、行业协会开发公益课程并利用互联网平台等免费开放，依托基层群众性自治组织等提供指导，帮助老年人家庭成员提高照护能力。上海市人民政府关于印发修订后的《上海市激发重点群体活力带动城乡居民增收实施方案》的通知提出，完善服务平台运行机制，鼓励与大学、科研院所、行业协会、企业建立战略合作伙伴关系，要求社会力量充分参与社会救助体系，完善低保家庭、低收入家庭、支出型贫困家庭的专项救助政策，精准施策，分类救助，形成广覆盖、有梯度、相衔接的阶梯式救助模式。《天津市人民政府办公厅关于印发天津市

行业协会商会与政府共治：配合、协作与合作

推进农业农村现代化"十四五"规划的通知》提出，采取政府购买、无偿资助、业务奖励等形式，鼓励科研机构、大专院校、行业协会、商会、专业性服务机构、龙头企业面向创业农民提供专业化服务。

总之，中央和地方政府都希望充分发挥行业协会商会在经济稳定和高质量发展、创新社会治理和推动共同富裕中的作用，并就行业协会商会具体作用的发挥提出了多方面意见。其中就包括行业协会商会可以配合政府、与政府协作和合作的事项。比如，加强相关政策措施的宣贯、解读和辅导，为企业提供及时准确的信息服务、完善维护行业发展秩序的自律规约等，是行业协会商会无须与政府协商谈判就可以单方面开展的工作，此类工作是帮助政府实现其政策目标，属于行业协会商会配合政府的行为；加强与政府有关部门对接，协助政府有关部门开展有针对性的精准扶持、服务一批促进经济布局优化的产业集群等工作，既可以以协作也可以以合作的方式进行，当政府需要与行业协会商会共同商定目标，但不与行业协会商会形成更深入联结时，就会形成协作关系，而当双方既要共同商定目标，又需要进一步的紧密联结甚至需要调整组织行为或结构时，就会形成合作关系。

当前我国经济已进入转型发展关键期，各个领域都在推进全面深化改革、发展新质生产力，这为行业协会商会发挥作用提供了重要机遇。与此同时，中央和地方政府积极为行业协会商会功能发挥指引方向，为政会共治提供了广阔的政策空间，政会共治的持续深入推进十分值得期待。

三、走向高质量政会共治的路径

高质量政会共治至少包括三方面要素：一是政会共治的范畴和事项明确，有相应的政策保障；二是政府与行业协会商会具有强烈的共治动机，这意味着双方能够从共治中受益，既可以是实现共同目标也可以是实现自身目标；三是政会共治过程规范，能够有效实现目标。以此来衡量，当前的政会共治还存在一些不足，需要加以完善。

首先，政会共治的范围尚不清晰。长期以来，政府和行业协会商会对共治概念缺乏清晰认识，基本将共治等同于合作，很多时候又将合作等同于以政府购买行业协会商会服务为主要形式的政府授权或委托。这导致许多政府部门和行业协会商会将政会共治定义在一个狭窄的范围内，不利于实践发展。事实上，正如本书中所揭示的，政会共治不仅包括合作，还包括协作和配合，三种形式的共治对于政会双方实现共同目标都具有重要意义。因此，政会共治应该在更加广阔的视野中被理解和推进。随之而来的问题是，应如何界定政会共治的范围？哪些事务政会可以配合、协作或合作？目前政策还没有相关规定。即便是在政府购买服务这一相对成熟的制度安排中，也缺乏对购买行业协会商会服务的中央政策规定。政策的不明确无疑会影响政府和行业协会商会对共治的预期，特别是使行业协会商会缺乏明确的行动方向，因而亟须加以优化。

其次，政会共治的动机尚不强烈。政府与行业协会商会在行业治理、经济发展和市场建设上有诸多共同目标，为双方共治提供了良好的基础。但是，由于脱钩改革前行业协会商会大多依附于政府，行业治理能力较弱，脱钩改革后行业治理权也并未下放到行业协会

行业协会商会与政府共治：配合、协作与合作

商会，所以当前行业协会商会不仅缺乏行业治理权，而且面临行业治理能力不高的问题。在这种情况下，政府不愿意也不敢积极推进与行业协会商会共治，只是在少数领域接纳行业协会商会进入。脱钩改革后甚至出现了政府收回一些原来委托给行业协会商会的职能（如培训、行业统计等）的现象。从行业协会商会方面看，大多数行业协会商会都希望获得与政府共治的机会，但是努力为之争取的行业协会商会却为数不多，一是因为许多行业协会商会缺乏参与行业治理的经验和能力，难以影响政府决策和满足政府共治需求；二是因为主要以政府购买服务方式进行的政会共治存在申请难、经费少、管理程序复杂等问题，许多行业协会商会认为共治的成本高、回报低。政会双方动机不足是当前政会共治发展面临的较为普遍的问题，值得关注。

最后，政会共治的成效尚不突出。政会共治的直接成效是共治目标的实现，体现在一个个具体的共治项目中。由于政会共治通常围绕行业治理进行，整体的行业治理情况可以被视作政会共治的间接成效。从直接成效看，由于共治通常被认为是合作，而合作项目一般受合同约束，存在评估验收要求，所以容易看到预期。比如，政府与一些行业协会商会在人才培养、职称评定、标准制定等方面开展合作，都能够顺利完成工作；一些行业协会商会与政府合作开展展会工作，也都能够取得明显成效。从2021年到2023年8月，山东省各级行业协会商会在政府支持下举办各类"双招双引"、展销会、博览会等活动3810余场，签约（意向）金额1315亿元，推动了共性技术研发、产学研合作、技术服务、创新成果转化协同发展。[1] 从间

---

[1] 敫蓉：《"桥梁纽带"的新理念新作为——山东省行业协会商会服务高质量发展调查》，https://baijiahao.baidu.com/s? id = 1774897711385443639&wfr = spider&for = pc，2024年9月24日访问。

接成效看，不少行业协会商会协助政府开展行业治理，推动了行业治理的规范化、有序化发展，但是一些行业特别是老百姓直接接触和感知的行业却存在或多或少的问题，不尽如人意。每年一度的"3·15"晚会曝光了许多行业之"怪现象"，从生产线源头的食品安全问题、产品质量问题到服务售后问题，涉及面之广、问题之严重让人瞠目结舌。各种行业乱象的背后是行业治理的不到位，其中既有政府失灵的原因，也有行业协会商会的失职，有些则是因为缺乏政会共治或是因为政会共治未能取得实效导致的。

政会共治还有很大的发展空间，既需要促进政会共治数量的增长，又需要提升政会共治质量。从当前基本情况出发，政府需要进一步优化制度环境，既要为行业协会商会发展创造良好环境，也要制定出台相关政策促进政会共治；行业协会商会既要持续提升自身专业水平和服务能力，也要积极影响政策扩大政会共治空间。具体来说，促进政会共治亟须推进以下四方面工作：

一是优化制度环境，促进行业协会商会高质量发展。高质量的政会共治以存在高质量行业协会商会为前提，只有行业协会商会自身能力强、本事大，才能够对政府形成有利影响，政府才会有信心让其参与行业治理，才会形成更多的政会共治。虽然我国有悠久的行业协会商会发展历史，但是当代行业协会商会在改革开放后才复苏发展，各方面的经验都十分有限。同时，由于改革开放后的行业协会商会基本上是由政府机构转制而来，在相当长的时间内对政府存在依赖性，而行业协会商会主要在民营经济发展的地方发展较快，大多数地方的行业协会商会数量不多、能力不足。经过几轮政会脱钩改革，行业协会商会不再依附于政府，而是要到市场和社会中凭自身本领获得生存和发展，这使部分行业协会商会在摸爬滚打中提

行业协会商会与政府共治：配合、协作与合作

高了能力，获得了成长。但是，为数众多的行业协会商会还没有成功实现转型发展，主要依靠会费维持生存，有的甚至因为无法向会员提供应有的服务而面临会费收缴难问题。

行业协会商会生存发展难表面上看是一个组织问题，实则与制度环境不完善存在密切关系。行业协会商会是社会团体，属于互益性非营利组织，主要通过会费来维持生存，而会费基于为会员提供服务。至于行业协会商会能够为会员提供哪些服务，则受到政策约束。比如，行业协会商会是否可以面向会员开展技能培训？这不是仅凭市场决定的问题。在我国的制度环境中，虽然没有明文禁止行业协会商会向会员提供技能培训服务，但是行业性培训职能一直为政府所有，在接受政府委托的培训项目之外，行业协会商会几乎没有发挥作用的空间。这主要是因为我国对行业实施部门管理，政府部门掌握着行业治理权，行业协会商会缺乏职能空间。虽然政府职能转变一直在推进，但这一问题在当前仍然很突出。因此，要促进政会共治首先要优化制度环境。为此，政府应加大职能改革力度，进一步厘清政会职能边界，将国际社会认可的一些行业治理权转移给行业协会商会，比如行业项目的许可权、行业产品认证权和会员培训、会员表彰、会员惩罚等工作。此外，政府还有必要为行业协会商会发展做好统筹规划和长远布局，比如制定出台《行业协会商会法》，明确行业协会商会角色功能和管理规范；加强行业协会商会人才培养，在高校设置行业协会商会专业方向，推进行业协会商会人才培训工作；完善行业协会商会税收优惠；将行业协会商会发展列入各级经济和社会发展规划；等等。

二是不断完善政策，推动政会共治。政会共治存在配合、协作和合作三种形式，无论哪种形式的共治，都是基于共治主体间的资

源依赖关系，这意味着推动政会共治主要是解决政府与行业协会商会之间存在的信息不对称、供需难以对接问题。解决这一问题可能有三种途径：

第一种途径是政府通过正式渠道如发布政策文件、发出通知、发出邀约等使行业协会商会知晓政府的共治需求。在当前数字技术广泛应用的情况下，政府可以建立行业协会商会数据库，全面掌握行业协会商会情况；或者建立行业协会商会服务平台，在平台上发布政府需求。当前，为推动行业协会商会参与实施共同富裕战略和发挥行业协会商会在促增长、稳就业等工作中的作用，政府已经颁布了一些政策文件，引导和支持行业协会商会与政府共治。

第二种途径是由行业协会商会的联合性组织［目前少数地方联合行业协会商会的职能由工商联（总商会）承担］发挥政府与行业协会商会中间人的作用，为双方进行共治需求对接。为此，联合性组织需要全面掌握全员信息，同时紧密联系政府，既要了解政府需求，又要能够对政府产生积极影响。

第三种途径是政府和行业协会商会为彼此提供和创造更多的交流机会。比如，政府的一些重要的行业性工作和活动可以邀请相关行业协会商会参与，与此同时行业协会商会也可以邀请政府相关领导参与和指导工作。双方在交流过程中可以增进了解、建立信任。当然，这种方式最好也能够不断制度化，比如将政府邀请相关行业协会商会参与"双招双引"工作作为一项政策确定下来。

三是行业协会商会要不断提高专业能力和治理水平。在相同制度环境中，一个组织是否能够更好地发展最终取决于自身的努力程度。行业协会商会的宗旨是服务会员、服务行业发展，而要实现这一目标需要具有两方面专业能力：管理行业协会商会的能力和行业

行业协会商会与政府共治：配合、协作与合作

专业能力，即既会管理行业协会商会又熟知行业专业技能。然而，我国行业协会商会向来缺乏专业人才，治理水平普遍不高。要获取与政府共治的机会，行业协会商会首先要提高自身专业能力，能够协助政府开展行业治理、解决行业发展问题。为达到这一目标，一方面，行业协会商会需要积极引进人才和加强人才培养，而后者对于大多数经济不宽裕的行业协会商会来说更具现实性。加强人才培养需要开展组织学习，即为工作人员提供共同学习、参加专业培训和研讨会等机会，同时需要建立适度的内部竞争机制。另一方面，需要重视制度建设，建立标准化运营模式，使行业协会商会各方面工作不依赖于个人，而是依据专业标准和制度规定。

四是行业协会商会要积极推进政会共治朝制度化方向发展。受传统文化和脱钩前政会关系影响，不少行业协会商会采取非正式手段对政府实施策略性影响，以获取与政府共治的机会。脱钩改革后这一现象明显减少，政会共治的制度化水平不断提高，但是仍然存在大量影响共治的非正式因素。推进政会共治，所要推进的是制度化共治，要尽可能缩小非正式因素发挥作用的空间。为此，行业协会商会需要从自身做起，契合当前改善营商环境的大气候，遵守政策要求，积极推进政会共治朝制度化方向发展。具体来说，首先，行业协会商会要在政策框架内寻找政会共治机会，影响政府的所有行为应该合法合规，遵守公平公开和竞争原则[①]；其次，行业协会商会要严格按照与政府的合同约定开展共治，遵守契约原则；最后，行业协会商会在共治过程中要与政府积极沟通，共同推进制订共治所需要的新规则，持续提升共治的制度化水平。

---

① 任晓春、闫飞飞：《中国行业协会治理转型的困境及对策——基于"结构—关系—行动"的视角》，载《北京社会科学》2022 年第 12 期。

四、走向高质量政会共治的研究议程

思想是行动的指南，理论是实践的先导。因为行业协会商会同时对经济和社会领域产生影响，并且是我国较早产生、数量较多的社会团体，所以21世纪之交行业协会商会与政府的关系受到学界的较多关注，对政会关系的讨论一度成为政府与社会关系的重要内容。遗憾的是，这一研究的热度逐渐褪去，当前针对政会关系的研究较少，对政会共治的讨论更是稀有。不仅如此，"共治"虽然是一个常用词，但对共治的研究却都是宽泛和模糊地使用这一概念，并且很多时候是将"合作"与"共治"连用，是为"合作共治"，缺乏对"共治"概念及其过程、机理的深入研究。很显然，当前研究的情况与行业协会商会在经济社会发展中的地位和作用不相匹配，与近年来国家积极推动全社会参与共同富裕战略的要求不相匹配，与构建制度化的政会良性互动关系的追求不相匹配。因此，亟须加强和推进政会共治及相关研究，以为行业协会商会发挥作用和优化行业治理提供智力支撑。

虽然本书已经就"政会共治"展开了讨论，并基于案例对配合型共治、协作型共治和合作型共治的实施过程进行了初步分析，但是这些对于理解政会共治、形成政会共治理论还远远不够，需要开展更多研究。最后，本书提出政会共治研究的未来议程。

一是政会共治多元样态的比较研究。我国行业协会商会的构成复杂，包括行业协会、行业商会、商会、联合会等多种类型，不同类型的行业协会商会与政府的共治情况如何？有哪些共同之处，是否存在差异？如何理解差异？与此类似，我国各地行业协会商会的政策环境存在一定差异，发展情况有别，也需要进行比较研究。对政会共治多元样态的描述和分析是理解政会共治的起点，亟须加以推进，特别是基于丰富实践的实证研究。

二是政会共治形成机制的拓展研究。既有研究主要从资源依赖视角讨论共治的形成，这为理解政会共治提供了重要的理论资源，但是，资源依赖理论源自西方，是基于西方组织社会环境提出的理论，在解释我国政会共治上可能存在一定的局限性。比如，我国行业协会商会与政府并不是完全对等的主体，它们之间的共治可能并不像市场中平等的企业那样完全基于资源依赖关系。那么，资源关系是不是影响政会共治形成的最重要原因？在资源关系之外是否存在其他重要的影响因素？围绕政会共治的形成机制，需要基于我国本土文化和现实国情开展深入研究，并基于此提炼中国经验和构建自主知识体系。

三是政会共治具体类型的深入研究。政会共治包括配合、协作和合作三种具体类型，本书虽然提出了划分三种共治类型的基本维度并基于案例进行了初步讨论，但这些工作仍然是非常初步的。基于实践从不同层面刻画不同类型共治的特征，特别是对三种共治进行比较研究，探索不同共治模式的适用场景，对于充分理解政会共治具有重要意义。

四是政会共治成效及其评估研究。共治之所以广泛存在是因为它比单一组织的自我治理更容易实现组织目标。那么，政会共治是否有效实现了目标？如何理解和界定共治目标？如何评估目标的实现程度？此类问题应成为未来研究的重要内容。具体来说，需要基于对政会共治的广泛而深入的调查，建立政会共治成效评价指标体系，开展政会共治成效评估，在此基础上发现当前政会共治中存在的不足并提出改进方案。

五是对政会共治政策的系统研究。政策规定对政会共治产生根本性影响,因而政策研究应是政会共治研究中的关键性内容。然而,目前学界对我国存在哪些与政会共治相关的政策、哪些政策是支持性的、政策效果如何、哪些政策需要完善等问题缺乏关注。未来研究需要在政策分析上有更多投入,需要以推进政会共治为目标不断总结政策经验,探讨政策完善空间,探索创新政策工具。

参 考 文 献

一、中文文献

〔英〕Stephen P. Osborne 编著：《新公共治理？——公共治理理论和实践方面的新观点》，包国宪等译，科学出版社 2016 年版。

〔美〕W. 理查德·斯科特：《制度与组织：思想观念与物质利益》，姚伟、王黎芳译，中国人民大学出版社 2010 年版。

〔英〕鲍勃·杰索普、程浩：《治理与元治理：必要的反思性、必要的多样性和必要的反讽性》，载《国外理论动态》2014 年第 5 期。

陈剩勇、马斌：《温州民间商会：自主治理的制度分析——温州服装商会的典型研究》，载《管理世界》2004 年第 12 期。

陈天祥、应优优：《甄别性吸纳：中国国家与社会关系的新常态》，载《中山大学学报（社会科学版）》2018 年第 2 期。

程贵妞、韩国明：《行业协会参与职业教育的角色分析》，载《教育与职业》2008 年第 6 期。

程坤鹏、徐家良：《从行政吸纳到策略性合作：新时代政府与社会组织关系的互动逻辑》，载《治理研究》2018 年第 6 期。

程楠：《摘掉"官帽子"，行业协会商会将如何自寻出路》，载《中国社会组织》2016 年第 6 期。

戴斌：《谁来致谢好心人？——感谢信的主体对捐赠者后续捐赠意愿的影响》，武汉大学 2014 年博士学位论文。

〔美〕戴维·杜鲁门：《政治过程：政治利益与公共舆论》，陈尧译，天津人民出版社 2005 年版。

行业协会商会与政府共治：配合、协作与合作

〔美〕道格拉斯·C.诺思：《制度、制度变迁与经济绩效》，杭行译，格致出版社 2014 年版。

邓正来：《"生存性智慧模式"——对中国市民社会研究既有理论模式的检视》，载《吉林大学社会科学学报》2011 年第 2 期。

邓正来：《市民社会与国家知识治理制度的重构——民间传播机制的生长与作用》，载《开放时代》2000 年第 3 期。

董琦、郑春荣：《德国商会在职业教育中的地位与作用》，载《职教通讯》2001 年第 12 期。

方国平：《新型政社关系的重构——上海市的探索与实践》，载《中国行政管理》2010 年第 4 期。

方劲：《合作博弈：乡村贫困治理中政府与社会组织的互动关系——基于社会互构论的阐释》，载《华中农业大学学报（社会科学版）》2018 年第 3 期。

高恩新、汪昕炜：《行为主义公共政策创新的助推框架与政策工具——以行为洞察力小组为例》，载《湘潭大学学报（哲学社会科学版）》2021 年第 1 期。

高丽、赵环：《契约精神与友善制度：善治视角下新型政社关系的构建》，载《浙江工商大学学报》2016 年第 4 期。

〔英〕格里·斯托克：《作为理论的治理：五个论点》，华夏风译，载《国际社会科学杂志（中文版）》1999 年第 1 期。

顾盼：《上下级沟通、角色压力与知识共享及工作满意度研究》，浙江大学 2007 年硕士学位论文。

韩国明、程贵妞：《行业协会参与下的职业教育运行机制分析》，载《教育科学》2007 年第 6 期。

郝志景：《社会组织与威权政府间的"依附—庇护"关系——基于合法性视角的分析》，载《比较政治学研究》2020 年第 1 期。

和经纬、黄培茹、黄慧：《在资源与制度之间：农民工草根 NGO 的生存策略——以珠三角农民工维权 NGO 为例》，载《社会》2009 年第 6 期。

〔美〕胡安·J.林茨、阿尔弗莱德·斯泰潘：《民主转型与巩固的问题：南欧、南美和后共产主义欧洲》，孙龙等译，浙江人民出版社 2008 年版。

黄如桐：《资本主义工商业社会主义改造的历史回顾》，载《当代中国史研究》1994 年第 2 期。

黄晓春、嵇欣：《非协同治理与策略性应对——社会组织自主性研究的一个理论框架》，载《社会学研究》2014年第6期。

黄晓春、周黎安：《政府治理机制转型与社会组织发展》，载《中国社会科学》2017年第11期。

惠耕田：《制度、制度化与国际合作的再解释》，载《国际论坛》2009年第4期。

纪莺莺：《转型国家与行业协会多元关系研究——一种组织分析的视角》，载《社会学研究》2016年第2期。

贾西津、沈恒超、胡文安等：《转型时期的行业协会：角色、功能与管理体制》，社会科学文献出版社2004年版。

贾西津、张经：《行业协会商会与政府脱钩改革方略及挑战》，载《社会治理》2016年第1期。

江华、张建民、周莹：《利益契合：转型期中国国家与社会关系的一个分析框架——以行业组织政策参与为案例》，载《社会学研究》2011年第3期。

姜影、王茜、崔兴硕：《基础设施PPP项目治理：契约治理、关系治理和正式制度环境》，载《公共行政评论》2021年第5期。

蒋德海：《论我国社会主义协作劳动制度的完善》，载《学术界》2022年第2期。

蒋伟新、汤可可：《推挽结构：近代地方商会与政府的关系——以无锡为例》，载《近代史学刊》2001年第1辑。

景朝阳、李勇主编：《中国行业协会商会发展报告（2014）》，社会科学文献出版社2015年版。

敬乂嘉：《从购买服务到合作治理——政社合作的形态与发展》，载《中国行政管理》2014年第7期。

康晓光、卢宪英、韩恒：《改革时代的国家与社会关系——行政吸纳社会》，载王名主编：《中国民间组织30年：走向公民社会（1978—2008）》，社会科学文献出版社2008年版。

康晓光等：《依附式发展的第三部门》，社会科学文献出版社2011年版。

科技部政策法规与体制改革司：《我国科技中介机构基本状况和总体发展思路》，载《中国科技产业》2003年第9期。

冷向明、张津：《半嵌入性合作：社会组织发展策略的一种新诠释——以W市C社会组织为例》，载《华中师范大学学报（人文社会科学版）》2019年第3期。

行业协会商会与政府共治：配合、协作与合作

李国武：《产业集群中的行业协会：何以存在和如何形成?》，载《社会科学战线》2007年第2期。

李恒光、崔丽：《国外商会类行业组织及其发展经验借鉴》，载《青岛科技大学学报（社会科学版）》2004年第3期。

李季刚：《论我国食品安全治理中行业协会自律机制的优化》，载《北京交通大学学报（社会科学版）》2020年第1期。

李建德：《经济制度演进大纲》，中国财政经济出版社2000年版。

李力东、钟冬生：《多中心治理视角下和谐劳动关系的构建——以浙江温岭行业工资集体协商为例》，载《晋阳学刊》2014年第5期。

李利利、刘庆顺：《脱钩后行业协会社会关系网络分析》，载《对外经贸》2017年第6期。

李忠：《商会与中国近代教育研究》，河北大学2005年博士学位论文。

李子彪、张静、李林琼：《科学共同体的演化与发展——面向"矩阵式"科技评估体系的分析》，载《科研管理》2016年第S1期。

刘根华、郑文钟、李铭熙：《行业协会参与食品安全"共治"困境及对策研究——以浙江省金华市为例》，载《浙江师范大学学报（社会科学版）》2017年第6期。

刘俊祥：《论国家治理的公平化》，载《福建论坛（人文社会科学版）》2014年第2期。

刘胜梅：《契约精神及其培育路径》，载《学术探索》2012年第10期。

卢向东：《"控制—功能"关系视角下行业协会商会脱钩改革》，载《国家行政学院学报》2017年第5期。

陆聂海：《多中心治理视阈下商会参与地方治理研究——以义乌异地商会为例》，载《浙江社会科学》2020年第3期。

〔美〕罗伯特·D.帕特南：《使民主运转起来》，王列、赖海榕译，江西人民出版社2001年版。

罗梁波：《公共性的本质：共同体协作》，载《政治学研究》2022年第1期。

罗珉、王雎：《跨组织大规模协作：特征、要素与运行机制》，载《中国工业经济》2007年第8期。

〔英〕罗纳德·哈里·科斯：《论生产的制度结构》，盛洪等译，上海三联书店1994年版。

罗文恩、王利君:《从内嵌到共生:后脱钩时代政府与行业协会关系新框架》,载《治理研究》2020年第1期。

罗文恩:《后脱钩时代行业协会功能再定位:共益组织研究视角》,载《治理研究》2018年第5期。

马庆钰:《行业协会商会脱钩改革急需解决的关键问题》,载《行政管理改革》2020年第12期。

马长俊:《解构与重构:行业协会商会脱钩改革的政会关系变迁研究》,载《行政管理改革》2020年第2期。

倪永贵:《社会治理创新中的政府与社会组织合作路径探析——以温州市为例》,载《北京交通大学学报(社会科学版)》2016年第4期。

彭少峰、张昱:《迈向"契约化"的政社合作——中国政府向社会力量购买服务之研究》,载《内蒙古社会科学(汉文版)》2014年第1期。

彭少峰:《依附式合作:政府与社会组织关系转型的新特征》,载《社会主义研究》2017年第5期。

彭云业、刘宝花:《论行业组织社会公权力及其事前规制》,载《行政管理体制改革的法律问题:中国法学会行政法学研究会2006年年会论文集》,中国政法大学出版社2006年版。

〔美〕全钟燮:《公共行政的社会建构:解释与批判》,孙柏瑛等译,北京大学出版社2008年版。

任晓春、闫飞飞:《中国行业协会治理转型的困境及对策——基于"结构—关系—行动"的视角》,载《北京社会科学》2022年第12期。

〔美〕塞缪尔·P.亨廷顿:《第三波——20世纪后期民主化浪潮》,刘军宁译,上海三联书店1998年版。

沈永东、毕荟蓉:《数字治理平台提升政社共治有效性的多元机制:以"社会治理云"与"微嘉园"为研究对象》,载《经济社会体制比较》2021年第6期。

沈永东、宋晓清:《新一轮行业协会商会与行政机关脱钩改革的风险及其防范》,载《中共浙江省委党校学报》2016年第2期。

沈永东:《中国行业协会商会政策参与:国家与社会关系视角的考察》,浙江大学出版社2019年版。

双艳珍:《推动政府与社会组织形成合作养老服务合力——基于构建政府与社会组织互信关系的视角》,载《新视野》2021年第6期。

行业协会商会与政府共治：配合、协作与合作

孙涛：《社会治理体制创新中的跨部门合作机制研究》，载《云南民族大学学报（哲学社会科学版）》2016 年第 2 期。

孙迎春：《国外政府跨部门合作机制的探索与研究》，载《中国行政管理》2010 年第 7 期。

谭凌波、占悠雅、黄文茵：《后脱钩时代行业协会自主性生成机制研究——基于组织身份理论的多案例分析》，载《管理学报》2023 年第 5 期。

唐文玉：《行政吸纳服务——中国大陆国家与社会关系的一种新诠释》，载《公共管理学报》2010 年第 1 期。

田凯：《发展与控制之间：中国政府部门管理社会组织的策略变革》，载《河北学刊》2016 年第 2 期。

田培杰：《协同治理：理论研究框架与分析模型》，上海交通大学 2013 年博士学位论文。

〔法〕托克维尔：《论美国的民主（上、下卷）》，董果良译，商务印书馆 2004 年版。

〔德〕托马斯·海贝勒：《关于中国模式若干问题的研究》，载《当代世界与社会主义》2005 年第 5 期。

汪锦军、张长东：《纵向横向网络中的社会组织与政府互动机制——基于行业协会行为策略的多案例比较研究》，载《公共行政评论》2014 年第 5 期。

汪锦军：《合作治理的构建：政府与社会良性互动的生成机制》，载《政治学研究》2015 年第 4 期。

王春婷、蓝煜昕：《社会共治的要素、类型与层次》，载《中国非营利评论》2015 年第 1 期。

王洪树：《协商合作民主形式研究——兼论中国特色民主政治的发展维度》，载《中共四川省委省级机关党校学报》2012 年第 1 期。

王猛、邓国胜：《社会组织参与农村新冠肺炎疫情防控的影响因素研究》，载徐家良主编：《中国社会组织研究》（第 19 卷），社会科学文献出版社 2021 年版。

王名、蔡志鸿、王春婷：《社会共治：多元主体共同治理的实践探索与制度创新》，载《中国行政管理》2014 年第 12 期。

王名、贾西津：《中国 NGO 的发展分析》，载《管理世界》2002 年第 8 期。

王浦劬：《国家治理、政府治理和社会治理的含义及其相互关系》，载《国家行政学院学报》2014 年第 3 期。

王诗宗、宋程成：《独立抑或自主：中国社会组织特征问题重思》，载《中国社会科学》2013年第5期。

王诗宗：《行业组织的存在基础和权力来源——对温州商会的社会合法性考察》，载《中共浙江省委党校学报》2004年第2期。

王湘军、刘莉：《从边缘走向中坚：互联网行业协会参与网络治理论析》，载《北京行政学院学报》2019年第1期。

王信贤：《争辩中的中国社会组织研究："国家—社会"关系的视角》，台北韦伯文化国际出版有限公司2006年版。

王勇：《扎实推进行业协会商会与行政机关脱钩改革》，载《社会治理》2016年第1期。

吴昊岱：《行业协会商会与行政机关脱钩：政策执行与政策特征》，载《治理研究》2018年第4期。

吴克昌、车德昌：《调适性合作与组织专业化演进——十八大以来广州市社会工作组织发展研究》，载《华南师范大学学报（社会科学版）》2017年第6期。

武静、周俊：《合法性视角下社会组织"进社区"的耦合策略分析——以上海市L机构为例》，载《东北大学学报（社会科学版）》2018年第3期。

夏禹浆：《利益契合、资源汲取能力和产业共性技术供给——基于WZ行业协会的多案例研究》，载《浙江社会科学》2019年第8期。

徐鼎新：《中国商会研究综述》，载《历史研究》1986年第6期。

徐家良、郝斌：《直接登记下行业协会与政府关系发展新趋势》，载《教学与研究》2015年第9期。

徐家良、薛美琴：《行业协会商会承接政府职能转移特征分析》，载《上海师范大学学报（哲学社会科学版）》2015年第5期。

徐家良：《互益性组织：中国行业协会研究》，北京师范大学出版社2010年版。

徐久娟、周俊：《支持型嵌入的三重机制：社会组织如何通过资源支持嵌入政府》，载《宁夏社会科学》2023年第3期。

徐林清、张捷：《商会行为模式研究》，载《财贸经济》2007年第8期。

徐晞、吕晓琳、陆锦琳：《"后脱钩时代"政会关系重构——基于纺织业案例研究》，载《东南学术》2018年第4期。

徐盈艳、黎熙元：《浮动控制与分层嵌入：服务外包下的政社关系调整机制分析》，载《社会学研究》2018 年第 2 期。

许鹿、罗凤鹏、王诗宗：《组织合法性：地方政府对社会组织选择性支持的机制性解释》，载《江苏行政学院学报》2016 年第 5 期。

许婷：《法团主义：政府与社会组织的关系模式选择》，载《中共浙江省委党校学报》2006 年第 4 期。

薛美琴、马超峰：《合法与有效：异地商会内外治理的策略研究》，载《公共管理学报》2017 年第 3 期。

阳毅、游达明：《产业集群创新中行业协会的构成体系与运行机制》，载《经济地理》2012 年第 5 期。

杨宝：《政社合作与国家能力建设——基层社会管理创新的实践考察》，载《公共管理学报》2014 年第 2 期。

于建嵘：《共治威权与法治威权——中国政治发展的问题和出路》，载《当代世界社会主义问题》2008 年第 4 期。

余晖：《我国组建行业协会的四种主要模式》，载《上海改革》2001 年第 4 期。

俞可平：《治理和善治：一种新的政治分析框架》，载《南京社会科学》2001 年第 9 期。

郁建兴、江华、周俊：《在参与中成长的中国公民社会：基于温州商会的研究》，浙江大学出版社 2008 年版。

郁建兴、秦上人：《制度化：内涵、类型学、生成机制与评价》，载《学术月刊》2015 年第 3 期。

郁建兴、沈永东、吴逊：《行业协会促进产业升级的作用类型及其实现机制———项多案例的研究》，载《浙江大学学报（人文社会科学版）》2011 年第 6 期。

郁建兴、沈永东：《调适性合作：十八大以来中国政府与社会组织关系的策略性变革》，载《政治学研究》2017 年第 3 期。

郁建兴、吴昊岱、沈永东等：《脱钩改革如何影响行业协会商会政策参与？——基于 795 家全国性商协会的实证研究》，载《管理世界》2022 年第 9 期。

郁建兴、张伟林等：《行业协会管理》，浙江人民出版社 2010 年版。

郁建兴、周俊、张建民等：《全面深化改革时代的行业协会商会发展》，高等教育出版社 2014 年版。

郁建兴：《改革开放 40 年中国行业协会商会发展》，载《行政论坛》2018 年第 6 期。

〔英〕约翰·格雷：《自由主义的两张面孔》，顾爱彬、李瑞华译，江苏人民出版社 2002 年版。

湛礼珠、罗万纯：《"政—社"以何合作？——一个农村环境整治的案例分析》，载《求实》2021 年第 4 期。

张建民、何宾：《行业协会提升自愿性环境治理绩效的理论框架与国际实践》，载《治理研究》2021 年第 1 期。

张紧跟：《从结构论争到行动分析：海外中国 NGO 研究述评》，载《社会》2012 年第 3 期。

张静：《法团主义》，中国社会科学出版社 2008 年版。

张康之：《论超越分工—协作的合作行动体系》，载《中共福建省委党校学报》2019 年第 3 期。

张康之：《论合作》，载《南京大学学报（哲学·人文科学·社会科学版）》2007 年第 5 期。

张康之：《走向合作治理的历史进程》，载《湖南社会科学》2006 年第 4 期。

张舜禹、郁建兴、朱心怡：《政府与社会组织合作治理的形成机制——一个组织间构建共识性认知的分析框架》，载《浙江大学学报（人文社会科学版）》2022 年第 1 期。

张文礼：《合作共强：公共服务领域政府与社会组织关系的中国经验》，载《中国行政管理》2013 年第 6 期。

张毅、王宇华、王启飞：《"互联网+"环境下的智慧监管模式》，载《上海行政学院学报》2020 年第 2 期。

章熙春、朱绍棠、李胜会：《科技人才评价政策传导与个体非理性行为——基于行为公共政策的分析》，载《科研管理》2022 年第 8 期。

赵娜、孟庆波：《民间社团的发展：协商式威权主义在中国的兴起》，载《国外理论动态》2014 年第 3 期。

赵秀梅：《中国 NGO 对政府的策略：一个初步考察》，载《开放时代》2004 年第 6 期。

周俊、沈永东：《政府购买行业协会服务中的非竞争性及其管理》，载《中国行政管理》2011 年第 12 期。

行业协会商会与政府共治：配合、协作与合作

周俊、宋晓清：《行业协会的公共治理功能及其再造——以杭州市和温州市行业协会为例》，载《浙江大学学报（人文社会科学版）》2011年第6期。

周俊、郁建兴：《行业管理体制的变革与出路》，载《思想战线》2012年第6期。

周俊、赵晓翠：《脱钩改革后行业协会商会的转型发展：模式与挑战——基于S市A区的实证分析》，载《治理研究》2018年第4期。

周俊、赵晓翠：《行业协会商会如何推动区域经济一体化——基于长三角的案例分析》，载《治理研究》2019年第5期。

周俊、赵晓翠：《行业协会商会与政府共治的多元模式及其适用性》，载《治理研究》2022年第4期。

周俊：《从策略性合作到制度化合作：行业协会商会与政府关系新进展》，载《行政论坛》2023年第1期。

周俊：《社会组织管理》，中国人民大学出版社2015年版。

周俊：《行业协会商会参与共同富裕的政府助推策略分析》，载《治理研究》2023年第6期。

周俊：《职能分离决定政会脱钩成败》，载《中国社会组织》2015年第19期。

周延风、张婷：《助推理论及其应用研究述评与未来展望——行为决策改变的新思路》，载《财经论丛》2019年第10期。

周莹、江华、张建民：《行业协会实施自愿性环境治理：温州案例研究》，载《中国行政管理》2015年第3期。

朱健刚、陈安娜：《嵌入中的专业社会工作与街区权力关系——对一个政府购买服务项目的个案分析》，载《社会学研究》2013年第1期。

竺乾威：《政府主导下的多方合作：集中体制下的治理创新》，载《中国行政管理》2022年第1期。

二、英文文献

AbouAssi, K., Bauer, Z., & Johnston, J., Collaboration, Venus, and Mars: The Gender Factor in Intersectoral Relations, *Journal of Public Administration Research and Theory*, Vol. 29, No. 1, 2019, pp. 18-31.

AbouAssi, K., Makhlouf, N., & Tran, L., Association Between Organizational Capacity and Scope Among Lebanese Nonprofits, *Public Performance and Management*

Review, Vol. 42, No. 2, 2019, pp. 461-482.

Austin, J. E., Seitanidi, M. M., Collaborative Value Creation: A Review of Partnering Between Nonprofits and Business: Part I. Value Creation Spectrum and Collaboration Stages, *Nonprofit and Voluntary Sector Quarterly*, Vol. 41, No. 5, 2012, pp. 726-758.

Bardach, E., Policy Analysis and Public Participation, *Journal of Policy Analysis and Management*, Vol. 22, No. 1, 2003, pp. 115-117.

Bauer, Z., AbouAssi, K., & Johnston, J., Cross-Sector Collaboration Formality: The Effects of Institutions and Organizational Leaders, *Public Management Review*, Vol. 24, No. 2, 2022, pp. 159-181.

Bauer, Z., AbouAssi, K., & Johnston, J., Governance Arrangements of Cross-Sector Collaboration and Its Effectiveness, *Nonprofit and Voluntary Sector Quarterly*, Vol. 52, No. 2, 2022, pp. 346-369.

Bensaou, M., Interorganizational Cooperation: The Role of Information Technology an Empirical Comparison of U. S. and Japanese Supplier Relations, *Information Systems Research*, Vol. 8, No. 2, 1997, pp. 107-124.

Blom-Hansen, J., A New Institutional Perspective on Policy Networks, *Public Administration*, Vol. 75, No. 4, 1997, pp. 669-693.

Börkey, P., Lévêque, F., Voluntary Approaches for Environmental Protection in the European Union-a Survey, *European Environment: The Journal of European Environmental Policy*, Vol. 10, No. 1, 2000, pp. 35-54.

Brandsen, T., Trommel, W. A., & Verschuere, B., *Manufactured Civil Society: Practices, Principles and Effects*, Basingstoke: Palgrave Macmillan, 2014.

Brass, D. J., Galaskiewicz, J., & Greve, H. R., et al., Taking Stock of Networks and Organizations: A Multilevel Perspective, *Academy of Management Journal*, Vol. 47, No. 6, 2004, pp. 795-817.

Brautigam, D., Rakner, L., Business Associations and Growth Coalitions in Sub-Saharan Africa, *The Journal of Modern African Studies*, Vol. 40, No. 4, 2003, pp. 519-547.

Brinkerhoff, J. M., Government-Nonprofit Partnership: A Defining Framework, *Public Administration and Development*, Vol. 22, No. 1, 2002, pp. 19-30.

Brown, K., Keast, R., Citizen-Government Engagement: Community Connection

Through Networked Arrangements, *Asian Journal of Public Administration*, Vol. 25, No. 1, 2003, pp. 107-131.

Brudney, J., Cheng, Y., & Meijs, L., Defining and Measuring Coproduction: Deriving Lessons from Practicing Local Government Managers, *Public Administration Review*, Vol. 82, No. 5, 2022, pp. 795-805.

Bryson, J. M., Crosby, B. C., & Stone, M. M., Designing and Implementing Cross-Sector Collaborations: Needed and Challenging, *Public Administration Review*, Vol. 75, No. 5, 2015, pp. 647-663.

Bryson, J. M., Crosby, B. C., & Stone, M. M., The Design and Implementation of Cross-Sector Collaborations: Propositions from the Literature, *Public Administration Review*, Vol. 66. No. s1, 2006, pp. 44-55.

Caló, F., et al., Exploring Collaborative Governance Processes Involving Nonprofits, *Nonprofit and Voluntary Sector Quarterly*, Vol. 53, No. 1, 2024, pp. 54-78.

Castañer, X., Oliveira, N., Collaboration, Coordination, and Cooperation Among Organizations: Establishing the Distinctive Meanings of These Terms Through a Systematic Literature Review, *Journal of Management*, Vol. 46, No. 6, 2020, pp. 965-1001.

Chao, G., Acar M., Understanding Collaboration Among Nonprofit Organizations: Combining Resource Dependency, Institutional, and Network Perspectives, *Nonprofit and Voluntary Sector Quarterly*, Vol. 34, No. 3, 2005, pp. 340-361.

Clarke, A., Fuller, M., Collaborative Strategic Management: Strategy Formulation and Implementation by Multi-Organizational Cross-Sector Social Partnerships, *Journal of Business Ethics*, Vol. 94, 2010, pp. 85-101.

Coase, R. H., The Problem of Social Cost, *Journal of Law and Economics*, Vol. 3, No. 1, 1960, pp. 1-44.

Coston, J. M., A Model and Typology of Government-NGO Relationships, *Nonprofit and Voluntary Sector Quarterly*, Vol. 27, No. 3, 1998, pp. 358-382.

Cristofoli, D., Trivellato, B., & Verzillo, S., Network Management as a Contingent Activity. A Configurational Analysis of Managerial Behaviors in Different Network Settings, *Public Management Review*, Vol. 21, No. 12, 2019, pp. 1775-1800.

Dalziel, M., The Impact of Industry Associations, *Innovation: Management, Policy & Practice*, Vol. 8, No. 3, 2006, pp. 296-306.

Delmas, M., Terlaak, A., A Framework for Analyzing Environmental Voluntary Agreements, *California Management Review*, Vol. 43, No. 3, 2001, pp. 44-64.

Dickson, B. J., Cooperation and Corporatism in China: The Logic of Party Adaptation, *Political Science Quarterly*, Vol. 115, No. 4, 2000, pp. 517-540.

Dickson, B., *Red Capitalists in China: The Party, Private Entrepreneurs, and Prospects for Political Change*, Cambridge: Cambridge University Press, 2000.

Dickson, B., The Future of the Chinese Communist Party: Strategies of Survival and Prospects for Change, in Chaeho Chŏng ed., *Charting China's Future: Political, Social, and International Dimensions*, Rowman & Littlefield, 2006.

DiMaggio, P., Powell, W., The Iron Cage Revisited: Collective Rationality and Institutional Isomorphism in Organizational Fields, *American Sociological Review*, Vol. 48, No. 2, 1983, pp. 147-160.

Dolan, P., Hallsworth, M., & Halpern, D., et al., Influencing Behaviour: The Mindspace Way, *Journal of Economic Psychology*, Vol. 33, No. 1, 2012, pp. 264-277.

Emerson, K., Nabatchi, T., & Balogh, S., An Integrative Framework for Collaborative Governance, *Journal of Public Administration Research and Theory*, Vol. 22, No. 1, 2012, pp. 1-29.

Evans, P. B., *Embedded Autonomy: States and Industrial Transformation*, Princeton: Princeton University Press, 1995.

Evans, P. B., *State-Society Synergy: Government and Social Capital in Development*. Berkeley, Calif.: California University Press, 1997.

Fischer, M., Nguyen, M., & Strande, L., Context Matters: Horizontal and Hierarchical NetworkGovernance Structures in Vietnam's Sanitation Sector, *Ecology and Society*, Vol. 24, No. 3, 2019, p. 17.

Fleishman, R., To Participate or Not to Participate? Incentive and Obstacles to Collaboration, in Bingham, L., O'Leary, R. (eds.), *The Collaborative Public Manager: New Ideas for the Twenty-first Century*, Washington, DC: Georgetown University Press, 2009.

Foster, K., Embedded Within State Agencies: Business Association in Yantai, *The China Journal*, Vol. 47, 2002, pp. 41-65.

Froelich, K. A., Diversification of Revenue Strategies: Evolving Resource Dependence in Nonprofit Organizations, *Nonprofit and Voluntary Sector Quarterly*, Vol. 28, No. 3, 1999, pp. 246-268.

Fukuyama, F., Asia's Soft-Authoritarian Alternative, *New Perspective Quarterly*, Vol. 9, No. 2, 1992, pp. 60-61.

Gazley, B., Beyond the Contract: The Scope and Nature of Informal Government-nonprofit Partnerships, *Public Administration Review*, Vol. 68, No. 1, 2008, pp. 141-154.

Gazley, B., Linking Collaborative Capacity to Performance Measurement in Government-Nonprofit Partnerships, *Nonprofit and Voluntary Sector Quarterly*, Vol. 39, No. 4, 2010, pp. 653-673.

Geddes, L., In Search of Collaborative Public Management: The Prolific and Other Priority Offender Programme, *Public Management Review*, Vol. 14, No. 7, 2012, pp. 947-966.

Gidron, B., Kramer, R. M., & Salomon, L. M., et al., *Government and the Third Sector: Emerging Relationships in Welfare States*, San Francisco: Jossey-Bass, 1992.

Gray, B., *Collaborating: Finding Common Ground for Multiparty Problems*, San Francisco: Jossey-Bass, 1989.

Greenhalgh, S., Samarasinghe, O., Sustainably Managing Freshwater Resources, *Ecology and Society*, Vol. 23, No. 2, 2018, p. 44.

Guellali, C., Achenbach, M., & Biebeler, H., *Quality Assurance of Company-based Training in the Dual System in Germany: An Overview for Practitioners and VET Experts*, Federal Institute for Vocational Education and Training (BIBB), 2017.

Harding, H., *China's Second Revolution: Reform After Mao*, Washington, D.C.: The Brookings Institution, 1987.

Hogue, T., *Community Based Collaboration: Community Wellness Multiplied*, Oregon State University: Centre for Community Leadership, 1994.

Huxham, C., Macdonald, D., Introducing Collaborative Advantage: Achieving Inter-Organizational Effectiveness Through Meta-Strategy, *Management Decision*, Vol. 30, No. 3, 1992, pp. 50-56.

Isett, K. R., Provan, K. G., The Evolution of Dyadic Interorganizational Relationships in a Network of Publicly Funded Nonprofit Agencies, *Journal of Public*

Administration Research and Theory, Vol. 15, No. 1, 2005, pp. 149-165.

Jang, H. S., Feiock, R. C., & Saitgalina, M., Institutional Collective Action Issues in Nonprofit Self-Organized Collaboration, *Administration & Society*, Vol. 48, No. 2, 2016, pp. 163-189.

Jing, Y., Between Control and Empowerment: Governmental Strategies of Nonprofit Development in China, *Asian Studies Review*, Vol. 39, No. 4, 2015, pp. 589-608.

Kekes, J., Pluralism and the Value of Life, in Paul, E. F., et al., *Cultural Pluralism and Moral Knowledge*, Cambridge: Cambridge University Press, 1994.

Kennedy, S., *The Business of Lobbying in China*, Cambridge: Harvard University Press, 2005.

Kennedy, S., The Price of Competition: The Failed Government Effort to Use Associations to Organize China's Market Economy, in Unger, J. (ed.), *Associations and the Chinese State: Contested Spaces*, Armonk-London: ME Sharpe, 2008.

Kimenyi, M. S., Interest Groups, Transfer Seeking and Democratization, *American Journal of Economics and Sociology*, Vol. 48, No. 3, 1989, pp. 339-349.

Klijin, E. H., Koppenjan, J., Public Management and Policy Networks: Foundations of a Network Approach to Governance, *Public Management: An International Journal of Research and Theory*, Vol. 2, No. 2, 2000, pp. 135-158.

Kshetri, N., Dholakia, N., Professional and Trade Associations in a Nascent and Formative Sector of a Developing Economy: A Case Study of the NASSCOM Effect on the Indian Offshoring Industry, *Journal of International Management*, Vol. 15, No. 2, 2009, pp. 225-239.

Lecy, D. L., Mergel, I., & Schmitz, H. P., Networks in Public Administration: Current Scholarship in Review, *Public Management Review*, Vol. 16, No. 5, 2014, pp. 643-665.

Lieberthal, K. G., Lampton, D. M., *Bureaucracy, Politics, and Decision Making in Post-Mao China*, Berkeley: University of California Press, 1992.

Lorch, J., Sombatpoonsiri, J., COVID-19 and Civil Society in Southeast Asia: Beyond Shrinking Civic Space, *VOLUNTAS: International Journal of Voluntary and Nonprofit Organizations*, Vol. 34, No. 3, 2023, pp. 613-625.

Maitland, I., The Limits of Business Self-regulation, *California Management Re-*

view, Vol. 27, No. 3, 1985, pp. 132-147.

Mandell, M. , Keast, R. L. , A New Look at Leadership in Collaborative Networks: Process Catalysts, in Raffel, J. , Leisink, P. , & Middlebrooks, A. (eds.), *Public Sector Leadership: International Challenges and Perspectives*, Cheltenham: Edward Elgar, 2009.

Martin, G. P. , The Third Sector, User Involvement Public Service Reform: A Case Study in the Co-Governance of Health Service Provision, *Public Administration*, Vol. 89, No. 3, 2011, pp. 909-932.

Martin, L. , Simmons, B. , International Organizations and Institutions, in Carlsnaes, W. , Risse, T. , & Simmons, B. A. (eds.), *Handbook of International Relations*, London: SAGE Publications Ltd. , 2002.

McCann, J. E. , Design Guidelines for Social Problem-Solving Interventions, *Journal of Applied Behavioral Science*, Vol. 19, No. 2, 1983, pp. 177-189.

McGuire, M. , Managing Networks: Propositions on What Managers Do and Why They Do It, *Public Administration Review*, Vol. 62, No. 5, 2002, pp. 599-609.

Migdal, J. S. , *State in Society: Studying How State and Society Transform and Constitute One Another*, Cambridge: Cambridge University Press, 2001.

Moore, M. , Schmitz, H. , Idealism, Realism and the Investment Climate in Developing Countries, Working Paper Series, 307. Brighton: IDS, 2008.

Morgenstern, R. , Pizer, W. , *Reality Check: The Nature and Performance of Voluntary Environmental Programs in the United States, Europe, and Japan*, New York: Routledge, 2010.

Mu, R. , Jong, M. , & Koppenjan, J. , Assessing and Explaining Interagency Collaboration Performance: A Comparative Case Study of Local Governments in China, *Public Management Review*, Vol. 21, No. 4, 2019, pp. 581-605.

Najam, A. , The Four C's of Third Sector—Government Relations: Cooperation, Confrontation, Complementarity, and Cooptation, *Nonprofit Management & Leadership*, Vol. 10, No. 4, 2000, pp. 375-396.

Nathan, A. J. , China's Changing of the Guard: Authoritarian Resilience, *Journal of Democracy*, Vol. 14, No. 1, 2003, pp. 6-17.

Newman, A. L. , Bach, D. , Self-Regulatory Trajectories in the Shadow of Public Power: ResolvingDigital Dilemmas in Europe and the United States, *Governance: An*

International Journal of Policy, Administration, and Institutions, Vol. 17, No. 3, 2004, pp. 387-413.

Nurdin, N., Stockdale, R., & Scheepers, H., Coordination and Cooperation in E-Government: An Indonesian Local E-Government Case, *The Electronic Journal of Information Systems in Developing Countries*, Vol. 61, No. 3, 2014, pp. 1-21.

O'Leary, R., Gerard, C., & Bingham, L., Introduction to the Symposium on Collaborative Public Management, *Public Administration Review*, Vol. 66, No. s1, 2006, pp. 6-9.

O'Leary, R., Gerard, C., Collaborative Governance and Leadership: A 2012 Survey of Local Government Collaboration, in *The Municipal Yearbook*, Washington, DC: ICMA, 2013.

OECD, Voluntary Approaches for Environmental Policy: An Assessment, Sourced Environment & Sustainable Development, 2000, pp. 1-141.

Osborne, S. P., Radnor, Z., & Strokosch, K., Co-Production and the Co-Creation of Value in Public Services: A Suitable Case for Treatment? *Public Management Review*, Vol. 18, No. 5, 2016, pp. 639-653.

Osborne, S. P., *The New Public Governance? Emerging Perspectives on the Theory and Practice of Public Governance*, London: Routledge, 2010.

O'Toole, L. J., Jr., Networks and Networking: The Public Administrative Agendas, *Public Administration Review*, Vol. 75, No. 3, 2015, pp. 361-371.

O'Toole, L. J., Jr., Treating Networks Seriously: Practical and Research-Based Agendas in Public Administration, *Public Administration Review*, Vol. 57, No. 1, 1997, pp. 45-52.

Parris K., Local Initiative and National Reform: The Wenzhou Model of Development, *The China Quarterly*, Vol. 134, 1993, pp. 242-263.

Pearson, M. M., The Janus Face of Business Associations in China: Socialist Corporatism in Foreign Enterprises, *The Australian Journal of Chinese Affaires*, Vol. 31, 1994, pp. 25-46.

Peters, B. G., Pierre, J., Governance Without Government? Rethinking Public Administration, *Journal of Public Administration Research and Theory*, Vol. 8, No. 2, 1998, pp. 223-243.

Provan, K. G., Kenis P., Modes of Network Governance: Structure, Management, and Effectiveness, *Journal of Public Administration Research and Theory*, Vol. 18, No. 2, 2008, pp. 229-252.

Reed, M., Organizational Theorizing: A Historically Contested Terrain, in Clegg, S., Hardy, C. (eds.), *Studying Organizations: Theory and Method*, London: Sage, 1996.

Rhodes, M., Murray, J., Collaborative Decision Making in Urban Regeneration: A Complex Adaptive Systems Perspective, *International Public Management Journal*, Vol. 10, No. 1, 2007, pp. 79-101.

Rhodes, R., The New Governance: Governing without Government, *Political Studies*, Vol. 44, No. 4, 1996, pp. 652-667.

Ring, P. S., Van de Ven, A. H., Developmental Processes of Cooperative Interorganizational Relationships, *Academy of Management Review*, Vol. 19, No. 1, 1994, pp. 90-118.

Schmitter, P. C., Still the Century of Corporatism? in Pike, F. B., Stritch, T. (eds.), *The New Corporatism: Social-Politioul Structures in the Iberian World*, South Bend: University of Notre Dame Press, 1974.

Seitanidi, M. M., Cran, A., Implementing CSR Through Partnerships: Understanding the Selection, Design and Institutionalisation of Nonprofit-Business Partnerships, *Journal of Business Ethics*, Vol. 85, 2008, pp. 413-429.

Sen, K., The Political Dynamics of Economic Growth, *World Development*, Vol. 47, 2013, pp. 71-86.

Seo, D., Bryson, J. M., & Crosby, B. C., How Can Collaboration Deliver? A Structurational Approachto Understanding Collaboration Process and Effectiveness, *Nonprofit Management and Leadership*, Vol. 34, No. 2, 2024, pp. 345-370.

Shen, Y., Yu, J., & Zhou, J., The Administration's Retreat and the Party's Advance in the New Era of Xi Jinping: The Politics of the Ruling Party, the Government, and Associations in China, *Journal of Chinese Politics Sciences*, Vol. 25, No. 1, 2020, pp. 71-88.

Shevchenko, A., Bringing the Party Back in: The CCP and the Trajectory of Market Transition in China, *Communist and Post-Communist Studies*, Vol. 37, No. 2, 2004, pp. 161-185.

Shumate, M., Fu, S., & Cooper, K. R., Does Cross-Sector Collaboration Lead to Higher Nonprofit? *Journal of Business Ethics*, Vol. 150, No. 2, 2018, pp. 385-399.

Smith, S. R., Lipsky, M., *Nonprofits for Hire: The Welfare State in the Age of Contracting*, Cambridge: Harvard University Press, 2009.

Sowa, J. E., The Collaboration Decision in Nonprofit Organizations: Views from the Front Line, *Nonprofit and Voluntary Sector Quarterly*, Vol. 38, No. 6, 2009, pp. 1003-1025.

Spires, A. J., Contingent Symbiosis and Civil Society in an Authoritarian State: Understanding the Survival of China's Grassroots NGOs, *American Journal of Sociology*, Vol. 117, No. 1, 2011, pp. 1-45.

Sub, P., Cooperation Between Business Associations and the Government in the Korean Cotton Industry, 1950-1970, *Business History*, Vol. 51, No. 6, 2009, pp. 835-853.

Terman, J., Feiock, R., & Youm, J., When Collaboration Is Risky Business: The Influence of Collaboration Risks on Formal and Informal Collaboration, *The American Review of Public Administration*, Vol. 50, No. 1, 2020, pp. 33-44.

Thomson, A. M., Collaboration: Meaning and Measurement, Ph. D. diss., Indiana University Bloomington, 2001.

Thomson, A. M., Perry, J. L., Collaboration Processes: Inside the Black Box, *Public Administration Review*, Vol. 66, No. s1, 2006, pp. 20-32.

Tran, L., Avid, Averse, Apprehensive, or Apathetic? A Typology of Collaboration Attitudes, *Nonprofit Management and Leadership*, Vol. 34, No. 1, 2023, pp. 131-153.

Tsai, W., Social Structure of "Coopetition" Within a Multiunit Organization: Coordination, Competition, and Intraorganization Organizational Knowledge Sharing, *Organizational Science*, Vol. 13, No. 2, 2002, pp. 179-190.

Tsang, S., Consultative Leninism, China's New Political Framework, *Journal of Contemporary China*, Vol. 18, No. 62, 2009, pp. 865-880.

Tuurnas, S., Paananen, H., & Tynkkynen, L. K., Agile, Institutionalised, and Dependency-driven: Multifaceted Forms of the Collaboration Agency of Third-sector Organisations, *VOLUNTAS: International Journal of Voluntary and Nonprofit Organizations*, Vol. 34, No. 3, 2023, pp. 573-584.

行业协会商会与政府共治：配合、协作与合作

Unger, J., Bridges: Private Business, the Chinese Government and the Rise of New Associations, *The China Quarterly*, Vol. 147, 1996, pp. 795-819.

Van de Bovenkamp, H. M., Trappenburg, M. J., Government Influence on Patient Organizations, *Health Care Analysis*, Vol. 19, No. 4, 2011, pp. 329-351.

Waddell, S., Brown, L. D., Fostering Intersectoral Partnering: A Guide to Promoting Cooperation Among Government, Business, and Civil Society Actors, IDR Reports (Institute for Development Research, Boston, MA), 1997.

Waddock, S., Understanding Social Partnerships: An Evolutionary Model of Partnership Organizations, *Administration & Society*, Vol. 21, No. 1, 1989, pp. 78-100.

Wank, D., *Commodifying Communism: Business, Trust, and Politics in a Chinese City*, Cambridge: Cambridge University Press, 1999.

Wedgwood, R., The Unity of Normativity, in Star, D. (ed.), *The Oxford Handbook of Reasons and Normativity*, New York: Oxford University Press, 2018.

Williams, T., Interorganisational Information Systems: Issues Affecting Interorganisational Cooperation, *The Journal of Strategic Information Systems*, Vol. 6, No. 3, 1997, pp. 231-250.

Young, D. R., Alternative Models of Government-Nonprofit Sector Relations: Theoretical and International Perspectives, *Nonprofit Policy Forum*, Vol. 29, No. 1, 2000, pp. 149-172.

Yu, J., Zhou, J., & Jiang, H., *A Path for Chinese Civil Society: A Case Study on Industrial Associations in Wenzhou, China*, New York: Lexington Books, 2012.

Yung-Myung, K., Asian-Style Democracy: A Critique from East Asia, *Asian Survey*, Vol. 37. No. 12, 1997, pp. 1119-1134.

Zhang, J., Business Associations in China: Two Regional Experiences, *Journal of Contemporary Asia*, Vol. 37, No. 2, 2007, pp. 209-231.

Zhang, Z., Guo, C., Nonprofit-Government Relations in Authoritarian China: A Review and Synthesis of the Chinese Literature, *Administration & Society*, Vol. 53, No. 1, 2021, pp. 64-96.

Zhang, Z., Shen, Y., & Yu, J., Combating COVID-19 Together: China's Collaborative Response and the Role of Business Associations, *Nonprofit and Voluntary Sector Quarterly*, Vol. 49, No. 6, 2020, pp. 1161-1172.

三、其他文献

《"桥梁纽带"的新理念新作为——山东省行业协会商会服务高质量发展调查》，https://baijiahao.baidu.com/s?id=1774789246185724372&wfr=spider&for=pc。

《北京市全面推开行业协会商会与行政机关脱钩改革》，https://www.thepaper.cn/newsDetail_forward_4816492。

《民政部：行业协会商会与行政机关脱钩改革工作基本完成》，http://www.chinanews.com/gn/2021/02-23/9417328.shtml。

《民政部：行业协会商会与行政机关脱钩改革工作基本完成》，https://m.163.com/dy/article/G3HP9JD10514R9KD.html。

《全国7万行业协会商会与行政机关"脱钩"，清理整治全面展开》，https://baijiahao.baidu.com/s?id=1706497685056423538&wfr=spider&for=pc。

《全国性行业协会商会脱钩试点基本完成》，https://www.mca.gov.cn/n152/n164/c32837/content.html。

《深圳市职称评定职能向行业组织转移》，http://hrss.sz.gov.cn/gkmlpt/content/5/5530/post_5530970.html#1648。

《我省行业协会商会脱钩改革工作基本完成》，https://mzt.sc.gov.cn/scmzt/mzyw/2021/4/27/a4e4dc00f47e4332b7cea8bd5454712d.shtml。

《中国建设教育协会开展职业培训项目情况的介绍》，https://www.ccen.com.cn/info/1132/1577.htm。

《重庆市完成行业协会商会与行政机关脱钩改革》，https://www.mca.gov.cn/n152/n168/c80575/content.html。

万周：《"脱钩改革"促行业协会回归角色本位》，https://news.sina.com.cn/c/2019-06-20/doc-ihytcerk8040654.shtml。

后　　记

政会关系是国家与社会关系的一个重要面向。作为我国发展较为成熟的社会组织，行业协会商会在经济建设和社会发展中扮演着重要角色。政会关系改革是加快政府职能转变、促进行业协会商会依法自治、充分发挥行业协会商会应有功能的重要举措。2015年的脱钩改革是针对政会关系开展的一次全面、规范和深入的变革，旨在厘清政府与行业协会商会的职能边界，使行业协会商会回归本位，构建新型政会关系。随着脱钩改革的顺利完成，政会关系逐渐呈现新特征。

本书重新审视新形势下的政会关系，刻画政会关系发展的微观变化，阐释了脱钩改革后政会关系的总体性特征，为理解新时代的政会关系提供了新视角。同时，本书还期望建立符合我国现实发展的更具解释力的政会关系理论框架，为新时期的政会共治实践提供理论指导。在书中，我们讨论了研究新时期政会关系的意义，分析了政会共治的新机遇和新途径，建立了政会共治的理论分析框架，界定了政会共治概念，提出了政会共治的三种模式，并通过案例进行实证分析，最后提出了走向高质量政会共治的路径。在回答以上问题的过程中，我们提出了一些关于政会关系的新思考，认为在新形势下，尤其是在脱钩改革后，政府与行业协会商会的关系发生了根本性变化，即双方逐渐从传统的"依附性"关系向基于平等主体地位的"共治"

行业协会商会与政府共治：配合、协作与合作

关系转变。这既是政会关系适应不断变化的制度环境的反应，也是适应中国特色社会主义市场经济发展现实需要的结果。

然而，政会关系始终处于动态变化之中，在经济高质量发展和实施共同富裕战略的征程中，行业协会商会和政府都会不断调整自身角色以适应环境变化，政会共治也将发生新变化，因此，本书基于脱钩后短时段的发展变化对政会共治的讨论具有一定的局限性，可以说只是一种理解脱钩后政会关系的初步探索，这也意味着围绕政会共治还有许多需要进一步研究的问题，比如政会共治的多元样态、政会共治的形成机制、政会共治的成效等。期待学界同仁共同关注和研究行业协会商会，在政会共治、政会关系等方面产出更多作品。

本书是集体智慧的结晶和多方协作的成果。我负责第一、二、三、六、八章的写作，赵晓翠（上海开放大学）负责第四、五、七章的写作，杜心怡（华东师范大学硕士生）参与了第五章的部分写作，王霏（华东师范大学硕士生）参与了第二章的前期资料搜集与整理工作。此外，本书的出版离不开提供调研机会的相关政府部门和行业协会商会，郁建兴教授（浙江大学、浙江工商大学）、徐家良教授（上海交通大学）、王诗宗教授（浙江大学）、沈永东教授（浙江大学）等专家学者对本书写作提出了宝贵意见，北京大学出版社的尹璐、朱梅全编辑对书稿进行了细致勘校，在此一并表达最真挚的感谢。

最后，受我国政会关系发展的复杂性、研究时间和精力等因素的限制，本书难免存在不足甚至错误之处，还请学界同人和读者批评指正。

周　俊
2024 年 12 月 26 日于杭州